Aufsätze üb
bei der Bewältig

[illegible]
[illegible] Über Deutschland als Standortfaktor [illegible]
[illegible] der Vergangenheit

Wolfgang Schneider (Hg.)
Wir kneten ein KZ

Aufsätze über Deutschlands Standortvorteil
bei der Bewältigung der Vergangenheit

KONKRET
Texte 24
2000
KVV konkret, Hamburg
Titelfoto: David Levinthal
Gestaltung: Christoph Krämer
Satz: satzbau GmbH, Hamburg
Druck: Fuldaer Verlagsanstalt GmbH, Fulda
ISBN 3-930786-26-5

Inhalt

Hermann L. Gremliza

Wenn die Deutschen Auschwitz nicht erfunden hätten, hätten sie Auschwitz erfinden müssen
Vorwort

Auschwitz, Auschwitz über alles, überall: keine Zeitung, kein Verlagsprospekt, kein Vorlesungsverzeichnis, kein Symposion, kein Kirchentag ohne das Sühnezeichen. Die Suche nach dem Namen der polnischen Ortschaft in elektronisch erfaßten Archiven findet »Auschwitz« am Ende des letzten Jahrzehnts dreimal so häufig wie an dessen Beginn.
Vor dieser Zeit war fast ein halbes Jahrhundert lang unter ganz normalen Deutschen von Auschwitz ganz und gar nicht die Rede. In den dreizehn Jahren, die ich zwischen 1947 und 1960 auf Schulen im deutschen Süden verbrachte, war der Name des Ortes kein einziges Mal gefallen. Und wer anderswo davon sprach, war des neuen Deutschland Feind: im Westen ein Kommunist oder ein Nazi, der den Anschluß der guten alten Zeit an eine noch bessere verpaßt hatte, im Osten ein Jude oder ein Kosmopolit, der das Martyrium des deutschen Proletariats relativieren wollte. Der Rest, die großen Täter, die – im Westen – noch und wieder die Parteien, Regierungen, Gerichtshöfe, Militärstäbe, Geheimdienste, Konzerne und Banken führten, wie die kleinen, die – im Westen und im Osten – brav ihre Pflicht erfüllten wie zuvor, schwieg am Tag und log in der Nacht, wenn es am Stammtisch nicht zugehen sollte wie in der Judenschule. Daß sie ungestraft schweigend lügen konnten, verdankten die Täter einer glücklichen Fügung der Weltgeschichte, die bewirkte, daß die Deutschen hier wie dort von ihren Besiegern gebraucht und deshalb von peinlichen Fragen und gar Forderungen nach Entschädigung der Opfer verschont blieben – mit zwei Ausnahmen: Die Regierung des westlichen Teils wurde gezwungen (und anders als unter Zwang haben sie bis heute keinen Pfennig an ihre Opfer herausgerückt), den Zugang ihrer Industrie zu den Märkten mit einer »Wiedergutmachung« genannten Zahlung an den Staat zu erkaufen, in dem die paar den Deutschen entkommenen Juden Europas Zuflucht gefunden hatten; dem östlichen

Teil widerfuhr eine kurze und heftige Gerechtigkeit: Sein Vermögen wurde ohne Diskussion eingezogen.
Erst der Untergang des Sozialismus und die Auferstehung des Deutschen Reichs als konkurrierende Weltmacht beendeten das Schweigen. Das Interesse, das die ehemaligen Schutzmächte am guten Ruf ihres Juniorpartners gehabt hatten, verschwand über Nacht. Als einer für alle postulierte in der »New York Times« im Februar 1990 deren ehemaliger Chefredakteur Abraham Michael Rosenthal »Let's Keep Hearing About the German Yesterday« – »Laßt uns vom deutschen Gestern hören«: »Ich suche in den endlosen Zeitungskommentaren über die deutsche Welle, die in Richtung Vereinigung rollt, aber ich kann keines der Wörter finden, die ich suche. Ich höre sie nicht in den monotonen Vorträgen der Experten, die das Fernsehen aufgetrieben hat, und nicht in den sonntäglichen Talkshows über die Vereinigung, die nur eine Frage der Zeit sei, sehr kurzer Zeit jetzt. Und wenn die Führer so vieler Nationen ihre sorgfältig gedrechselten Statements abgeben über den Willen des deutschen Volkes, der geachtet werden müsse, finde ich auch darin die Wörter nicht. Dies sind einige der Wörter: Jude, Auschwitz, Rotterdam, polnische ›Untermenschen‹, Leningrad, Sklavenarbeit, Krematorium, Holocaust, Nazi.«
Dieser Rosenthal war kein armer polnischer Dorfjude, der mit einem Dutzend Leidensgenossen in Häftlingskleidung vor der Aktionärsversammlung der IG Farben ein Plakat hochhielt, bis er von deutschen Ordnungskräften beiseite geschafft wurde. Rosenthal war die öffentliche Meinung der westlichen Welt, die endlich keine Rücksicht mehr zu nehmen hatte. Es dauerte, bis die Deutschen begriffen hatten, daß die Zeit ihres schweigenden Leugnens, das sie nun »Verdrängung« zu nennen sich entschlossen, unwiederbringlich dahin war. Sie mußten sich stellen und taten es, in zwei Formationen: Die nationale Linke sagte sich: Großvater und Vater sind im Seniorenheim oder unter der Erde, die Welt kennt die Verbrechen, die sie begangen haben – warum schaffen wir uns den historischen Ballast nicht mit einem ja straflosen Geständnis vom Hals? Zumal für die eigene Klientel, bestehend aus dem von der Bildungsreform 1968 ff. produzierten Überschuß an Intelligenz, dabei unzählige ABM-Maßnahmen abfallen würden: für die unbestallt gebliebenen Kunsthandwerker,

Historiker, Polito- und Soziologen die flächendeckende Pflasterung des Landes mit Gedenksteinen, Mahnmalen, Essays, Inschriften, Buchreihen, Dokumentarfilmen, Installationen, Reimereien, Chorwerken, Inszenierungen und Ausstellungen wie die, in der das Hamburger Reemtsma-Institut die Verbrechen der Wehrmacht so lange vorführte, bis der Zweck der Übung: die Vertreibung jener braunen Schatten, die einem Einsatz der Bundeswehr etwa gegen Jugoslawien noch im Weg standen, erreicht und die Zeit für eine »Überarbeitung« gekommen war, die sich mit den Verbrechen der Roten Armee beschäftigt.

Der nationalen Rechten war das zunächst gar nicht recht. Es brauchte seine Zeit, bis Gauweiler, Augstein, Diepgen und Schröder, die soviel Eingeständnis erstens entwürdigend und zweitens nicht mehr erforderlich gefunden hatten, verstanden, daß hier einmal das nationale Heil von links kam. Sie wollten, wie ihr Heros Martin Walser, nicht dulden, daß Auschwitz als »jederzeit einsetzbares Einschüchterungsmittel oder Moralkeule« gebraucht werde, weil es sich für sie ganz von selbst verstand, daß die Erinnerung an die von den Deutschen ermordeten Juden Europas sich nur gegen die Deutschen richten konnte. Wie sollten sie, ordentliche Leutnants der Wehrmacht und schlagende Verbindungsbrüder, auf die Idee kommen, aus Auschwitz ein Instrument, ein Einschüchterungsmittel, ja eine Moralkeule zu machen, mit der die Deutschen auf ihre Umwelt losgehen könnten?

Nichts als dies aber hatte die nationale Linke im Sinn: Aus dem Bekenntnis zur eigenen Scham sollte den Deutschen das Recht erwachsen, an anderen moralisch Maß zu nehmen. Wer wie die Achtundsechziger, denn um die handelt es sich, ohne Rücksicht auf den Familienfrieden (und nur ein bißchen auf das Erbe) den Aufstand gegen die eigenen, die Nazi-Eltern gewagt hatte, war hinreichend legitimiert, die »Bewältigung der Vergangenheit« zum Exportartikel zu machen: mit »Hitler« als feindlichem Ausländer, Vorname, je nach Bedarf, Saddam oder Slobodan, mit »Genoziden«, »Völkermorden« und »Konzentrationslagern« auf dem Balkan, im Mittleren Osten oder in Tibet. Bomben, die deutsche Geschwader über Belgrad abwürfen, wären dann nichts anderes als die Fortsetzung des Antifaschismus mit anderen Mitteln. Er habe, sagte der deutsche Außenminister Fischer, als er auf der Hardthöhe der Zeit angekommen war, nicht nur »Nie wieder Krieg« gelernt, sondern auch »Nie wieder Auschwitz«, womit er, nur sechzig Jahre verspätet, Deutschlands Beitritt zur Anti-Hitler-Koalition erklärte.

Ein wahrhaft pfiffiges Rezept, mit vielen erfreulichen Nebenwirkungen. Denn bei geschickter Anwendung führt es nicht nur zur Endlösung der Kommunistenfrage, sondern bedeutet zugleich die Seligsprechung von Kapitalismus, Imperialismus und Angriffskrieg. Eine der zu diesem Zweck von Reemtsmas Hamburger Institut für nationale Wiedergutwerdung beschäftigten Hilfskräfte hat die Wirkungsweise aufgeschrieben: »Erst wenn der Antifaschismus nicht mehr als Legitimationsfigur das Schweigen über die Verbrechen des Kommunismus perpetuiert, kann sich der Blick auf beide Totalitarismen öffnen. Und dies hätte gerade der politische Diskurs in Deutschland, das beide totalitären Erfahrungen des 20. Jahrhunderts durchlaufen hat, bitter nötig ... Für eine auf die Singularität nationalsozialistischer Verbrechen mühsam aufgebaute negative deutsche Identität hat das ›absolut Böse‹ nur einen ausschließlichen Ort: Auschwitz. Eine Identität, die ihre eigene Brüchigkeit ahnt und deshalb diese um so vehementer verteidigt.«

Auschwitz und die DDR als zwei »Erfahrungen«, »die Deutschland durchlaufen hat« – so unverschämt ist die Geschichte von den Deutschen, die die Juden Europas vernichtet und zwanzig Millionen Sowjetbürger umgebracht haben, nicht einmal von Nolte und den Schülern seiner nationalpolitischen Erziehungsanstalt umgelogen worden. Wilhelm II. pflegte Leute mit »negativer deutscher Identität« vaterlandslose Gesellen zu nennen, bei Goebbels hießen sie Miesmacher (und wurden Emigranten).

Der Krieg gegen Jugoslawien hat den Restmüll der Vergangenheit, den die Nation so lange nicht losgeworden war, endgültig entsorgt. Auschwitz wurde serbisch, der vielleicht nur mäßig sympathische, aber ziemlich demokratisch gewählte Präsident Serbiens avancierte zum »Balkan-Hitler«, der mehrere Konzentrationslager (Scharping) eingerichtet hatte und natürlich auch »Auschwitz« (Fischer). In der »Zeit« fühlte sich Dr. Sommer an »Hitlers Versuch (!), Europa judenfrei zu machen«, erinnert, in der regierungsnahen »Tageszeitung« sah deren Kriegsberichterstatter, daß »heute und jetzt ein neues Auschwitz« beginnt, und im Blatt der Herren Eltern erkannte einer der Herausgeber, daß die Serben eine »Endlösung« planten. Je mehr Völkermorde die Deutschen nämlich beenden oder verhindern, desto eher verschwinden die ihren im braunen Loch der Geschichte. Als die Agenturen im Juli 1999 melden konnten: »Seit den Nürnberger Prozessen ist Milan Kovacevic der erste, der in Europa wegen Völkermordes von einem internationalen Gericht zur Rechenschaft gezogen wird«, war die Freude groß.

Die Nachkriegszeit ist zu Ende. Rot-Grün macht Deutschland frei von den Fesseln, mit denen die Nation an ihre verbrecherische Vergangenheit nicht zuletzt dadurch gebunden war, daß die Mitglieder und Funktionäre der regierenden Parteien ihre Verantwortung für diese Vergangenheit zwar leugnen, ihr aber nie gänzlich entfliehen konnten. Die Protektion, die Helmut Kohl von einem durch Arisierung reich gewordenen Gummifabrikanten genossen hatte, war ein Skandal – und zugleich ein Präservativ gegen das Vergessen. Wenn in Bonn von Verbrechen gegen die Menschheit die Rede war, mußte immer Deutschland, mußten Auschwitz, als Ort der Tat, und Nürnberg, als Ort des Gerichts, mitgedacht werden.

In der rotgrünen »Berliner Republik« sind Verbrechen gegen die Menschheit nicht länger eine deutsche Last, sondern machen der deutschen Politik Lust, die Welt Mores zu lehren. Das rotgrüne Auswärtige Amt hat erstmals einen Sonderbeauftragten für die auswärtigen Menschenrechte eingestellt, und zwar einen original deutschen Widerstandshelden (natürlich nicht von 33/45, versteht sich, weil der ja sein Salär als jene »zweite Wiedergutmachung« mißverstehen könnte, die der Kanzler ablehnt), und, damit niemand sich über die Richtung täuscht, eine Abgeordnete zur Ausländerbeauftragten berufen, die sich vor drei Jahren mit der restlosen Bewältigung von Auschwitz und Nürnberg einen Doppelnamen gemacht hat: »Die UN-Basis Potocari in der UN-Schutzzone Srebrenica wurde zur Rampe für eine Selektion.«

So hat Auschwitz sich für die Deutschen als ein großer Segen erwiesen. Unter seinem Zeichen sind sie gut geworden und dürfen sie die Welt verbessern. Und alles günstiger noch als im Räumungsverkauf. In der Abwehr der geringen Forderungen, erhoben von jenem Häuflein

Menschen, das die Vernichtung durch Arbeit bis heute überlebt hat, entrang sich einer der deutschen Herrenmenschenfressen das ethische Schlußwort, Auschwitz sei ein so unerhörtes Verbrechen gewesen, daß es mit Geld nicht wiedergutgemacht werden könne. Wer also Bares verlange, sollte das heißen, handle wider die Moral.

Hätten die Deutschen Auschwitz nicht angerichtet, sie hätten Auschwitz erfinden müssen: zur nationalen Erbauung, als Sühneschnäppchen, Arbeitsbeschaffung, Politikersatz und als Auftrag, die Welt an ihrer Genesung genesen zu lassen.

Günther Jacob

Empathie und Erbe

Die Ausstellung »Vernichtungskrieg« vor und nach dem Kosovo-Krieg

»Nach einem vielversprechenden Beginn mit annähernd 50 Prozent Besuch am ersten Tag ist die Besucherzahl fast auf Null gesunken. Die Authentizität der Bilder wird nicht bestritten, doch der springende Punkt ist das Fehlen eines Gefühls der persönlichen Verantwortlichkeit.«
Notizen eines amerikanischen Film Control Officer zu den Reaktionen des deutschen Publikums nach einer Vorführung von KZ-Aufnahmen im Rahmen einer Re-Education-Kampagne, 1946

»Wie konnte es geschehen, daß die Rolle der Wehrmacht im Nationalsozialismus einerseits so lange ein Tabu hatte bleiben können – und wie drängend mußten andererseits die Probleme sein, daß sie so heftig an die Oberfläche kamen?«
Hamburger Institut für Sozialforschung, Mai 1999

»Bei aller Kritikwürdigkeit der Wehrmachtsausstellung: Nach einer Wanderschaft durch 32 Städte und einer Besucherzahl, die sich der Million nähert, ist sie zur erfolgreichsten politischen Ausstellung der Bundesrepublik geworden. Als solche hat sie Bewußtseinstatsachen geschaffen. Aber sie ist auch selbst als Symptom zu lesen für eine veränderte Wahrnehmung des Zweiten Weltkrieges. Aus der politisch-ideologischen Perspektive des Ost-West-Gegensatzes entlassen, ist der Krieg zu einem moralischen Tatbestand geworden. Der Blick auf den Krieg hat sich gewandelt: von einer Politik der Interessen hin zu einer Anthropologie der Gewalt.«
»Frankfurter Allgemeine«, 1.9.1999

»Bevor man sich's versieht, haben sie wieder ein Heer, das marschiert.«
Henry M. Morgenthau, 1943

Jede Gesellschaft setzt Konflikte in Szene, deren politische und psychische Dimensionen ihr selbst nicht jederzeit klar sind. Um einen solchen Konflikt scheint es sich bei der Auseinandersetzung um die Ausstellung »Vernichtungskrieg. Verbrechen der Wehrmacht 1941 bis 1944« zu handeln. Im März 1995, nach einigen Jahren der Vorbereitung, vom Hamburger Institut für Sozialforschung erstmals in Hamburg gezeigt, danach von

fast einer Million Besuchern in über 30 Städten gesehen, war sie spätestens seit ihrer Münchner Präsentation im Frühjahr 1997 bis zum Zeitpunkt des Nato-Angriffs auf Jugoslawien zwar stets Gegenstand heftiger Kontroversen, wurde aber doch von großen Teilen der Medienöffentlichkeit als insgesamt wertvoller Beitrag zur deutschen »Vergangenheitsbewältigung« rezipiert. Massive Attacken, darunter immer schon der Vorwurf der »Fälschung«, gegen die Ausstellung kamen von Beginn an von Neonazis, rechtskonservativen Medien und revisionistischen Wissenschaftlern. Doch vor dem Nato-Krieg gegen Jugoslawien wurden die Denunziationen auch in den meisten rechtskonservativen Medien regelmäßig durch einigermaßen wohlwollende Beiträge relativiert. Ernsthafte Versuche, die Ausstellung zu verhindern oder gar ihre Schließung durchzusetzen, waren letztlich auf Nazi-Kreise beschränkt. Gewünscht haben sich das sicher auch andere, etwa die CDU und ihr Umfeld in Schleswig-Holstein und im Saarland, aber noch ihren Klagen, daß man als Kritiker der Ausstellung unverdient in die rechte Ecke gestellt werde, war anzuhören, daß das politisch nicht durchzusetzen war. Doch im Oktober 1999 – die Bombenangriffe auf Jugoslawien lagen ein halbes Jahr zurück, die Bundeswehr war mit dem Ausbau ihrer Stellungen im deutschen Sektor des Kosovo beschäftigt, und die rotgrüne Regierung befand sich gerade auf Talfahrt – geriet die Wehrmachtsausstellung wieder auf die Titelseiten.
Zuerst war es nur die »FAZ«. Wir werden wohl nie erfahren, was dort Mitte Oktober 1999 in den Redaktionskonferenzen besprochen wurde und was am Ende dazu geführt hat, daß man den Start einer Kampagne gegen die Ausstellung beschloß. Gleich mehrmals brachte die »FAZ« Variationen der Meldung »Unwissenschaftlicher Umgang mit Bildquellen«, die vor dem Krieg dort nur im Feuilleton erschienen wäre, als Hauptmeldung auf der Titelseite. Und anders als bei den vorangegangenen Kampagnen des »Focus« stiegen diesmal sämtliche Medien ein. Schon aus Gründen der Staatsräson hätten sich weder »FAZ« noch andere Medien vor und während der Bombardierung jugoslawischer Städte erlaubt, eine solche Kampagne zu starten. Vorwürfe, wie sie von Bogdan Musial in den »Vierteljahresheften für Zeitgeschichte« (4/99) schließlich ausgeführt worden sind (einige »Gräuelfotos der Wander-

ausstellung zeigen nicht Wehrmachtsverbrechen, sondern die exhumierten Leichen von Opfern des NKWD«), waren zwar bereits 1997 in »Focus« und »Welt« publiziert worden. Aber damals wurden Korrekturen an einzelnen Bildlegenden, die schon in den Archiven fehlerhaft waren, letztlich als Folge von Zuordnungsproblemen gewertet, die mit den Umständen des Fundes dieser Fotografien zusammenhängen. Trotz aller Aversionen gegen das Thema und trotz des Drucks, den man auf die Ausstellungsmacher ausübte, legte man sich eine gewisse Selbstbeschränkung auf, denn das große Publikumsinteresse an Informationen über den Vernichtungskrieg der Wehrmacht hatte für jeden verantwortungsbewußten deutschen Redakteur bis zum Sommer 1999 die gleiche symbolische Bedeutung wie der Besuch einer uniformierten Bundeswehreinheit in Auschwitz. Jedes massenhafte »Erinnern« konnte vor, während und kurz nach der deutschen Beteiligung am Angriffskrieg gegen Jugoslawien der Welt die Wiedergutwerdung der Deutschen beweisen. In einer Situation, da Deutschland, zehn Jahre nach der Wiedervereinigung, unmittelbar vor dem systematisch verfolgten Ziel stand, endlich wieder als Militärmacht auftreten zu können, hätte eine Schließung der Wehrmachtsausstellung den größten Schaden angerichtet. Der Schatten der Wehrmacht, die in Serbien wenige Monate vor dem Überfall auf die Sowjetunion den Vernichtungskrieg schon geprobt hatte, wäre erneut auf die Bundeswehr gefallen, die nun ihren ersten Krieg ausgerechnet gegen »die Serben« führen sollte. Das ging nur, wenn Milosevic als neuer Hitler und die Bundeswehr als antifaschistische und von jeder Wehrmachtstradition gereinigte Truppe dargestellt werden konnten.
Der historische Übergang vom »Nie wieder Krieg von deutschem Boden aus« zur »humanitären Intervention« erforderte großes Fingerspitzengefühl an der Front der symbolischen Kämpfe und entsprechende Disziplin bei den staatstragenden Medien und Parteien in ideologischen Streitfragen. Schließlich wußten alle, wie es wirklich aussieht: Kasernen, die nach Nazi-Generälen benannt sind, entsprechende »Vorfälle« in der Truppe, ein Bombenanschlag auf die Wehrmachtsausstellung, regelmäßige Verwüstungen jüdischer Friedhöfe, der Beifall der »Elite« für Martin Walsers Hetzrede, der fehlende Wille zur Entschädigung ehemaliger Zwangsarbeiter.

Vor diesem Hintergrund konnten daher selbst rechtskonservative Kritiker mit der Ausstellung ganz gut leben, weil sie deren symbolische Bedeutung durchaus zu schätzen wußten. Und hatten nicht die Ausstellungsmacher selbst mehrfach ihre Loyalität demonstriert? Hatten sie nicht ihre Überzeugung unter Beweis gestellt, daß Deutschlands heutige Leistungen nur angemessen gewürdigt werden können, wenn akzeptiert wird, wie tief Deutschland damals gesunken war? Und haben sie ein einziges Wort gegen den Krieg gesagt, der zeitgleich mit der Eröffnung der letzten vom Hamburger Institut für Sozialforschung ausgerichteten Präsentation der Wehrmachtsausstellung (in Hamburg) stattfand? Im Gegenteil: Gleich mehrere Mitarbeiter des Instituts haben sich öffentlich für die Intervention der Nato stark gemacht.
Wäre es also, gemessen an den nationalen Zielen, nicht kleinkariert gewesen, die Verwendung des Eisernen Kreuzes als Skulptur und Ausstellungsstellfläche abzumahnen, nur weil die Bundeswehr dieses Zeichen immer noch benutzt? Wo selbst ein Provinzblatt wie die »Oberhessische Presse« die Relationen erkennen kann – »Nicht das Hamburger Institut hat das Eiserne Kreuz entehrt, sondern Hitler« –, muß man das von den Verantwortungsträgern doch erst recht erwarten können! Man konnte. Doch nach dem »triumphalen Empfang der Bundeswehr als Befreier« (»dpa«) im Kosovo (»Wer vermochte je zu ahnen, daß deutsches Kriegsgerät mit solcher Emphase empfangen wird, wie die Leopard-Panzer in den Straßen von Prizren?«, »Taz«) war alles wieder anders. Da zeigte sich, daß die Konturen der Erinnerung nicht in erster Linie durch vergangene Ereignisse modelliert werden, sondern von politischen Umbrüchen. Kurz nach dem Zusammenbruch der Sowjetunion und nach der »Vereinigung« war die Lage noch eine andere gewesen als nach dem Einmarsch in das Kosovo. Unübersehbar ordnen sich die Zeichen jedesmal neu. Offenbar waren die Jahre zwischen 1990 und dem ersten Kriegseinsatz die Zeit gewesen, die das neue Deutschland brauchte, um den moralischen Rahmen neu zu justieren, in dem ein Angriffskrieg erst thematisiert und dann beschlossen werden konnte. Doch nach diesem Krieg ist nichts mehr wie vorher. Dadurch, daß er von einer neuen Politikergeneration beschlossen wurde, die im 68er- und post-68er-Protestmilieu poli-

tisch sozialisiert worden war, konnten die Tätergeneration und ihre Nachkommen erstmals demonstrativ zusammenrücken. Mehr reale Volksgemeinschaft gab es seit 55 Jahren nicht.
In der abendländischen Geschichte gibt es viele Beispiele, in denen Verbrechen erst begangen, dann gebeichtet und schließlich wiederholt wurden. Wie in der Psychoanalyse verdeckt das Schuldbekenntnis oft die wahre Schuld und schafft neue Rahmenbedingungen für das Vergessen. Mit anderen Worten: Die Nachkommen der Tätergeneration entschieden sich nicht zufällig dafür, den ersten deutschen Kriegseinsatz nach dem Vernichtungskrieg der Wehrmacht gegen Serbien zu führen. Viel spricht dafür, daß die Flakhelfer-Generation das nicht gewagt hätte, daß die Regierung Kohl eine Sanitätseinheit und einen Scheck geschickt und dann auf eine bessere Einstiegschance gewartet hätte. Die historischen Tradierungen sind noch wirksam. Wenn die »FAZ« am 11. Dezember 1999 schrieb: »Rußland führt in Tschetschenien einen Vernichtungskrieg«, dann ist das nicht einfach eine überzogene politische Bewertung. Unübersehbar sind hier, ebenso wie bei der Kampagne gegen die Ausstellung, psychische Abwehrreaktionen im Spiel, die als Nachwirkungen des deutschen Vernichtungskrieges und des Holocaust gewertet werden müssen.

»Objektive Wissenschaft« als Berufungsinstanz revisionistischer Bestrebungen

Man muß sich in Erinnerung rufen, daß die Ausstellung »Vernichtungskrieg. Verbrechen der Wehrmacht 1941 bis 1944« wirklich ein Publikumserfolg war. Abgesehen von der hohen Besucherzahl in Deutschland und Österreich hat noch das kleinste Blatt der fernsten Provinz darüber berichtet; auch die internationale Presse hat sich ausführlich mit der Ausstellung und ihrer Rezeption beschäftigt. Hinzu kamen Debatten in Rathäusern, Landtagen, im Bundestag, Ausstellungseröffnungen durch Brigadegeneräle a.D., Bürgermeister und Senatoren, außerdem ein Tatort-Krimi zum Thema (»Bildersturm«). Nach der Übernahme der Schirmherrschaft über die Ausstellung durch ein prominent besetztes Kuratorium (u.a. Otto Schily, Hans-Jochen Vogel,

Franz Vranitzky – CDU-Prominenz war angefragt) sollte sie zunächst in Braunschweig und in New York gezeigt werden (wo dann Anfang Dezember ersatzweise eine Tagung stattfand, auf der auch über das »verborgene Motiv hinter der Schließung der Ausstellung« diskutiert wurde; der Historiker Omer Bartov sah es im neuen Selbstbewußtsein der Berliner Republik). Entsprechend stolz waren denn auch bis zum Herbst 1999 die Ausstellungsmacher, auch wenn sie den Erfolg ihrer Arbeit nie erklären konnten. Noch 1996 hatte Hannes Heer, der Leiter der Ausstellung, folgendes Bild von ihrer Rezeption gezeichnet: »Wenn man sich die Reaktionen mal anguckt, und läßt man dabei die rechtsradikalen Blätter weg, dann gibt es nur eine Zeitung, die einen klaren Standpunkt gegen die Ausstellung vertreten hat, und das ist die ›Welt‹. Die sind einfach kalt erwischt worden, die Medien. Das zweite ist: Die Ausstellung ist so gebaut, daß man es wirklich schwer hat, ihr irgendwelche ideologischen Tendenzen nachzuweisen.«

Doch nun ist aus der Erfolgsgeschichte eine Niederlage geworden, und mancher mag sich fragen, woher all die Häme in den Medien rührt und auch das Stillschweigen der meisten mehr oder weniger liberalen Professoren, Schriftsteller, Journalisten, Künstler, Bürgermeister, Kulturdezernenten, Museumsdirektoren, Ex-Generäle, Gewerkschaftsfunktionäre, Bischöfe und Friedensinitiativensprecher, die bis dato als Unterstützer der Ausstellung aufgetreten waren. Nur wenige wagen es noch, ihre Zustimmung zu erneuern, und wenn sie es tun, betonen sie meist den kathartischen und identitätsstiftenden Effekt der Auseinandersetzung, die nun bereits als »Wert an sich« gilt, oder sie versuchen, die Gegenseite mit dem Hinweis zu ködern, die Ausstellung habe der »darbenden Disziplin der Militärgeschichte einen enormen Schub verliehen« (Norbert Frei, »FAZ«, 2.11.99). Die meisten Unterstützer sind nicht die Leute, die das rechte Gerede von der »objektiven Wissenschaft« zurückweisen könnten. Sie haben auf diesen politischen Angriff keine politische Antwort, weil sie nie auf eine Opposition gegen Deutschland gesetzt hatten, sondern auf einen Dialog mit der Tätergeneration, der nach den Regeln »wissenschaftlicher Sachlichkeit« stattfinden sollte. Irritiert sind auch jene Linken, die es für einen Ausdruck bündnispolitischen Taktierens hielten – wofür sie Verständnis hätten –, wenn Institutsleiter Jan

Philipp Reemtsma und Ausstellungsleiter Heer sich ausdrücklich gegen jede Politisierung des Themas aussprachen. Da sie häufig selbst einem »zivilgesellschaftlich« motivierten Antifaschismus anhängen, sind sie vom Abbruch der Ausstellung zwar enttäuscht, können aber nicht viel dagegen einwenden.
Praktisch über Nacht ist aus den bei aller Kritik doch respektierten Institutsleuten eine Gruppe von »verantwortungslosen Dilettanten« oder gar eine »Fälscherbande« geworden. Als Reemtsma die Ausstellung am 4. November »vorübergehend« schloß und »eine Kommission von Fachleuten« einsetzte, der »kein Mitarbeiter des Instituts angehören soll«, gab er der Denunziation nach, weil das Hamburger Institut sich im Namen der »objektiven Wissenschaft« auf eine »seriöse« Trennung von Forschung und Anklage festgelegt und damit die politischen und psychischen Dimensionen der Auseinandersetzung geleugnet hatte. Damit war man der Pointe der Ausstellung ausgewichen, die doch darin besteht, daß ein großer Teil ihrer Besucher den präsentierten Dokumenten ganz ähnliche Feldpostbriefe und Fotos in verstaubten Kartons auf verstaubten Dachböden aufbewahrt. Dabei kann eine »objektive Wissenschaft« von Vernichtungskrieg und Holocaust nur täterzentriert sein, weil es die Tätergesellschaft war, die Weltgeschichte gemacht hat. Nur der Name der Täter besitzt in der Logik der Historiographie wirkliche Substanz. Während die Täter die Welt *verändert* haben, sind die meisten Opfer nur namenlose Objekte dieser »Geschichte« geblieben. Als Objektzeugen haben sie tot mehr Beweiskraft als lebend. Weil sie spurlos verschwunden sind, stehen sie nur für das Gestern, während die Täter eine Zukunft haben. Die Verfolger von damals können ihre »Erinnerung« als »Zeitzeugen« heute in das »kulturelle Gedächtnis« einfügen, weil ihr damaliges Handeln sich auch in die heutige Welt der Normalität einfügen läßt: Sie haben damals, wenn auch unter anderen Umständen, ihren Vorteil verfolgt. Das können, bei aller Kritik, in der Welt der Normalität viele verstehen.
»Die Ausstellung ist wissenschaftlich nicht seriös«, heißt es nun. Die objektivistische Variante der revisionistischen Historiographie schützt das Publikum nun vor der Vergangenheit durch »Genauigkeit«: War es wirklich das 295. Infanteriebataillon? Ist es nicht eher X

oder Y gewesen? Solche Fragen reduzieren den deutschen Vernichtungskrieg auf eine erträgliche Dimension. Diesen Kritikern sind die Fakten ganz gleichgültig. Man hadert zwar wieder mit ihnen, aber diesmal nicht als Leugner, sondern als seriöser Forscher, dem es nur um Präzision geht. Die »neue Sachlichkeit« wird zur Berufungsinstanz aktueller revisionistischer Bestrebungen. Man dreht den Spieß um und tritt im Namen objektiver Wissenschaft gegen (linke) »Fälschungen« an, fragt dann scheinheilig, ob unser Wissen überhaupt ein endgültiges Urteil erlaubt, und geht schließlich zur Frage über, ob nicht die Brutalität der Kommunisten ihren Anteil an der »Zuspitzung« der Ereignisse hatte.

Landser-Mythos und Experten-Mythos

Warum aber haben sich die Kritiker besonders auf Hannes Heer eingeschossen, der doch alles getan hatte, um mit den Täter-Vätern übereinzukommen, und der ständig beteuerte, die Ausstellung sei nicht als Tribunal konzipiert worden? Für die deutsche Öffentlichkeit macht es eben einen Unterschied, ob jemand beim Frankfurter Häuserkampf einen Stein geworfen hat, wie Joseph Fischer, oder ob er in den 60er Jahren »die NS-Vergangenheit von Größen der Bundesrepublik ins Visier genommen hat« (»Spiegel«), wie Heer. Auch das könnte vergeben werden, hätte Heer nicht noch 1995 gezeigt, daß er »Geständnisse für glaubwürdig hält, die der NKWD deutschen Kriegsgefangenen abgepreßt hatte« (ebd.). Das hat Heer wirklich getan – in seiner Broschüre *»Stets zu erschießen sind Frauen, die in der Roten Armee dienen«. Geständnisse deutscher Kriegsgefangener über ihren Einsatz an der Ostfront.* Anders als sein Institutsleiter, der das Dazugehören-Wollen bis ins Detail inszeniert und seiner Vermögensverhältnisse wegen ohnehin der geborene Ehrenbürger ist, konnte der inzwischen suspendierte Ausstellungsleiter den Habitus des Vatermörders bei den Pressekonferenzen des Instituts nicht völlig abstreifen. Heer hat es fertiggebracht, besonders weitreichende Dialog-Angebote zu machen und zugleich stur die Minsker Prozesse gegen die in Gefangenschaft geratenen deutschen Vollstrecker zu verteidigen, was ihm von »Taz« bis »FAZ« niemand verzieh, weil die Minsker Prozesse hierzulande als stalinistische Schauprozesse gelten. Heer findet nichts dabei, völlig unvermittelt in einem Nebensatz »militante Streiks der Linken« der 20er Jahre in die Nähe der Gewalt der Wehrmacht zu rücken. Solche Überdeterminierungen sind kein Zufall. Die Emphase, mit der Heer sich in das Thema stürzte, resultiert aus der Position eines Verunsicherten, der mit dem Nazi-Vater (der ihm früher schriftlich Hausverbot erteilte) wirklich hadert, der aber mit ihm unbedingt »ins reine« kommen möchte. Das erklärt die Gleichzeitigkeit von Beschuldigen und Entschuldigen, die vor allem die Rahmenveranstaltungen der Ausstellung prägte. Die Auseinandersetzung mit dem Vernichtungskrieg wurde dort in den Zusammenhang der Familiengeschichten gestellt. Dabei geriet sie unterderhand zur Ahnenforschung. An die Stelle einer Einfühlung in die Opfer des Vernichtungskrieges trat die Einfühlung in die Täter, von denen man abstammt. Das Ganze wurde schließlich mehr und mehr zur kathartischen Obsession. Mit der Bedeutung, die die biologische Abstammung erhielt, rückten zudem biologistische Kategorien wie »unser Volk« (Heer) in den Vordergrund.

Aber das sind linke Kritikpunkte. Der Medienkampagne gegen das Hamburger Institut geht es um den Vorwurf, es stütze sich auf NKWD-Quellen. Seit 1995 wurde dieser Vorwurf im Stil eines wissenschaftlichen Einwandes vorgetragen. Im Herbst 1999, nach dem Überfall auf Jugoslawien, hat sich der Ton geändert. Die Kritik, das Institut habe »den Anteil des Kriegsgegners an den damaligen Verbrechen unterschlagen« (»Spiegel«) und kolportiere außerdem Feindpropaganda als glaubwürdige Quelle, hat nun die Qualität einer politischen Beschuldigung angenommen: Mangel an Patriotismus!

Institutsleiter Reemtsma, um gesellschaftliche Akzeptanz bemüht, weißt diesen Verdacht zurück – »Blindheit gegenüber dem Stalinismus ist bei uns nicht anzutreffen, ich selbst war von dieser Krankheit sowieso nie befallen« – und setzt ein Signal: »Reemtsma macht den Ex-Kommunisten Heer für den rabiaten Umgang mit kritischen Historikern verantwortlich« (»Spiegel«). So distanziert sich einer vom anderen. Die meisten ehemaligen Unterstützer begrüßen die Schließung der Ausstellung und sind froh, wenn sie nicht auf die falsche Seite geraten. Denn dort wird man nun rabiat vorge-

führt. »So sehen Verlierer aus«, triumphierte der »Spiegel« und berichtete von der »Moratoriums«-Pressekonferenz des Hamburger Instituts wie von einem Militärtribunal: »Blass und starr blickte Jan Philipp Reemtsma in den Raum, Hannes Heer malte Notizen, Bernd Boll, versteckt zwischen den Journalisten, schaute betreten auf den Fußboden.« Auch der »Focus« tritt noch einmal nach. Vom »Fiasko für alle angeblichen Volksaufklärer« ist die Rede, und dann folgt die entscheidende Retourkutsche: »Das Ende vom Mythos der sauberen Wehrmachtsausstellung«. Den eigenen Chef im Nacken, bittet Heer schließlich die Denunzianten um Vergebung: »Ich sage das jetzt ohne taktische Überlegung: Die Intervention von ›Focus‹ 1997 hat sich gelohnt.«
Den Grund dafür, daß alle nun strammstehen, hat die »FAZ« bereits zuvor als Tagesbefehl formuliert: Die Frage nach deutscher Schuld sei mit dem Kosovo-Krieg »endgültig in die Frage nach deutscher Verantwortung übergegangen. Die Ausstellung und der Streit um sie sind selbst Geschichte geworden.« Rolf-Dieter Müller, ein revisionistischer Historiker am Militärgeschichtlichen Forschungsamt in Potsdam, der schon im Frühjahr 1999 zu Protokoll gegeben hatte: »Eine Handvoll Feldpostbriefe oder Bilder von feixenden Soldaten vor Gehenkten genügen mir nicht als Beleg für barbarische Gesinnung«, wurde noch deutlicher. Er forderte eine staatsoffizielle Wehrmachtsausstellung, die sich auch im Ausland vorzeigen läßt: »Wir sollten das Thema des deutschen Krieges und der Kriegsverbrechen losgelöst von dieser armseligen Ausstellung thematisieren.« So kann die Beteiligung an einem Krieg schlagartig die Gewichte verschieben und Leute zur Geltung bringen, die noch Anfang 1999 als rechtslastig eher außerhalb einer politisch und moralisch hochkorrekten Erinnerungskultur standen.

Mimesis und kathartische Kultur

Die wechselhafte Karriere der Ausstellung wirft die Frage auf, warum der Vernichtungskrieg der Wehrmacht als ein Ereignis behandelt wird, an das zu erinnern gerade jetzt die Zeit gekommen ist. Die Tatsache des Vernichtungskrieges hat immerhin 50 Jahre lang nicht zu einer Diskussion über die Wehrmacht geführt. Dabei existierten seit den Nürnberger Prozessen die Materialien gegen die Generäle der Süd-Ostfront (*Das Urteil gegen das OKW*, Berlin/DDR 1960; *Das Urteil im Geiselmordprozeß*, Berlin/DDR 1965); seit Mitte der sechziger Jahre gibt es Literatur über den »Kommissarbefehl« und die Wehrmacht im NS-Staat, seit Ende der siebziger Jahre auch über die Ermordung der russischen Kriegsgefangenen. Nach vielen Einzelstudien in den siebziger und achtziger Jahren über die Einsatzgruppen der Sicherheitspolizei und des SD, über den Massenmord an gefangenen sowjetischen Soldaten und über die Vernichtung der europäischen Juden ist dieses Wissen inzwischen in den Handbüchern und Lexika angekommen.

Es sind somit nicht die damaligen Ereignisse selbst, die zur Diskussion über die Wehrmachtsausstellung geführt haben. Das Ereignis, um das es geht, ist die Entstehung der Berliner Republik. Die Frage ihrer Identität und weltpolitischen Optionen wird eben auch als Streit um die Bewertung der Wehrmacht ausgetragen. Aus der politischen Perspektive des Ost-West-Gegensatzes entlassen, ist der deutsche Vernichtungskrieg im Osten ohnehin ein anderer Tatbestand geworden. Nach dem Angriff auf Belgrad hat sich der Blick auf das Vergangene dann erneut verändert. Hatte man bis zum Frühjahr 1999 die Debatte wie ein Genesungszertifikat behandelt, das man sich selbst ausstellen konnte, so gibt es seit dem Kosovo Krieg einen viel überzeugenderen Beweis dafür, daß Deutschland den Nazismus erfolgreich überwunden hat – den gemeinsamen Kampf mit den Nato-Staaten gegen den »Faschisten Milosevic«. Die wirklich interessante Frage ist daher die nach den Bedingungen des Auftauchens von Aussagen über den Vernichtungskrieg. Wie wird geregelt, was darüber gesagt werden kann und was nicht? Welche Konstellationen haben diesen Diskurs in Bewegung gesetzt? Denn bestimmte Aussagen über den Vernichtungskrieg können sich in der Öffentlichkeit nur halten, wenn Interessenfelder bestehen, in die sie sich einschreiben können. Wann und warum öffnete sich diesem Thema ein Sprechraum, und wann und warum schloß er sich wieder?

Rufen wir uns den Vorgang kurz in Erinnerung: Die Ausstellung zeigt auf Texttafeln und mit Fotos und Dokumentarfilmen in drei Sektionen, die drei verschiedene

Frontabschnitte und unterschiedliche Perioden dokumentieren – den Partisanenkrieg in Serbien, die 6. Armee in der Ukraine und die Besetzung Weißrußlands –, daß die Wehrmacht an allen nationalsozialistischen Verbrechen, insbesondere am Holocaust, aktiv und als Gesamtorganisation beteiligt war. Obwohl die wesentlichen Tatsachen, denjenigen, die es wissen wollten, schon in den 70er Jahren durch einige Untersuchungen bekannt geworden waren, ging das Hamburger Institut hier deutlich weiter als etwa das Militärgeschichtliche Forschungsamt (MGFA). Dieses klammert den Zusammenhang von Holocaust und Wehrmacht bis heute aus. Insofern hat Heer recht, wenn er sagt, daß die Medien von der Ausstellung »kalt erwischt« wurden. Und es ist allenfalls die halbe Wahrheit, wenn nun nicht nur die »FAZ« behauptet: »Daß reguläre Wehrmachtseinheiten an Staatsverbrechen beteiligt waren, ist seit Jahrzehnten gesicherte Erkenntnis.«

Die Ausstellung und die Auseinandersetzung über sie bewegten sich auf mehreren Ebenen: Da ist erstens die Darstellung der historischen Ereignisse selbst durch das Hamburger Institut, die – sieht man vom Verzicht auf eine Darstellung des Zusammenhangs von Wehrmacht und Bundeswehr ab – weitgehend kompromißlos ist. Da ist zweitens die Interpretation der historischen Fakten durch die Ausstellungsmacher (der Wunsch nach einem Dialog mit den Täter-Vätern, eine Art nationalpädagogisches Versöhnungsprogramm also, wird hier virulent). Da ist drittens das Ritual der Ausstellungseröffnungen in den verschiedenen Städten, das einer bestimmten Dramatik folgte und die Wahrnehmung der Dokumente durch die Wahl der Orte und Redner kontextualisierte. Und da ist viertens die Ebene der öffentlichen Rezeption der Ausstellung, die von den Initiatoren nicht kontrolliert werden kann. Sie ist geprägt und überlagert von anderen aktuellen politischen Ereignissen und Debatten, vor allem von der jahrelangen Auseinandersetzungen über Jugoslawien, aber auch von den öffentlichen Diskussionen über das Holocaust-Mahnmal, Daniel Goldhagen, Martin Walser etc. Alle diese Diskurse finden in einem symbolischen Raum statt, der als »Erinnerungskultur« bezeichnet werden kann. Sie produziert Entlastungen und Bedeutungen. Da die Realität von Ereignissen und ihre mentale Wahrnehmung grundsätzlich zusammenfallen, ist die Bedeutung historischer Ereignisse stets umkämpft. An der Rezeption der Ausstellung sind daher besonders die Assoziationswege und das mimetische Vermögen der Besucher interessant. Der Vernichtungskrieg wurde von ihnen in erster Linie als historisches Drama rezipiert. Die Suche nach einer Antwort und die Erzählungen, die dabei entstanden, wurden zur gemeinsamen Erinnerungsarbeit und zum gemeinsamen Erlebnis, das praktisch alle ausschließt, die nicht zur Tätergeneration und ihren Nachkommen gehören. Im Erinnern wird das deutsche Wir erneuert.

Die Auflösung der Roten Armee erleichtert das deutsche Erinnern

Es ist nicht überraschend, daß der Zusammenbruch des »Ostblocks« – und damit die radikale Entwertung bzw. Umwertung der sozialistischen Geschichte – das Erinnern an den Vernichtungskrieg und den Holocaust verändert. Die 40jährige Blockkonfrontation prägte eine spezifische Form des Erinnerns, weil die Nachkriegsordnung auch ein Resultat kollektiver Traumatisierungen war, die der Nationalsozialismus bewirkt hatte. Das große Aufräumen des Westens mit der alten Weltordnung produziert nun aber ein neues Selbstbewußtsein. Wer als Sieger die geschichtliche Wahrheit auf seiner Seite hat, hat auch die Pflicht zur moralischen Erneuerung der Welt. Die westlichen Demokratien beanspruchen, die antitotalitäre »Lehre aus dem Holocaust« zu verkörpern. Für Deutschland bietet sich da die Möglichkeit, sich als Musterstaat der Erinnerung zu empfehlen. Als im Juni 1991 Slowenien und Kroatien, massiv unterstützt vor allem von den Deutschen, ihren Austritt aus dem jugoslawischen Staat erklärten, war Jugoslawien faktisch aufgelöst. Das soeben wiedervereinigte Deutschland hat damals die Chance erkannt, sich als eine Großmacht zu präsentieren, der »gerade wegen Auschwitz« die besondere Verantwortung zufiel, die eigenhändig forcierten »ethnischen Säuberungen« zu stoppen. Nach der Teilnahme von Marine und Awacs-Flugzeugen an der Überwachung des Embargos gegen Jugoslawien (1992) sowie dem Einsatz der Luftwaffe für »Hilfsflüge« nach Bosnien (ebenfalls ab 1992), trafen der Beschluß des Bundestags für den ersten Kampfeinsatz

im Juni 1995 und die Eröffnung der Wehrmachtsausstellung kurz zuvor zeitlich zusammen. Vorbereitung, Durchführung und Laufzeit der Ausstellung fallen somit in eine Zeit, in der in intensiven öffentlichen Debatten die Frage einer deutschen Beteiligung an Militäreinsätzen in Jugoslawien – und damit die Möglichkeiten der Deutschen, künftig wieder Krieg zu führen, überhaupt – erörtert wurde. Vieles davon ist in die Texte des Hamburger Instituts und in die Reden zu den Ausstellungseröffnungen eingegangen.
Trotz Gorbatschow-Kult und »Freundschaft mit Rußland« blieb der Vernichtungskrieg im Osten auch im neuen Deutschland ein Tabu. Die Gorbatschow-Fans haben, als sie dessen Abrüstungsmaßnahmen lobten (weil sie dem Westen nutzten), nicht eine Sekunde an die Traumatisierungen in Rußland gedacht, die Folge des deutschen Überfalls und Feldzugs (gewesen) sind. Auch durch die Ausstellung hat sich das nicht geändert. Ob Wiedervereinigung, Nato-Osterweiterung oder Krieg gegen Jugoslawien – nichts davon wurde oder wird mit dem deutschen Überfall 1941 und der deutschen Okkupation zusammengedacht. Nie hat sich jemand dafür bei der russischen Bevölkerung entschuldigt. Der millionenfache Mord an sowjetischen Zivilisten, kommunistischen Funktionären und Kriegsgefangenen im Zuge des »Unternehmens Barbarossa«, der gezielte Versuch, 20 bis 30 Millionen Menschen verhungern zu lassen, die Strategie der »verbrannten Erde«, die Blockade Leningrads, die fast jedem dritten Leningrader das Leben gekostet hat – all das ist hierzulande niemals ausdrücklich bedauert worden. Auch nach dem Zug der Wehrmachtsausstellung durch die Republik gehen die meisten Bundesbürger, ältere wie jüngere, davon aus, daß die über 20 Millionen Toten des Weltkrieges auf sowjetischer Seite »Opfer normaler Kriegshandlungen« geworden seien: »Jeder deutsche Landser wäre in Deckung gegangen. Nicht die Russen. Das war für mich kein Heldenmut, sondern die Angst vor den Politruks. Es ist kein Wunder, daß sie zwanzig Millionen Mann verloren haben. Mit Menschenleben haben sie geaast« (Wolfgang Schmidbauer: *Ich wußte nie, was mit Vater ist*).
Mindestens zehn Millionen Sowjetbürger sind zwischen 1941 und 1945 außerhalb der eigentlichen Kampf- und Kriegshandlungen zu Tode gekommen; darunter zwei

Millionen sowjetische Juden und 3,3 Millionen sowjetische Kriegsgefangene. Mehrere hunderttausend zivile kommunistische Funktionäre sind im Vollzug des »Kommissarbefehls« und des »Kriegsgerichtsbarkeitserlasses« liquidiert worden. Viele hunderttausend Sowjetbürger wurden als »Freischärler«, »Partisanenverdächtige«, »Saboteure« und Geißeln erschossen oder im Zuge kollektiver Vergeltungsmaßnahmen wie dem Niederbrennen ganzer Dörfer und Ortschaften umgebracht. Auch die deutschen Lager für sowjetische Kriegsgefangene mit ihrer durchschnittlichen Sterbequote von fast 60 Prozent (im ersten Kriegswinter 1941/42 lag sie sogar zwischen 70 und 80 Prozent) waren Todes- und Vernichtungslager.

Bis zum heutigen Tag ist das Erinnern an diesen Teil der deutschen Vergangenheit ausgeblieben. In Interviews erklären deutsche »Zeitzeugen« auch heute noch: »Wenn uns die SS nicht alles kaputt gemacht hätte, wären wir mit Stalin fertig geworden; die Russen haben uns doch als Befreier begrüßt« (Carl Schüddekopf: *Krieg – Erzählungen aus dem Schweigen*). Auch die Nachkommen fragen selten, warum die Väter überhaupt 4.000 Kilometer von ihrem Heimatort entfernt in gefährliche »Extremsituationen« gerieten und wie Millionen sowjetischer Bürger weitab von jeder Front ums Leben kommen konnten. Die Haltung der westdeutschen Bevölkerungsmehrheit gegenüber der Sowjetunion war bis zu deren Ende von einem haßerfüllten Antisowjetismus und einer panischen Russenangst bestimmt. Diese Angst entsprang einer kollektiven Projektion: Man unterstellte den »Sowjets«, was man ihnen selbst angetan hatte. Und dadurch, daß man den Antibolschewismus nahezu bruchlos von den Nazis übernehmen und im Kalten Krieg legal ausagieren konnte, war die Teilnahme am Vernichtungskrieg noch nachträglich gewissermaßen legitimiert. Nur einige hatten das Pech, daß ihre eigenen Kinder Kommunisten wurden.

Die »Verbrechen der Wehrmacht« als »Selbstmord der Zivilisation«

Die Ausstellung des Hamburger Instituts trägt neben dem Titel »Vernichtungskrieg« den Untertitel »Verbrechen der Wehrmacht«. Diese Kombination hat sich als problematisch erwiesen. Während die Aussage »Vernichtungskrieg« eine historisch begründete Charakterisierung darstellt, hat die Bezeichnung »verbrecherisch« offenbar eine andere Funktion: Die (juristische) Kategorie »Verbrechen« schränkt die zutreffende Charakterisierung »Vernichtungskrieg« wieder ein.

Es hat sich gezeigt, daß die Strafjustiz Vernichtungskrieg und Holocaust tendenziell relativieren muß. In den seltenen Fällen, in denen Täter, die Tausende von Juden umgebracht hatten, von deutschen Gerichten wegen Mordes belangt wurden, wurden sie, wie Jörg Friedrich gezeigt hat, nach Gesetzen verurteilt, die für Fälle von Bankraub oder Mord aus Eifersucht gemacht worden waren. Wenn es sich nicht um politische Delikte handelte, wurde in der Regel »normal« judiziert. »So versucht man als ›Verbrechertum‹ zu klassifizieren, was doch unter keiner solchen Kategorie vorgesehen war. Was soll man mit dem Begriff des Mordes anfangen, wenn man mit der Fabrikation von Leichen konfrontiert ist« (Hannah Arendt)? Es ist nicht die Schuld des Hamburger Instituts, daß uns für solche Ereignisse nur unangemessene Wort zur Verfügung stehen. Es kommt aber darauf an, in welchem Sinn man den Terminus »Verbrechen« verwendet. Die Gegner der Ausstellung haben sich nicht zufällig vor allem auf dieses Urteil gestürzt, während der Sachverhalt »Vernichtungskrieg« bei ihnen kaum erwähnt worden ist.

Während mit »Vernichtungskrieg« das historische Ereignis benannt wurde, steht der Untertitel für die Bedeutung, die das Hamburger Institut diesem von vornherein gab und geben wollte. Das hat Jan Philipp Reemtsma im Begleitbuch zur Ausstellung »200 Tage und 1 Jahrhundert«, die den politisch-historischen Kontext formulierte, in den das Institut die Wehrmachtsausstellung plazierte, auch deutlich gemacht. »Verbrechen« meint dort »Gewalt«, und »Gewalt« gilt ihm als das wesentliche Kennzeichen des 20. Jahrhunderts. *Gewalt und Destruktivität im Spiegel des Jahres 1945* ist denn auch der Untertitel dieses Buches. Gewalt gilt darin als das, was Auschwitz dem Kambodscha der Roten Khmer, dem Gulag, Hiroshima, der Folter in Algerien, den Lagern der VR China und – diesen Vergleich formuliert Bernd Greiner – dem alliierten Luftkrieg gegen die deutsche Zivilbevölkerung vergleichbar

macht. Dabei bezieht sich das Institut auf einen Satz Adornos, wonach Hiroshima und Auschwitz »in denselben geschichtlichen Zusammenhang hineingehören«. Die Komplexität der damit verbundenen Fragestellungen reduzierend und die Realgeschichte der politischen Instrumentalisierung solcher Vergleiche bagatellisierend, prägt Reemtsma schließlich die Wendung vom »Selbstmord der Zivilisation in Auschwitz«.
Eine bekannte Warnung Jean Amérys lautet: »Was 1933 bis 1945 in Deutschland geschah, so wird man lehren und sagen, hätte sich unter ähnlichen Voraussetzungen überall ereignen können – und wird nicht weiter insistieren auf die Bagatelle, daß es sich eben gerade in Deutschland ereignet hat und nicht anderswo.« Diese Warnung erfährt nun bei Reemtsma eine entscheidende Verschiebung, die sich von vergleichbaren Versuchen allerdings durch ihre kenntnisreiche Berücksichtigung der Holocaust-Literatur unterscheidet: »Ob sich, was 1933 bis 1945 in Deutschland geschah, unter ähnlichen Voraussetzungen überall hätte ereignen können, ist eine Frage, die, auch wenn man sie bejahte, nicht zur Bagatelle macht, daß es sich eben gerade in Deutschland ereignet hat.« Diese Verschiebung ist typisch für die »aufgeklärte« Variante der Totalitarismustheorie, wie sie am Hamburger Institut vertreten wird. Amérys Warnung, die aktueller ist denn je, wird verkehrt in die absurde Befürchtung, es könne über dem besonderen Interesse für den »Fall« Deutschland eine anderswo stattfindende »Gewalt« aus dem Auge geraten. Wie etwa Michael Naumann meinte: Mit dem Verweis auf Auschwitz werde die »Meßlatte für Völkermord derart hoch gelegt, daß nun Menschenschlächter aller Art bequem darunter hindurchspazieren können«. Das sei eine Art umgekehrter Auschwitz-Keule, deren Verwendung für den Gulag und für aktuelle Massenverbrechen blind mache.
Um die Besonderheit des deutschen Vernichtungskrieges im Osten zu verstehen, muß man nicht andere Kriege zum Vergleich heranziehen. Der Unterschied ergibt sich bereits beim Vergleich der Kriegsziele, die das nationalsozialistische Deutschland im Westen einer-, im Osten andererseits verfolgte. Durch die Bezeichnung »Verbrechen« wird jedoch ein Maßstab eingeführt, mit dem nun der Abstand zu irgendeinem demokratischen (oder völkerrechtlichen) Ideal von Krieg zum Thema

gemacht wird. Damit verlagert sich die Aufmerksamkeit von der »Bagatelle, daß es sich eben gerade in Deutschland ereignet hat«, d.h. von der antisemitisch und antibolschewistisch begründeten Vernichtungspraxis, zu allgemeinen Betrachtungen über die »Barbarei«, die unter der dünnen Decke der Zivilisation lauert. Von der »Idee der Menschenrechte«, die an dieser Stelle gern als Mittel gegen den Hang zur »Gewaltentgrenzung« angeführt wird – gerade so, als seien unter dem Banner dieser »Idee« nicht eine Menge Gewalttaten begangen worden –, ist es dann nur noch ein kleiner Schritt zur Forderung nach »humanitären Interventionen« der Bundeswehr. Was 1933 bis 1945 in Deutschland geschah, so wird nun gelehrt, kann sich unter ähnlichen Voraussetzungen auch in Serbien ereignen. Daß es sich damals eben gerade in Deutschland ereignet hat, muß uns nun besondere Verpflichtung sein, es anderswo zu verhindern.

Weniger Feinsinnige haben diese Argumentation auch ohne die Kenntnis der Schriften Jean Amérys entwickeln können. Aber der Weg über die Metaphern des Holocaust ist keineswegs nur der gewundene Umweg, auf dem ehemalige Linke doch noch Anschluß an die deutsche Realpolitik finden. Die Berufung auf die »Lehre aus Auschwitz« ist im März 1999 sogar staatsoffiziell geworden, und sie kann sich auf Diskurse stützen, die alles andere als marginal sind und die, wenigstens aus taktischen Gründen, auch von Kräften genutzt werden, die sonst mit Auschwitz nicht konfrontiert werden wollen.

Es ist wahr, daß man in den Nürnberger Prozessen die Ausrede nicht gelten ließ, es sei Krieg gewesen, und Krieg sei eben die Fortsetzung der Politik mit anderen Mitteln. Unwahr ist aber, daß sich daraus eine weltweite »Verpflichtung zur Verfolgung von Verstößen gegen Menschenrechte, gleichgültig, auf welchem Territorium sie stattfinden« (Reemtsma), ableiten läßt. Unwahr ist diese Aussage nicht nur, weil diese »allgemeine Verpflichtung zur Verfolgung« großzügig über die Verteilung der Machtmittel und damit der Definitionsgewalt hinweggeht, sondern vor allem, weil sie davon absieht, daß die Nürnberger Prozesse gerade deshalb einzigartig geblieben sind, weil sie eine bis heute einzigartige Tat zum Gegenstand hatten und weil das deutsche Morden die Mächtigen der Welt, die sonst nicht viel gemeinsam hatten, dazu zwang, sich zu vereinigen, um die vollständige Kapitulation der Deutschen zu erzwingen, ihren Staat aufzulösen und einen eigenen Gerichtshof einzusetzen. Die Urteile von Nürnberg sind von dem, worauf sie reagierten, nicht abzulösen. Die Forderung nach einer »Folgepraxis«, unter der Reemtsma auch versteht, daß sich die damaligen Siegermächte auch selbst hätten anklagen müssen – wegen Hiroshima und Dresden zum Beispiel –, macht Deutschland zum, wenn auch negativen, Ausgangspunkt einer moralischen Welterneuerung. Nicht zufällig fiel Reemtsma die »Verpflichtung zur Verfolgung von Verstößen gegen Menschenrechte« erst ein, als die Rote Armee sich aufgelöst hatte, denn eine solche »Verpflichtung« hätte vierzig Jahre lang genügend Vorwände für einen dritten Weltkrieg geboten.

Entdeckung der »Wechselwirkung« zwischen Nationalsozialismus und Stalinismus

Bereits in dem Begleitband zur »200-Tage«-Ausstellung von 1995 hat das Hamburger Institut die Forderung nach einer Intervention in Jugoslawien erhoben. Daß es seine Argumentationskette aber insgesamt »anspruchsvoller« entwickelte, als dies etwa der »Taz« gelang, hängt damit zusammen, daß man in Hamburg besser Bescheid weiß über gewisse sprachliche Verwandtschaften, Denkfiguren und Schlüsselbegriffe, die auch in Diskursen funktionieren, von denen man sich absetzen möchte. Am Hamburger Institut ist man sich darüber klar, daß es für die in der »200 Tage«-Ausstellung entwickelten Thesen auch rechte Entsprechungen gibt. Das gilt besonders dort, wo es um die angebliche »Wechselwirkung« zwischen Nationalsozialismus und Kommunismus geht, eine »These«, die in der gegenwärtigen Auseinandersetzung um die Ausstellung »Vernichtungskrieg« wieder in den Mittelpunkt gerückt wurde. Der unbefangenen Anwendung dieser »These« steht allerdings mit Ernst Nolte ein Mann entgegen, der als »Urheber« des Konstrukts bislang nicht den besten Ruf genießt. Seit nunmehr fünfzehn Jahren stellt Nolte die Singularität des Holocaust in Frage, indem er Vergleiche mit der Ermordung der Kulaken unter Stalin zieht. Auch auf Katyn kommt er immer wieder zu sprechen. Gerade Katyn zeige, daß der Zweite Weltkrieg (und damit der Holocaust) Teil eines »ideologischen Weltbürgerkrieges« gewesen sei, der dieses Jahrhundert bestimmt habe. Man dürfe diese Beziehung zwischen dem welthistorischen Phänomen »Bolschewismus« und dem Phänomen »Vernichtung der Juden« nicht außer acht lassen.

Solche Positionen sind bei einigen Ex-Linken längst akzeptiert. Etwa beim Ex-KBWler Gerd Koenen, der gelegentlich auch für das Hamburger Institut arbeitet: »Die Stalinsche Führung«, so Koenen 1998 in seinem Buch *Utopie der Säuberung. Was war der Kommunismus?*, habe »an der Seite Hitlers den Zweiten Weltkrieg« entfesselt. Als Hannes Heer im selben Jahr von der »Woche« zur Diskussion geladen wurde, kam er dort zu ähnlichen Schlußfolgerungen: »Das Menschenglück mit Gewalt herbeizuführen, ob es das Rassenglück ist, ob es das Klassenglück ist, diese Glücksverheißungen sind Erbteile des Kanons von 1789. Deshalb gibt es auch eine Verknüpfung von Holocaust und Gulag, nicht im Sinne: wer war zuerst? In der Weimarer Republik haben wir die Extreme sich berühren sehen, KPD und NSDAP. Die Systeme haben einander, zum Beispiel was die Verherrlichung von Gewalt betrifft, kontaminiert. Die Menschenrechte, die Demokratie, der freie Streit der Meinungen, das alles wurde von Links und Rechts attackiert und abgeräumt. Deshalb müssen wir, wenn wir von NS-Verbrechen sprechen, den Blick auch auf das werfen, was der Kommunismus sich hat zuschulden kommen lassen.« Darauf erwiderte der Historiker Heinrich-August Winkler: »Ich fürchte, Ernst Nolte hat beim Historikerstreit eine unvoreingenommene Diskussion der Wechselwirkung geradezu blockiert. Die von den Bolschewiki hervorgerufene Bürgerkriegsangst ist von den Faschisten in Italien und den Nationalsozialisten in Deutschland ausgebeutet worden. Daher ist die Frage überfällig: Welchen Beitrag hat die totalitäre Linke zum Aufstieg einer totalitären Rechten geleistet?«

Hier zeigt sich, wie Hannes Heer mit der Kategorie »Verbrechen« den Befund »Vernichtungskrieg« wieder relativiert. Man würde die geschichtsrevisionistische Tendenz seiner Ausführungen sofort bemerken, hätte er formuliert: ›Wenn wir vom NS-Vernichtungskrieg sprechen, müssen wir den Blick auch auf das werfen, was der Kommunismus sich hat zuschulden kommen

lassen.‹ Ersetzt man jedoch den historischen Tatbestand durch die Bewertung »Verbrechen«, dann ergeben sich plötzlich ungeahnte Anschlußmöglichkeiten. Warum? Weil »Verbrechen« die »Bagatelle, daß es sich eben gerade in Deutschland ereignet hat«, wieder universalisiert.
Was Heer noch hat umschreiben wollen, hat Reemtsma am 6. November 1999 in einem »Taz«-Interview direkt ausgesprochen. Auf die Frage der »Taz«: »Würden Sie der Auffassung zustimmen, daß der Komplex Wehrmachtsverbrechen in engem Zusammenhang mit den Verbrechen des Stalinschen Systems analysiert werden muß?« antwortete Reemtsma: »Nicht in allgemeiner Weise, wohl aber dort, wo die Ereignisse etwas miteinander zu tun haben. Wo die eine Mordtat zum Vorwand für die andere wird.« Damit kommt Reemtsma zum selben Ergebnis wie sein Kritiker Bogdan Musial in der »FAZ«: Wegen der Morde des NKWD »empfanden viele deutsche Soldaten nun kein Mitleid mit den tatsächlichen und vermeintlichen Trägern des sowjetischen Systems«. Ganz ähnlich argumentierte in der »Welt« auch Thomas Schmid: »Nun (nach ihrer Schließung, G. J.) kann die eigentliche Geschichte der Ausstellung beginnen, besonders wenn sie sich traut, der Tatsache ins Auge zu sehen, daß zwei große Verbrechen – der Nationalsozialismus und der Stalinismus – ineinander verschränkt gewesen sind.« Bereits 1997, während der Ausstellungseröffnung in Frankfurt, hatte Friedrich P. Kahlenberg als Vertreter des Bundesarchivs angemahnt, daß das Erinnern »keine Einbahnstraße« bleiben dürfe. Es müßten vielmehr »die Verwerfungen in der Zeit der stalinistischen Diktatur« mitbedacht werden.

Die Interpretationsgemeinschaft

Manchmal scheinen sich die Dinge von selbst zu verstehen. Welche Antworten erhält man aber, wenn man fragt, wozu das Hamburger Institut die Ausstellung »Vernichtungskrieg« überhaupt auf den Weg gebracht hat? Um den Mythos von der sauberen Wehrmacht zu demontieren, werden viele Linke sagen. Um die deutsche Zivilgesellschaft vor den Gefahren eines Rückfalls in die Barbarei zu warnen, werden die Liberalen hinzufügen (und damit gewisse Hoffnungen, die Ausstellung solle die Legitimität des Nachfolgestaates BRD grundsätzlich in Frage stellen, dementieren). Um die Integrität der Generation in Frage zu stellen, die unter Hitlers Diktatur und dem Krieg gelitten und dann die demokratische Bundesrepublik aufgebaut hat, werden viele Kritiker der Ausstellung sagen (was die Linken wiederum als Bestätigung der von ihnen angenommenen objektiven Wirkung der Ausstellung auffassen).

Jede dieser Antworten ist eine Antwort von Rezipienten. Die »ursprünglichen« Intentionen der Ausstellungsveranstalter spielen dabei längst keine Rolle mehr. Das gilt übrigens auch für das Institut selbst. Hannes Heer hat den Vorgang auf die Formel gebracht: »Die Ausstellung hat dazu beigetragen, daß wir alle ein Stück erwachsener geworden sind.« Manche Linke halten daher Reemtsma und Heer für die größten Gegner ihrer eigenen Ausstellung. Aus dieser Perspektive sieht es so aus, als hätten die Mitarbeiter des Hamburger Instituts die Anpassung an die deutschen Verhältnisse auch einfacher haben, sich also den »Umweg« über die Ausstellung sparen können. Doch diese Annahme verkennt die relationale Positionierung der »68er« im Feld der Politik und des »Generationenkonflikts«. Ihr »Umweg« war unvermeidlich. Gerade am Verlauf der Ausstellung »Vernichtungskrieg« zeigt sich der Charakter dieses »Umwegs« recht deutlich: Ohne eine gewisse Provokation der Alten und Etablierten wäre eine Versöhnung (der »Sohn« steckt da schon drin) mit ihnen nicht möglich gewesen. Es ist eine umstrittene Aktion nötig gewesen, um mit ihnen ins Gespräch zu kommen. Erst das Benennen der historischen Fakten des Vernichtungskrieges im Rahmen einer öffentlichen Ausstellung öffnete den Raum einer gemeinsamen Interpretation: »Erst jetzt fragen die Kinder und Enkel ihre Eltern und Großeltern: ›Wie seid ihr hineingeraten und wie habt ihr den Krieg erlebt?‹ Sie fragen ohne den Automatismus der verstockt machenden globalen Verurteilung ›Wie konntet ihr nur!‹. Besonders die Enkel fragen bereits mit der unbefangenen Neugier von Familienhistorikern« (Tilmann Moser: *Dämonische Figuren*).

Im Diskurs über die »Verbrechen der Wehrmacht« werden nicht nur die Identität der Berliner Republik, sondern zugleich die Umstände des Zugangs des Täter-Nachwuchses zu den politischen und ökonomischen

Ressourcen ausgehandelt. Die bewußte und unbewußte Identifikation der Jungen mit der Tätergeneration hat eben nicht nur mit psychischer Tradierung zu tun. Die Nachkommen sind ganz praktisch verwickelt: Sie erben das Vermögen und übernehmen die politische Verantwortung. Zugleich wird der Blick auf die Geschichte im gemeinsamen Erinnern individualisiert und familiarisiert, bis sich die eigene psychische Realität von der historischen vollkommen ablöst. Der hierauf basierende Begriff der Verantwortung verliert darüber jede Verbindlichkeit. »Auf die Frage, ob militärische Gewalt ein geeignetes Mittel zur Beendigung der Menschenrechtsverletzungen im Kosovo ist, muß jeder und jede Einzelne nach eigener Einsicht und vor dem eigenen Gewissen eine Antwort geben und danach handeln« (Bündnis 90/Die Grünen). Das Wollen des abstrakt Guten soll schon hinreichen, die Handlung zu adeln. So haben es die Alten auch gesehen.

Die Beziehung zwischen der Tätergeneration und ihren Nachkommen ist auf Seiten der Nachkommen vom (unbewußten oder bewußten) Wunsch des Ungeschehenmachens bestimmt. Das Gespräch wird zugleich gewünscht und gefürchtet. Das daraus resultierende Vermeidungsverhalten der »Nachkriegsgenerationen« reagiert auf die Belastungen, die diese Beziehung prägen. Man möchte, daß sich der Verdacht nicht bewahrheitet, weil man die eigene, von der Familienzugehörigkeit mitgeprägte Identität retten möchte. Daß es Grund zum Verdacht gibt, ergibt sich schon daraus, daß den Kindern und Enkeln durch Mimik, Gestik und Tonfall nahegelegt wird, genaueres Nachfragen zu unterlassen. Es gehört jedoch zu den Folgen des Vernichtungskrieges und des Holocaust, daß noch ein halbes Jahrhundert danach auch die Nachkommen der dafür Verantwortlichen eine Verantwortung übernehmen müssen. Selbst wenn sie darauf mit Gleichgültigkeit und anderen Abwehrstrategien reagieren, entgehen sie dem »Thema« nicht. Sieht man von denen ab, die aus dieser Konstellation als Antisemiten hervorgehen – sie fühlen sich von den Opfern und Überlebenden ungerechtfertigt beschuldigt –, so wird diese ambivalente intergenerationale Beziehung normalerweise ständig neu ausgehandelt. Das geschieht vor dem Hintergrund politischer und sozialer Veränderungen, wobei gerade bedeutende Ereignisse wie z.B. der Untergang des Ostblocks, die »deut-

sche Einheit« oder die »humanitäre Invasion« in Jugoslawien neue Verhandlungsrunden auslösen, weil sie die alten Bedeutungen ändern.
Obwohl in diesem intergenerationalen Tausch von Bedeutungen (der Ausschluß von »Nichtzugehörigen« ist dieser Konstellation inhärent) der Verdacht gegen die Angehörigen der Tätergeneration den Ausgangspunkt bildet, ist es keineswegs so, daß die Nachkommen das Verhältnis allein bestimmen. Das Resultat ist vielmehr ein Verständigungsprodukt, an dem beide Seiten mitgewirkt haben. In derartigen Tradierungen manifestiert sich, was die ältere Generation von der NS-Zeit mitteilen und was die jüngere Generation übernehmen will oder ablehnt. Ausgehandelt werden dabei die kulturellen Deutungsmuster dessen, wer »wir« sind und wohin »wir« unterwegs sind. Dem (narrativen) »Erinnern« und »Bezeugen« kommt dabei eine besondere moralische Funktion zu. Jede Seite hat in dieser Aushandlungssituation bestimmte Trümpfe in der Hand. Die Älteren, deren Biographie mit dem Nationalsozialismus verknüpft ist, hatten ausreichend Gelegenheit zur bewußten und unbewußten Tradierung ihrer nazistischen Erfahrung. Die Jungen können versuchen, diese zu delegitimieren. Die Alten wiederum verlangen ein gewisses Maß an Loyalität und Komplizenschaft im Tausch gegen das Erbe. Immerhin haben sie Vermögen und Einfluß angehäuft. Deren Übergabe steht unter dem Vorbehalt, daß in ihren Genuß nur gelangt, wer sich nicht gegen die Erblasser wendet. »Fairneß in der Beurteilung der Kriegsteilnehmer« ist also das wenigste, was von den Nachkommen gefordert wird.
Die Tätergeneration verwahrt sich gegen moralischen Dünkel, politische Besserwisserei und die Entwertung ihrer Fürsorge. Sie vermißt »Objektivität« bei der Bewertung der Vergangenheit und bemängelt die »Pauschalurteile« in den Medien und im Geschichtsunterricht der Enkel. Niemand, so klagen sie, findet ein Wort des Mitleids für die Millionen gefallener, vermißter, verwundeter, von Partisanen aus dem Hinterhalt erschossener deutscher Soldaten. Und war nicht Hitlers Gegner Stalin auch einer, der Millionen auf dem Gewissen hat? Und wenn schon vom 20. Jahrhundert als dem der Vertreibungen die Rede ist – was ist dann mit der Vertreibung von Millionen Deutschen aus den Ostgebieten des Reiches und dem Sudetenland? »Wer ver-

sucht, die ganze Kriegsgeneration pauschal als Angehörige einer Verbrecherbande abzustempeln, der will Deutschland ins Mark treffen« (Alfred Dregger 1997 während der Bundestagsdebatte über die Wehrmachtsausstellung).
Die Alten können aber auch andere Töne. Sie verstehen es, Empathie bei den Enkeln zu wecken (›wie ich damals verwundet wurde‹, ›wie wir gehungert haben‹) und die Distanz zu verringern. Sie verstehen es sogar, an die politischen Präferenzen der Jungen anzuknüpfen (›Wie die Amis uns bombardiert haben, kannst du dir ja vorstellen; denk nur an Vietnam oder an den Irak‹). Sie verstehen es schließlich auch, an die Erzählungen der Verfolgten anzuknüpfen, insbesondere an die Metaphern des Holocaust (›wie wir auf der Flucht waren‹). Und nicht selten gehen sie dann in die Offensive: »Wir waren gutgläubige Idealisten. Das könnt ihr nicht verstehen, weil ihr nicht dabei wart. Aber ihr hättet euch dieser Faszination auch nicht entziehen können. Auch ihr wärt keine Märtyrer geworden«. – »Was werdet ihr euren Enkeln sagen, wenn sie euch fragen: Warum habt ihr weltweit jeden Tag 40.000 Kinder verhungern lassen?« (aus Zeitzeugen-Interviews von Margarete Dörr: *»Wer die Zeit nicht miterlebt hat ...«*). Spätestens an diesem Punkt sind dann die Opfer endgültig vergessen – meistens auch von den Jungen.

Empathie und Erbe

Die Alten sind durch ihre Erzählungen als »Zeitzeugen« an der Konstruktion der Bedeutung der Vergangenheit und Gegenwart also aktiv beteiligt. Sie bestimmen das Genre (Drama, Tragödie etc.) mit, in dem erinnert wird. Sie bilden mit den Jungen eine Interpretationsgemeinschaft in einem generationsübergreifenden Vorstellungsraum. Die Angehörigen der Tätergeneration müssen sich dabei allerdings an den Erzählstandards orientieren, die sich seit 1945 hinsichtlich des Nationalsozialismus entwickelt haben. Ihr Erinnern findet in diesem Rahmen statt. Die gültigen Sprachregelungen, etwa eine Weizsäcker-Rede (und eben nicht die von Jenninger), sind Vorgaben, die sie nicht straflos ignorieren können. Das gleiche gilt für ihre Nachkommen. Auch sie müssen Rücksichten nehmen, etwa auf das

Gelingen der Kommunikation, wenn sie die Zuneigung der Eltern bzw. Großeltern sowie das Erbe nicht verlieren wollen. Es gibt also wechselseitige Erwartungen. Die Alten wissen, was sie preisgeben oder wofür sie agitieren wollen. Sie sind seit den 60er Jahren gewarnt und gewitzt. Sie wissen, daß z.B. eine völlige Leugnung der Existenz des »Kommissarbefehls« verdächtig ist, und werden deshalb sagen, daß er in ihrer Einheit nicht befolgt wurde. Sie wissen, daß ein »ehrliches« Eingeständnis ihrer damaligen Faszination bei den Jungen gut ankommen kann, wenn sie ihre Faszination als Verführung interpretieren. Sie müssen es aber vermeiden, ihre wahre Meinung über Deserteure auszusprechen. Auch die Jungen wissen, was sie ablehnen und wofür sie Verständnis haben könnten. Sie wissen, welche Brücken sie den Alten zu bauen haben, z.B. die These von der »Verdrängung« oder die Rede vom schwierigen Widerstand in der Diktatur. Sie können ihren Willen deutlich machen, in den Angehörigen der Tätergeneration (auch) Opfer zu sehen (›Und wie bist du mit den Kriegsängsten fertig geworden?‹). Je mehr sich nun aus dem Schlagabtausch ein kontinuierliches Gespräch entwickelt, desto mehr wirken sich die situativen Zwänge aus, die ein Gespräch generiert, das beide Seiten am Laufen halten wollen. Dabei wird letztlich deutlich, daß die Jungen in dem Moment am kürzeren Hebel sitzen, wo sie von sich aus den »Dialog« wollen. Die Alten könnten es zufrieden sein, wenn man sie in Ruhe läßt. Zwar wollen auch sie verstanden werden, aber das größere Problem haben die Jungen, weil sie als Bürger der Berliner Republik noch Großes vorhaben und deshalb »die Vergangenheit bewältigen« müssen, ohne dabei die Alten – bzw. deren Ressourcen – loszuwerden. Aus diesem Wunsch erwächst ihr Bedürfnis, zu verstehen.
Mit der »Erinnerungskultur« hat sich im wiedervereinigten Deutschland ein neuer Phantasieraum für kollektive mentale Empfindungen gebildet. In diesem Raum hat die Frage ›Wie hätte ich damals gehandelt?‹, die man dem psychoanalytischen Konzept der Gegenübertragung entlehnt hat, eine zentrale Bedeutung. Die Rhetorik der Einfühlung hat, seit die Zeit gekommen ist, das materielle und politische Erbe anzutreten, Konjunktur. Die Einfühlung wird auch durch den Umstand erleichtert, daß die Biographien der Nachkommen bereits eini-

ge Strukturähnlichkeiten mit denen der Alten aufweisen. Das gilt vor allem für die politischen Brüche und den Wechsel von der »Bewegung« zur Staatspolitik. Die Frage: ›Wie seid ihr da bloß hineingeraten?‹ wird seit März 1999 aus eigener Anschauung formuliert. Deshalb wird die Bitte um Auskunft heute an die Alten auch, wie Tilmann Moser zustimmend konstatiert, »ohne den Automatismus der verstockt machenden globalen Verurteilung« gerichtet. Die Jüngeren, die das Reden und Schweigen der Alten so reinterpretieren, daß sie Tabuzonen nicht wirklich verletzen, geben ihrem Identifikationsbedürfnis also nach, indem sie rhetorisch die möglichen eigenen Täteranteile erkunden: »Also ich glaube nicht, daß ich dazu in der Lage gewesen wäre, aber ich lege für niemanden – auch nicht für mich – da die Hand ins Feuer« (Gabriele Rosenthal: *Der Holocaust im Leben von drei Generationen*). Auf diese Weise vermeiden sie gleichzeitig eine genauere Nachforschung. Über die konkreten Einsatzorte und die Einheiten der ehemaligen Wehrmachtssoldaten wissen sie nur wenig. Die typischen Fragen, das zeigen auch die Kommentare zur Wehrmachtsausstellung, lauten nicht: Welche Wehrmachtseinheit erschoß im August 1941 in dem ukrainischen Ort Kodyma 99 Menschen, die als Juden oder Mitglieder der KP angesehen wurden? Sondern: Wie hat du dich damals gefühlt? Das Element der privaten Partikularität verschiebt die Wahrnehmung. Aus dieser Perspektive kann nicht mehr gefragt werden, warum jemand überhaupt vor Stalingrad lag. Erzählt wird nur noch, wie sich jemand dort gefühlt hat. Der Sohn weiß von der Mutter, daß der Vater beim Einmarsch der Engländer alle Dokumente vernichtet hat. Der Sohn geht in die Ausstellung, wo er sich »in die Fotos hineinversetzt«: »Ich versuche mir eben vorzustellen, was in den Menschen, die da stehen, vorgeht« (Hamburger Institut für Sozialgeschichte (Hg.): *Besucher einer Ausstellung*). Er meint die Soldaten.
Zu glauben, die in der Ausstellung gezeigten Fotos taugten ohne weiteres zur Aufklärung und könnten nur Wut auf die Täter erzeugen, ist naiv. Es gibt unzählige Ausfluchten. Wir lebten unter einer Diktatur, sagen die Alten. Bei ihnen überwiegt der Überlebensstolz, und ein Bedauern gibt es nur selten. Und die Jungen? »Auch ein Vater oder Großvater, der sich im Zentrum oder in Sichtweite der Verbrechen aufhielt, bleibt mein Vater

oder mein Großvater«, schrieb einer in das Gästebuch. Cornelia Brink hat in ihrer Untersuchung *Ikonen der Vernichtung* am Beispiel ikonographisierter Aufnahmen von befreiten Konzentrationslagern gezeigt, daß die mit der Publikation dieser Fotos verbundene Hoffnung auf eine optische Entnazifizierung vergeblich war. Die von den Lagern schockierten Befreier mußten feststellen, daß die Fotodokumente, die sie sogleich produzierten, von den Deutschen als Propaganda abgetan wurden. Die Alliierten mußten die Erfahrung machen, daß die Bilder, anders als sie hofften, nicht für sich sprachen. Auch mit sorgfältig formulierten Kommentaren versehen, nahm ihre Überzeugungskraft für die Deutschen nicht zu. Angeklagte zweifelten die Authentizität der Fotos an oder unterschoben ihnen ihre eigene Interpretation. Warum sollte das ausgerechnet bei Fotos anders sein, die die Täter in ihrer ganzen Allmacht zeigen? Warum sollte der Wunsch der Nachkommen nach Kontinuität und Sinnerfüllung ausgerechnet hier aussetzen? Cornelia Brink ist dieser Frage auch anhand des Fotobandes *Der Gelbe Stern* von Gerhard Schoenberger nachgegangen. Sie macht das Dilemma deutlich, daß die Fotos der Täter zwar deren grausame Haltung deutlich machen können, daß allerdings ihre erneute Präsentation das Bild, das die Täter von den Opfern hatten, perpetuiert. Es existiert somit eine fatale Entsprechung zwischen dem, was die Täter aus den Opfern gemacht haben und der Art, wie wir die Opfer heute oft wahrnehmen. Obwohl die Bilder der Wehrmachtsausstellung im Unterschied zu den KZ-Fotos die Täter in Aktion zeigen und damit einen Mangel der KZ-Fotos auszugleichen scheinen, vollziehen auch sie einen Blick nach, der nichts von jenem Stadium der Opfer erkennen läßt, da diese noch nicht Opfer waren.
Das Problem sind aber nicht die Bilder an sich, obwohl der Vernichtungskrieg in der Ausstellung auch aus der Sicht seiner Opfer hätte dargestellt werden können. Entscheidend ist, daß die Ausstellungsmacher so getan haben, als könnten die Bilder bei den Betrachtern allein eine Einfühlung in die Opfer bewirken. Obwohl abzusehen war, daß es einen Kampf um die Bedeutung der Fotos geben würde, war das Hamburger Institut nicht bereit und nicht in der Lage, diesen Kampf auch politisch zu führen. Denn politisch ist die Frage, welche Bedeutung diese Bilder für die Erkenntnis der Vergangen-

heit und den Blick auf die Gegenwart haben. Welche Einblicke ermöglichen sie in das, was uns selbst an diese Vergangenheit bindet? Obwohl es sich bei der Ausstellung um eine Bearbeitung der Vergangenheit handelt, verschweigt sie das und gibt sich authentizistisch. Hätte das Institut hingegen deutlich gemacht, daß das Was der Ereignisse vom Wie der Darstellung nicht zu trennen ist, wäre die spezifische Strukturierung der Ereignisse durch die Fotos der Täter als solche kenntlich geworden. Die Veranstalter der Ausstellung hätten von vornherein davon ausgehen müssen, daß die deutschen Besucher der gegebenen Strukturierung der Ereignisse durch die Täterfotos immer wieder erliegen würden, daß sie tendenziell also affirmieren, was sie zu durchschauen glauben. Wieso sollten die Fotos von den Angehörigen der Tätergesellschaft mit derselben Erschütterung wahrgenommen werden wie von den Angehörigen der Überlebenden? Wieviel Besucher glauben insgeheim, daß den Opfern recht geschah? Die Täter glaubten schließlich genau das. Wer die Kommentare und Eröffnungsreden verfolgt hat, bemerkt jedenfalls, daß es kaum Erschütterung gab, es sei denn Selbstmitleid. Die meisten Redner sprachen vor allem von den Problemen der Deutschen beim Morden und danach.
Die namenlosen Opfer aber, die nicht erzählen können, was ihnen geschah, verschwinden auch für die Nachkommen der Tätergeneration hinter Bezeichnungen wie »das Furchtbare«. Hier zeigt sich, wie sogar die Beschäftigung mit Zeugnissen des Vernichtungskrieges unter bestimmten Voraussetzungen in eine Einfühlung in die Tätergeneration münden kann. Sicher ist, daß die Identifikation nicht den Opfern gilt, sondern den Vätern. »Nur wenn wir der Frage ›Vater, wo warst du?‹ die andere hinzufügen: ›Wo hätte ich damals gestanden? Wie hätte ich reagiert?‹, können wir diesen Krieg in unserem Volk (!) endlich beenden« (Hannes Heer). Diese, in unzähligen Variationen auch im Kontext der Wehrmachtsausstellung zirkulierende Identifikation mit den Tätern ist seit dem 24. März 1999 übrigens ratifiziert. Nachdem man die Frage ›Wie hätte ich gehandelt?‹ oft genug gestellt hatte, wollte man nun mit der Ergebenheit von damals dem richtigen Deutschland in Treue dienen.
Bei all dem weiß man übrigens genau, daß die Forderung nach Einfühlung in die Tätergeneration ein Tabu

verletzt. Daraus resultiert eine typische Aggression gegen das »Verbot, darüber zu sprechen«. Der Blick auf die Alten ist längst nicht mehr inquisitorisch. Lange genug wurde gegen »erstarrte Positionen der Anklage«, »moralische Verurteilungen« und »ein Verharren im Kollektivschulddenken, das einem Forschungs- und Denkverbot gleichkommt« polemisiert, nicht zuletzt in den Texten des Hamburger Instituts selbst. Da klingt ein Satz wie der andere: »Als wir 1968 zum ersten Mal die Frage nach der Schuld der Väter gestellt haben, waren wir zu diesem Verständnis nicht fähig. Verkrallt in den Kampf mit den Vätern, mit der schweigenden Mehrheit des deutschen Volkes, stellten wir keine Fragen, sondern formulierten eine als Frage verkleidete Anklage und ließen – ohne Beweisaufnahme – das Urteil folgen: Ihr habt moralisch abgewirtschaftet« (Hannes Heer, »Neue Deutsche Literatur« 3/98). »Wir, eure Söhne und Töchter, eure Enkel werden euch – anders als 1968 – nicht selbstgerecht verurteilen und moralisch verdammen. Wir werden den Schmerz mit euch teilen, im Wissen, daß keiner von uns sagen kann, er hätte in eurer Situation anders, anständiger gehandelt. Die Ausstellung ist die Chance dazu, diesen Prozeß des Dialogs und der Versöhnung einzuleiten. Viele ehemalige Soldaten haben es in den Gästebüchern und in Briefen getan. Viele ihrer Kinder haben es voll Mitgefühl aufgenommen« (Hannes Heer, »Neue Deutsche Literatur« 5/99). »In dem verzweifelten Bemühen, sich von negativen Elternbildern zu befreien und gleichzeitig doch noch zu bekommen, wonach man sich sehnte, Verständnis, Zugang zu guten Eltern, machten wir später den Eltern den Prozeß, klagten sie in Wut und Haß an und wurden unsererseits zum Verfolger« (Dörte von Westernhagen: *Die Kinder der Täter*).
Besonders während der Veranstaltungen zu den Ausstellungseröffnungen in den verschiedenen Städten gab es kaum einen Redner, der nicht betont hätte, daß die Ausstellung »nicht die Angehörigen der Wehrmacht an den Pranger stellen und kein verspätetes und pauschales Urteil über eine ganze Generation ehemaliger Soldaten fällen möchte«. Die Ehre des einzelnen Soldaten stünde nicht zur Diskussion, betonte man wieder und wieder: »Wir sind keine Staatsanwälte. Wir machen keine Aussagen über die Schuld irgendeines Soldaten.« Die neue Erzählgemeinschaft funktioniert nicht schlecht. Man

hört sich gegenseitig aufmerksam zu, die Jungen spielen sich als Therapeuten der Alten auf, und die spielen den Zeitzeugen. Auf Antrag von Bündnis 90/Die Grünen diskutierte am 13. März 1997 der Bundestag über eine Stellungnahme zur Wehrmachtsausstellung. Von »einer epochemachenden Sitzung« sprach Hannes Heer anschließend in der »Frankfurter Rundschau«. Im Parlament habe man quer zu den politischen Differenzen »eine gemeinsame Ebene gefunden«. Auch das Alternativmilieu schwärmte. »Bei der Rede von Otto Schily schlug die Stimmung um. Die Abgeordneten hörten einander zu. Alle nahmen mit eigenen Schicksalen und Familiengeschichten einander zur Kenntnis. Dann kämpfte Schily mit Tränen« (»Taz«). Christa Nickels von den Grünen erzählte von ihrem »Papi«, einem ehemaligen SS-Mann, der im Schlaf geschrien haben soll. Warum, das wollte sie so genau aber nicht wissen.
So sorgt der Wunsch, öffentlich mit den Toten oder den noch lebenden Verwandten zu sprechen, ihre Spuren zu lesen, Zugang zu ihnen zu finden, für eine eigenartige Unruhe, für eine neue Art Schmerz, Angst, Herzklopfen, Mitleid. Genau so wurde offenbar auch die Wehrmachtsausstellung genutzt. Am Ende stehen die Täter als Opfer da. »Nach dem Untergang ganzer Armeen und dem Tod von dreieinhalb Millionen deutscher Soldaten erscheint den hier porträtierten Männern ihr Überleben noch heute wie ein Wunder. Doch über die jahrelange Angst und das allgegenwärtige Sterben haben sie genausowenig reden können wie über das Glück des Entkommens. Der Wunsch zu vergessen spielte dabei eine ebenso große Rolle wie die Weigerung der anderen, ihnen zuzuhören« (Carl Schüddekopf: *Krieg – Erzählungen aus dem Schweigen*). – »Auch ich habe mich gefragt, ob mein am 30. Dezember 1941 vor Moskau gefallener Vater wußte, wessen Opfer er war« (Friedrich P. Kahlenberg bei der Ausstellungseröffnung in Frankfurt). In die Gästebücher der Ausstellung schreiben junge Besucher begeistert: »Ich verstehe jetzt meinen Vater besser, der Alpträume hatte.« Jan Philipp Reemtsma erläutert im »Spiegel« (29/99): »Da finden Sie keine Mentalität der Pauschalisierung. Es geht den Besuchern darum, zu verstehen und zu beurteilen.« Und Christa Nickels sagt im Bundestag: »Herr Dregger, es stimmt doch nicht, daß man dann, wenn man die Wunden ungeschminkt zeigt und anfängt, darüber zu reden, die Be-

troffenen mit Schmutz überschüttet oder in eine Ecke stellt. Im Gegenteil, ich glaube, das Beste, das uns passieren könnte, wäre, wenn wir ein Klima in Deutschland bekämen, in dem die Väter und Mütter und ihre Kinder – ich bin ein Nachkriegskind und mittlerweile 45 Jahre alt – endlich einmal in aller Ruhe miteinander darüber reden könnten, was mit ihnen passiert ist und warum das so gekommen ist.« Dieses sich derart rückhaltlos aussprechende Empathiebedürfnis der Nachkommen ist mit den familiären Beziehungen allein nicht zu erklären. Es hat vor allem mit dem Erfolg der neuen BRD zu tun und damit, daß die Nachkommen nun dabei sind, das politische und materielle Erbe anzutreten.

Es gibt mittlerweile zahlreiche Beiträge von Mitarbeitern des Hamburger Instituts, in denen den Nazi-Landsern wegen ihres »blockierten Schmerzes«, ihrer »Kriegstraumata« nachträglich mildernde Umstände zugestanden werden. »Jonathan Shay, ein amerikanischer Psychologe, hat, gestützt auf die Arbeit mit Vietnamveteranen, in seinem Buch *Achill in Vietnam* darauf hingewiesen, daß auch der Zwang zum Verbrechen, z.B. gegen die Zivilbevölkerung, ein solches Trauma auslösen kann. Man kann diese Beschreibung auf den Rußlandfeldzug übertragen und weiß dann, was die verbrecherischen Befehle und der vollzogene Mord an Kriegsgefangenen, Juden und anderen Zivilisten aus deutschen Soldaten gemacht haben, die nicht wußten, daß sie zum Massenmord nach Osten marschiert sind« (Hannes Heer, »Neue Deutsche Literatur« 3/98). Sie wußten es nicht! Der Krieg ist schuld! Das ist der letzte Stand der Forschung des Hamburger Instituts zu den »Verbrechen der Wehrmacht«. Christa Nickels, die grüne Katholikin, kam ohne »objektive Wissenschaft« zum selben Resultat: »Es ist furchtbar, zu was man diese Männer in diesem verbrecherischen Krieg gemacht hat.«

Das intergenerationale Rollenspiel

Wenn es um die Frage geht, wie es um die Moral derjenigen bestellt gewesen sein mag, die als Wehrmachtssoldaten am Vernichtungskrieg teilnahmen, wird oft stillschweigend vorausgesetzt, daß diese sich in irgendeiner Weise selbst hätten überwinden, belügen oder täuschen

müssen, um das Morden in ihr sonstiges Selbstbild integrieren zu können. Diese Annahme unterstellt den Soldaten ein vorgängiges moralisches Vermögen, das demjenigen verblüffend ähnlich sieht, daß die Nachkommen sich selbst gerne attestieren. Die Frage ›Wie konnten sie nur?‹ konzipiert die Landser als Leute, die kurzzeitig vom rechten Weg abkamen. Wie aber, wenn sie nicht gegen eine bessere Moral, sondern im Rahmen ihrer Überzeugungen höchst moralisch gehandelt haben? Wenn ihre damalige Moral die Erniedrigung und Verfolgung von Juden geradezu forderte? Moral war für sie an Fragen der Ehre, des Blutes, des Volkes, der Rasse geknüpft. Sie handelten wirklich so, als ob die Welt von den Juden beherrscht sei und vor ihnen gerettet werden müßte.
Der Begriff der Bewältigung bezieht sich in psychologischer Perspektive auf die Art und Weise, wie jemand, der ein Trauma erlitten hat, wieder in das Alltagsleben zurückfindet. Er setzt eine Beschädigung voraus, nicht eine Tat. Die Beschädigung, so wird meist wohlwollend argumentiert, resultiere aus dem Empfinden von Schuld. In Wirklichkeit gibt es für ein solches Schuldbewußtsein ebensowenig Belege wie für die These, die Täter seien verführt worden und hätten gedankenlos und aus einem »falschen Bewußtsein« heraus gehandelt. Die Akteure selbst sagen, daß ihnen ihr indifferentes Mittun erst nach 1945 bewußt geworden sei. Das aber wollen ihre Nachkommen nicht akzeptieren, weshalb sie von einer »unbewältigten Vergangenheit« reden. Sie wollen nicht anerkennen, daß die kaum gebrochene Begeisterung der Täter über ihre »beste Zeit« daher rührt, daß sie damals real über erweiterte Konsum- und Handlungschancen verfügten, vom Nationalsozialismus also profitierten. Ihre Abwehr ist dann auch keine »Verdrängung«, sondern Abwehr von Schuld*vorwürfen*, die erstmals die Alliierten gegen sie erhoben haben. Wir befinden uns also überhaupt nicht im psychoanalytischen Register mit seinem Schema von Trauma/Verdrängung/Bewußtmachung/Aussprache mit den Kindern/Bewältigung, sondern im juristischen. Da jedoch die Täterfrage mangels staatsanwaltschaftlicher Verfolgung bis heute in der Anonymität blieb und dadurch ihren Bezug zu den konkreten Taten und den konkreten Opfern verloren hat, wird eine Praxis, die in der Regel nicht traumatisch gewesen sein kann, weil sie nicht

als Unrecht empfunden wurde, nun im psychoanalytischen Register abgehandelt.
Eine doktrinär gewordene Psychoanalyse, die sich als allwissende Repräsentantin des Unbewußten inszeniert, bietet unter diesen Voraussetzungen ihre Therapien an. Sie maskiert mit ihrem Instrumentarium die Gewalt der Täter und läßt sie als deren Trauma erscheinen. So gipfeln all die Einfühlung und all das Gerede über die Traumatisierung der Täter in der großen Katharsis: »Und sollte ich jetzt meinen Vater fragen, wie es damals in Rußland war, was er erlebt und gemacht hat, kann ich mit der Wahrheit nun umgehen. Lieber Vater, ich bete für dich und all deine Taten. Dein jüngster Sohn Holger« (Eintrag im Gästebuch der Ausstellung). »Sie« haben viel mitgemacht, und »es« war eine grausame Zeit! So einigen sich Sohn und Vater hinter dem Rücken der Opfer. »Nur wenn wir Jüngeren uns in Demut und Geduld mit den Alten verbünden, können wir den Prozeß, der mit der Ausstellung für sie in Gang gekommen ist, zum Abschluß bringen« (Hannes Heer bei der Eröffnung in Aachen). Die persönliche Anteilnahme am »Schicksal« der Täter-Väter stellt sich am Ende dar als Einheit von Beschuldigen und Entschuldigen, von Verurteilen und Bedauern. Sie werden beschuldigt, weil sie Mordbefehle ausführten oder nichts dagegen unternahmen. Sie werden gleichzeitig entschuldigt, indem man sie eine passive Rolle spielen läßt – als Opfer der Umstände. Legt man sich das Ganze als Tragödie zurecht, betritt man ein Genre, dem Mitleid, Katharsis und Trauer inhärent sind.
Zum theatralischen Tausch gehört sogar noch der Eintrittspreis für die Ausstellung sowie die Inszenierung ihres kulturellen Rahmens. Es gibt Prominente, die zur Ausstellung gehen, angesehene Medien schreiben darüber. Man verliert also nichts, wenn man sich da sehen läßt. Geht man davon aus, daß im Prinzip alle Bescheid wissen, dann kann der massenhafte Besuch der Ausstellung auch als Ritual gelesen werden, als eine vom Austausch zwischen den »Generationen« geprägte Mimesis. Mit anderen Worten: Die Ausstellung »Vernichtungskrieg. Verbrechen der Wehrmacht 1941 bis 1944« funktioniert als ein intergenerationales Rollenspiel, in dem eine gemeinsame Binnensicht inszeniert wird und die Nachkommen nun auch willentlich zum Teil der Geschichte der Alten werden. Alle wissen, was gespielt

wird, und alle wollen, daß gespielt wird. Dem entspricht die Inszenierung der Ausstellungseröffnungen und die Auswahl der Bühnen. Die Institutionen der »Zivilgesellschaft« sind der Markt, das Forum und die Bühne. Der Markt steht für den freien Tausch von Waren; das Forum für die Idee des freien Austausches von Überzeugungen, in dem sich die »Elite« herauskristallisiert und man sich auf den nationalen Konsens verständigt; das Theater schließlich steht für eine Kultur des symbolischen Austausches. So war es kein Zufall, daß die meisten Ausstellungen und Eröffnungsveranstaltungen in Kulturzentren, Kunsthallen, Kunstvereinsräumen, Kunsthochschulen, Kunstakademien, Kurhäusern und Galerien stattfanden. In Hamburg waren es das Kampnagelgelände und das Deutsche Schauspielhaus. Gerade bei den Eröffnungsveranstaltungen mit geladenen Gästen, limitierten Eintrittskarten, Sektempfang, zirkulierte der kulturelle Mehrwert, den ein Objekt mit derart hohem symbolischen Wert für die deutsche Selbstbespiegelung zu einem Zeitpunkt, da der Angriffskrieg auf Jugoslawien bevorstand, noch abwarf. Diese Veranstaltungen wurden nicht als Treffpunkte für ehemalige Zwangsarbeiter aus Polen oder Rußland, für jüdische Überlebende und für andere von der Wehrmacht geschädigte Menschen konzipiert, sondern als Selbstfeiern lokaler Prominenz, ergänzt durch einzelne Aktivisten, die für das Rahmenprogramm tätig waren. Die Ausstellungseröffnungen waren die Orte für den Metakommentar, der sich um den Ausstellungskatalog und das Begleitbuch *Vernichtungskrieg* nicht weiter kümmern muß. Hier ging es stets nur am Rande um den Vernichtungskrieg und praktisch nie um die Millionen, die vernichtet wurden. Hier wurden die historischen Ereignisse meist nur metaphorisch angedeutet und neu gewertet. Es ging allein um eine »Geschichte, die eine Gruppe sich über sich selbst erzählt« (Clifford Geertz), darum also, was das alles für das neue Deutschland bringt.

Hannes Heer wollte die Alten unbedingt zum Sprechen bringen – im »Dialog der Generationen«. Aber warum sollten sie sprechen? Haben sie etwas beizutragen zur Aufklärung der mörderischen Ereignisse? Nein, sie sollen reden, weil »unser demokratisches Gemeinwesen heute stabil« (Heer) und weil »eine Politik des Schweigens grundsätzlich schädlich für die Entwicklung demokratischer Gesellschaftsstrukturen ist« (Christian Schneider). Das Beschweigen der Vergangenheit in den 50er Jahren, als ein Geständnis vielen Opfern noch genutzt hätte, will man nun großzügig verzeihen, denn dieses kalte Schweigen, so Ulrich Herbert in der Institutszeitschrift »Mittelweg 36«, war »sozialpsychologisch gesehen eine Voraussetzung zur Verwandlung ehemaliger Volksgenossen in Demokraten«. Das Argument hat Herbert bei Hermann Lübbe ausgegraben, der schon 1983 die These aufgestellt hatte, das Dichthalten der ehemaligen Volksgenossen sei eben ihre Art der Buße gewesen.

In seiner Selbstzufriedenheit übersah Hannes Heer allerdings, daß der Tausch zwischen der Tätergeneration und den »Nachkriegsgenerationen« wirklich ein Tausch ist. Den Alten paßt es nicht, wenn ihnen gnädig Absolution erteilt wird. (Was übrigens eine Anmaßung ihrer Kinder gegenüber den Opfern ist, denen das Recht vorbehalten bleibt, eine Entschuldigung anzunehmen oder abzulehnen). Wenn eine Seite zu sehr triumphiert, hat sie schnell die Rechnung ohne den Wirt gemacht, denn hier werden auch Ehrvorstellungen und Selbstbilder getauscht. Heer müßte das wissen, denn sein Nazi-Vater hatte ihm seinerzeit die Tür gewiesen. Dessen Generation will sich nicht vorführen lassen und dann Geld und Macht abgeben. Sie weiß, daß die Jungen die Spuren der Mordtat, die an dem Erbe haften, beseitigen wollen. Und dafür sollen sie bezahlen. »Im Gedenkjahr 1995 haben sich die Klagen gehäuft, über dem Blick auf die Verbrechen der Nazis werde vergessen, was Deutsche ihrerseits zu leiden hatten, im Krieg und dann vor allem bei Flucht und Vertreibung. Dies zu leugnen würde den Ansprüchen an eine Erforschung der Geschichte in uns nicht gerecht. Auch in diesem Bereich hat es massenhaft seelische Langzeitfolgen gegeben, ist es ebenfalls zu generationsübergreifenden Weiterwirkungen gekommen« (Rüssen/Straub: *Die dunkle Spur der Vergangenheit*). Da werden also Unterschiede bemerkt. Wer eine Ausstellung über den Vernichtungskrieg der Wehrmacht organisiert, kann nicht denselben Zuspruch erwarten, der einem anderen 68er zuteil wird, der einen Angriffskrieg befiehlt und sich als Kind von Heimatvertriebenen präsentiert.

Die gemeinsame Anerkennung der historischen Realität bleibt immer prekär. Bewußt oder unbewußt wissen alle, daß der »Dialog« nur ein Geschäft ist. Keine Arbeit der Kritik oder Selbstkritik verzichtet auf Lohn! Gerade daraus ergibt sich eine gewisse Aggressivität und ein gewisses Mißtrauen. Täter sind Beschuldigte, und Beschuldigte sind empfindlich, weil es um ihren Lebensentwurf geht. Warum sollten sich die Alten auf eine Büßer-Rolle einlassen, jetzt, da sie schon als Zeitzeugen akzeptiert sind und den Krieg gegen den Russen doch noch gewonnen haben? Überhaupt gibt es viel Anlaß zur Irritation. Etwa im Krieg gegen Jugoslawien. Bei aller Genugtuung waren die Alten sich doch nicht sicher, ob hinter der vielfach geäußerten Überzeugung: ›So wie die Bomben gegen das Dritte Reich notwendig waren, um Hitler zu stoppen, ist es heute nötig, gegen Milosevic vorzugehen‹ nicht doch ein Rest von Ungehorsam steckt. Muß man sich das bieten lassen? Die zur Macht gekommenen Täterkinder haben dann auch rasch nachgebessert und klargestellt, daß sie das Argument nur anderen gegenüber brauchen. Sie haben den Alten gesagt, daß sie diesen Krieg in Erinnerung an die Vertreibung der Deutschen aus den Ostgebieten geführt haben und daß das Thema Vertreibung nun kein Tabuthema mehr ist, besetzt von vermeintlich Ewiggestrigen. Auch die Erinnerung an »Dresden« versteht sich für die Jungen längst von selbst. Andrerseits sehen die Alten, daß auch die Jungen nicht begeistert darüber sind, daß die Amis so sehr das Sagen haben.

Wie in Österreich der Aufstieg Haiders mit dem Waldheim-Skandal begann, so mobilisierte in Deutschland die Ausstellung »Vernichtungskrieg« ein rechtes Abwehrbündnis. Dabei zeigte die Auseinandersetzung, daß trotz aller »Dialoge« weiterhin eine Obsession für die deutsche Vergangenheit existiert, deren Motive unentflechtbar und untergründig zu sein scheinen, ein Mix aus alter Faszination, Exorzismus, diffusen Ängsten, modernem Antisemitismus, Schlußstrichmentalität, neuem Größenwahn und Kriegslust. Für diejenigen, die die Wahrheit der gezeigten Fotos in Abrede stellen und von Fälschungen sprechen, geht es aber überhaupt nicht darum, ob die Fakten die Ausstellung stützen oder nicht. Die Bildlegenden sind ihnen völlig egal. Von den Nazis bis zu Bogdan Musial bestehen alle Kritiker der Ausstellung ganz selbstbewußt darauf, daß es eben noch andere Möglichkeiten gibt, zu beschreiben, »was tatsächlich geschah«. Dem Hamburger Institut werfen sie vor allem vor, nur jene Bedeutung stark zu machen, die für seine eigene These nötig ist. Sie alle nutzen aus, daß die Ausstellungsmacher die Möglichkeit einer unparteiischen Historie behaupten. Dadurch daß sie ihre eigene Parteinahme *für* die Wehrmacht ebenfalls als Wiedergabe objektiver Tatsachen ausgeben und ihre Position von »Experten« vortragen lassen, sieht sich auch das Hamburger Institut an »Experten« verwiesen, statt daß es den politischen Hintergrund der Fälschungsvorwürfe zum Thema machte.

In Wirklichkeit gibt es keine Erzählung über den Vernichtungskrieg, die die deutsche Gesellschaft transzendiert. Jede historische Erzählung ist unausweichlich mit einem bestimmten politischen und moralischen Standort verknüpft. Das wird besonders deutlich, wo es um den Begriff des Partisanen geht. Für Linke ist es keine Frage, daß jede Methode des Kampfes gegen die Wehrmacht gerechtfertigt war. Das Hamburger Institut hingegen fängt bereits hier an zu wackeln und räumt ein, auch die Partisanen hätten gelegentlich zu unschönen Maßnahmen gegriffen. Da die Bekämpfung von »Freischärlern« völkerrechtlich tatsächlich legitim war, hat sich das Institut auf Diskussionen darüber eingelassen, ab welcher »Quote« diese Bekämpfung zu einem Verbrechen wurde. Dieser Weg führt zunächst in die Immanenz und schließlich in die Affirmation. Die richtige Erkenntnis, daß der Krieg der Nazis als Vernichtungskrieg projektiert war, daß also alle, die heute noch zwischen dem »anständigen Frontsoldaten« und dem Judenjäger unterscheiden wollen, diesen Krieg rechtfertigen, indem sie seinen Charakter leugnen, tritt dann in den Hintergrund.

Man räumt einem Bogdan Musial natürlich nicht deshalb so viel Platz ein, weil man das Faktum des Vernichtungskrieges pauschal leugnen will. Nein, daß »Verbrechen überall vorkommen«, ist schon klar. Man will »differenzieren«. Die Zeit, den Historikerstreit ein für allemal zu entscheiden, ist reif. Ernst Noltes Antworten liegen selbst den Mitarbeitern des Hamburger Instituts auf der Zunge. Warum also nicht sagen, daß es der Stalinismus war, der die Wehrmacht provozierte, daß also nicht alle, aber doch viele »Verbrechen der Wehrmacht« in Wirklichkeit der Stalinismus verschuldete? Jetzt, da es möglich gewesen ist, einen Angriffskrieg unter Berufung auf Auschwitz zu führen, muß

der Schatten der Wehrmacht nicht mehr von der Bundeswehr genommen werden.
Hannes Heer hat viel Verständnis für die Tätergeneration demonstriert, aber auch ein verständnisvoller Ankläger bleibt ein Ankläger. Da schimmert noch etwas von 68 durch. Etwas, was der alten BRD angehört. Deshalb ist Heer selbst im Hamburger Institut eine anachronistische Figur geworden, verglichen etwa mit dem dortigen Deutschlandabteilungsleiter Heinz Bude, der sich vor allem Gedanken um die »Generation Berlin« und ihre »ironische Republik« macht. Institutsleiter Reemtsma selbst ist es längst nicht recht, daß die Wehrmachtsausstellung in der Öffentlichkeit das Bild des Instituts dominiert. So läßt sich der angestrebte Einstieg in die Politikberatung kaum finden, versuchen wir's lieber mit der »Elitenforschung«. Nach Meinung des Hamburger Instituts zeigten »die Jahre 1933 bis 1939 und der Rassenkrieg von 1941 bis 1944, wie dünn die Decke der Zivilisation ist, wie verführbar und wie gewalttätig der Mensch, wir sind«. Diese mit funktionalistischen Versatzstücken aus Hobbes *Leviathan* angereicherte negative Kulturanthropologie der Gewalt will sagen, daß nur das staatliche Gewaltmonopol die vorzivile Gewalt in Schach halten kann. Doch unter der dünnen Decke der Zivilgesellschaft lauert in Wirklichkeit das Publikum, das Walser Beifall klatschte und dann einen Krieg führte. Die Scham angesichts eines Leids, das anderen angetan wird, ist keineswegs die »Substanz« der Zivilgesellschaft. In ihr bekommt normalerweise nicht »der Nächste«, sondern stets »der Beste« den Zuschlag. Und niemand verachtet die Verlierer mehr als die 68er Spät- und Quereinsteiger.

Literatur

Omer Bartov: *Hitlers Wehrmacht. Soldaten, Fanatismus und die Brutalisierung des Krieges*. Reinbek 1995.
Bilanz einer Ausstellung. Dokumentation der Kontroverse um die Ausstellung »Vernichtungskrieg. Verbrechen der Wehrmacht 1941 bis 1944« in München, Galerie im Rathaus, 25.2. bis 6.4.1997; hrsg. v. Kulturreferat der Landeshauptstadt München, München 1998.
Cornelia Brink: *Ikonen der Vernichtung. Öffentlicher Gebrauch von Fotografien aus nationalsozialistischen Konzentrationslagern nach 1945*. Berlin 1998.

Corinna Caduff/Joanna Pfaff-Czarnecka (Hg.): *Rituale heute. Theorien, Kontroversen, Entwürfe*. Berlin 1999.
Helmut Donat/Arn Strohmeyer (Hg.): *Befreiung von der Wehrmacht? Dokumentation der Auseinandersetzung über die Ausstellung »Vernichtungskrieg – Verbrechen der Wehrmacht 1941 bis 1944« in Bremen 1996/97*. Bremen 1997.
Margarete Dörr: *»Wer die Zeit nicht miterlebt hat...« Frauenerfahrungen im Zweiten Weltkrieg und in den Jahren danach*. Frankfurt 1998.
Helmut Dubiel: *Niemand ist frei von der Geschichte. Die nationalsozialistische Herrschaft in den Debatten des Deutschen Bundestages*. München/Wien 1999.
Hilene Flanzbaum: *The Americanization of the Holocaust*. Baltimore 1999.
Jörg Friedrich: *Die kalte Amnestie. NS-Täter in der Bundesrepublik*. Frankfurt 1984.
Christian Gerlach: *Kalkulierte Morde. Die deutsche Wirtschafts- und Vernichtungspolitik in Weißrußland 1941 bis 1944*. Hamburg 1999.
Hamburger Institut für Sozialforschung (Hg.): *200 Tage und 1 Jahrhundert. Gewalt und Destruktivität im Spiegel des Jahres 1945*. Begleitband zur gleichnamigen Ausstellung. Hamburg 1995.
Hamburger Institut für Sozialforschung (Hg.): *Besucher einer Ausstellung*. Hamburg 1998.
Hamburger Institut für Sozialforschung (Hg.): *Krieg ist ein Gesellschaftszustand. Reden zur Eröffnung der Ausstellung »Vernichtungskrieg«*. Hamburg 1998.
Hamburger Institut für Sozialforschung (Hg.): *Eine Ausstellung und ihre Folgen. Zur Rezeption der Ausstellung »Vernichtungskrieg. Verbrechen der Wehrmacht 1941 bis 1944«*. Hamburg 1999.
Hannes Heer (Hg.): *»Stets zu erschießen sind Frauen, die in der Roten Armee dienen«. Geständnisse deutscher Kriegsgefangener über ihren Einsatz an der Ostfront*. Hamburg 1995.
Hannes Heer/Klaus Naumann (Hg.): *Vernichtungskrieg. Verbrechen der Wehrmacht 1941 bis 1944*. Hamburg 1995.
Max Horkheimer: *Gedanken zur politischen Erziehung der Deutschen*. Hg. von Günter C. Behrmann und Clemens Albrecht, Opladen 1999.
Ulrike Jureit: *Erinnerungsmuster*. Hamburg 1999.
Joachim Käpper: *Erstarrte Geschichte. Faschismus und Holocaust in der Geschichte der DDR*. Hamburg 1999.
Gerd Koenen: *Utopie der Säuberung. Was war der Kommunismus?* Berlin 1998.
Walter Manoschek (Hg): *»Es gibt nur eines für das Judentum: Vernichtung.« Das Judenbild in deutschen Soldatenbriefen 1939-1944*. Hamburg 1995.
Tilmann Moser: *Dämonische Figuren. Die Wiederkehr des Dritten Reiches in der Psychotherapie*. Frankfurt 1996.
Münchner Bündnis gegen Rassismus (Hg.): *Pressespiegel zur Ausstellung »Vernichtungskrieg. Verbrechen der Wehrmacht 1941 bis 1944«*. München 1997.

Günther Jacob

Saul K. Padover: *Lügendetektor. Vernehmungen im besiegten Deutschland 1944/45*. Frankfurt a.M. 1999.
Heribert Prantl (Hg.): *Wehrmachtsverbrechen. Eine deutsche Kontroverse*. Hamburg 1997.
Gabriele Rosenthal (Hg.): *Der Holocaust im Leben von drei Generationen. Familien von Opfern und Tätern*. Gießen 1997.
Jörn Rüssen/Jürgen Straub (Hg.): *Die dunkle Spur der Vergangenheit. Psychoanalytische Zugänge zum Geschichtsbewußtsein*. Frankfurt 1998.
Wolfgang Schmidbauer: *Ich wußte nie, was mit Vater ist. Das Trauma des Krieges*. Reinbek 1998.
Christian Schneider/Bernd Leineweber/Cordelia Stillke: *Das Erbe der Napola. Versuch einer Generationengeschichte des Nationalsozialismus*. Hamburg 1996.
Carl Schüddekopf: *Krieg – Erzählungen aus dem Schweigen. Deutsche Soldaten über den Zweiten Weltkrieg*. Frankfurt a.M. 1998.
Hans-Günther Thiele (Hg.): *Die Wehrmachtsausstellung. Dokumentation einer Kontroverse*. Bremen 1997.
Dörte von Westernhagen: *Die Kinder der Täter*. Köln 1987.

Kunstforum International, Heft 127/1994: »Konstruktion des Erinnerns«, Ruppichterroth 1994.
Neue Deutsche Literatur, Hefte 3/98 und 5/99.
Vierteljahreshefte für Zeitgeschichte, Heft 4/99, Oldenburg 1999.
Zeitschrift für Genozidforschung, Heft 1/99, Opladen 1999.

ARD-Brennpunkt, 15.12.1999

Joachim Rohloff

Kriegsverwendungsfähig

Zwei Möglichkeiten, Auschwitz zu benutzen, um es zu erledigen

Von Auschwitz sei endlich zu schweigen, verlangte Martin Walser im Oktober 1998, denn es habe seinen einzigen Ort im Gewissen jedes einzelnen. Die führenden deutschen Politiker stimmten ihm zu und schwiegen. Doch wenig später entdeckten sie einen anderen Holocaust im Kosovo und begannen, von Auschwitz zu reden. Der Widerspruch verschwindet, wenn man annimmt, daß es in Walsers Friedenspreisrede wie in der Propaganda für den Krieg der Nato gegen Jugoslawien nicht wirklich um Auschwitz ging, sondern immer nur um die deutsche Normalität. Von Walser wurde sie beschworen, im Kosovo sah man sie bereits an der Arbeit.

Fünfzig Jahre lang hatte sich .Deutschland, vertreten von seinem größeren westlichen Teil, nichts Nennenswertes zuschulden kommen lassen und war schließlich mit der Wiedervereinigung belohnt worden. Der Soziologe Heinz Bude beschrieb die Stunde Null der Berliner Republik: »Die vergrößerte Bundesrepublik hat seit 1989 eine neue Vorgeschichte. Aus der Sicht der Berliner Republik stellt die Bonner Republik eine Art Pufferstaat dar, der einen Abstand zum Nationalsozialismus herstellt« (»Taz«, 27.10.98). Damit rückte Auschwitz nun endgültig in die Prähistorie. Zwar waren die Täter nie ernsthaft verfolgt und bestraft worden, aber als die meisten endlich gestorben waren, da durfte Rita Süssmuth feststellen, der Umgang der Deutschen mit ihrer Vergangenheit sei alles in allem doch »vorbildlich« gewesen: »Das war wirklich vorbildlich in Deutschland, daß in den letzten Jahren aufgearbeitet wird, worüber der Schleier des Tabus lag.«[1] Und Roman Herzog konnte berichten, während seiner zahllosen Reisen ins Ausland sage man ihm immer wieder: »Gut, in Deutschland ist die sogenannte Bewältigung der Vergangenheit auch nicht hundertprozentig gelaufen, aber ihr seid uns in vielen Punkten voraus.«[2]

Obwohl also von der deutschen Vergangenheit in den

neunziger Jahren nichts geblieben war als ihre vorbildliche Bewältigung, wies der Regierungssprecher Heye die Nachbarn präventiv darauf hin, »daß Deutschland sich nicht mehr mit dem schlechten Gewissen traktieren läßt«.[3] Das Bedürfnis nach Verjährung und nach Schutz vor Erpressung in weihevolle Worte zu fassen, eignete sich keiner besser als der Dichter Martin Walser, bewies er doch immer wieder, daß er, was die Mehrheit dachte und meinte, noch einmal freischaffend aus den Notwendigkeiten seiner ganzen Existenz hervorzubringen vermochte. Keiner hatte unter der deutschen Teilung so heftig gelitten, keiner litt so unheilbar an der deutschen Geschichte wie er. In den späten siebziger Jahren hatte er die Entdeckung gemacht, es fehlten ihm »seine Leipziger Hälfte, sein Dresdener Teil, seine mecklenburgische Erstreckung, seine thüringische Tiefe«.[4] Als »das schönste Politische« endlich eintrat, wurde Walsers Zuversicht, nach der Wiedervereinigung sei Deutschland kein Thema mehr, von ihm selbst enttäuscht. Denn es traten vor allem im Osten »rechtsradikale Buben« auf, die Asylbewerber anzündeten, um »uns« weh zu tun, und der deutsche Landser war zu verteidigen gegen die Hamburger Wehrmachtsausstellung.
Walser zählt zur Generation derjenigen, von denen sein Laudator Schirrmacher sagte, sie hätten in den siebziger und achtziger Jahren feststellen müssen, daß »ihre Kindheit, das Ich, das sie einmal waren, sich ins Ungezieferartige verwandelte. Adornos (fatalen) Satz im Rücken, wonach es kein richtiges Leben im falschen gebe, begann die Verdunkelung eines ganzen Erlebniskontinents.«[5] Der Rehabilitation seiner Kindheit galt Walsers erste Befreiungstat im Jahr 1998: der Roman *Ein springender Brunnen*. Man konnte im Dritten Reich, so viel war bekannt, ein glückliches Kind sein, ja selbst in der Waffen-SS eine glückliche Jugend erleben. Bisher jedoch hatte man angenommen, die historische Tatsache, daß damals Millionen Menschen in die Gaskammern deportiert wurden, werfe auf eine solche Kindheit ihren Schatten. Walser bestand nun darauf, es seien gewisse Intellektuelle, die seine frühen Jahre verdunkelten, indem sie ihn zu einer Revision seiner Biographie im antifaschistischen Sinne zwangen.
Die Verleihung des Friedenspreises 1998 des Deutschen Buchhandels nutzte er zu einer Generalabrechnung mit den »Meinungssoldaten«.[6] Als Walser beschlossen hat-

te, selbst kein kritischer Intellektueller mehr zu sein, sondern nur noch ein deutscher Dichter, war er unwillkürlich zu einem Beschuldigten geworden. Denn deutsch sein heißt beschuldigt werden. »Manchmal, wenn ich nirgends mehr hinschauen kann, ohne von einer Beschuldigung attackiert zu werden, muß ich mir zu meiner Entlastung einreden, in den Medien sei auch eine Routine des Beschuldigens entstanden. Von den schlimmsten Filmsequenzen aus Konzentrationslagern habe ich bestimmt schon zwanzigmal weggeschaut.« Diese Bilder also dienen nicht der Aufklärung, sondern der Beschuldigung, die aber seltsamerweise ganz ohne Schuld auskommt. Walser sprach in seiner Rede, um den Holocaust weniger zu bezeichnen als zu verschweigen, durchgängig von »Schande«, und so gelang ihm das rhetorische Meisterstück, seinen Zuhörern einzureden, sie würden einer Schande beschuldigt. Hätte er den Gegenstand der Beschuldigung Schuld genannt, so wäre ihnen vermutlich aufgefallen, daß sie ja gar nicht schuldig sind und in Wahrheit nicht beschuldigt werden. Die Schande hingegen besteht im Zweifelsfall aus nichts als übler Nachrede.

So wird jeder Dokumentarfilm über das Dritte Reich, da er die »Dauerpräsentation unserer Schande« fortsetzt, zur Verleumdung. Walser verlangte, daß das aufhöre. Er stiftete ein Kollektiv der zu Unrecht Beschuldigten, damit es sich gegen die Beschuldigung wehrt. Die Schande dürfe nicht länger ein Instrument der Meinungssoldaten sein, sie müsse endlich dem persönlichen Gewissen jedes einzelnen anvertraut werden. Das Gewissen allerdings, das ausschließlich für die Schuld zuständig ist, wird in der Schande keinen Gegenstand finden, den es bearbeiten könnte, und also seine Tätigkeit nach wenigen Umdrehungen einstellen. Auschwitz wäre, ginge es nach Walser, aus der Öffentlichkeit verschwunden und würde vom Gewissen mühelos bewältigt.

Die Debatte um Walsers Rede bewies, daß der Intellektuelle die »Moralkeule« längst aus der Hand gelegt hat. In den fernen Tagen des Oktober 1998 aber mühte er sich noch unverdrossen mit der »Instrumentalisierung unserer Schande zu gegenwärtigen Zwecken«. Es wurde Walser vorgeworfen, er habe diese Zwecke nicht näher bezeichnet und so niederträchtige Interpretationen ermöglicht. Eines war jedoch von Anfang an klar: Sie wa-

ren denen der Nation entgegengesetzt. Im Zusammenhang der »Betonierung des Zentrums der Hauptstadt mit einem fußballfeldgroßen Alptraum« und der »Monumentalisierung der Schande« durch das geplante Holocaust-Mahnmal sprach Walser von »negativem Nationalismus«, und der sei »kein bißchen besser als sein Gegenteil«. Trotzdem suchte die historische Wissenschaft bisher vergeblich nach negativen Weltkriegen, negativen Konzentrationslagern und negativem Völkermord.
Zwölfhundert ausgesuchte Honoratioren bekundeten nach Walsers Rede ihre Zustimmung mit einer stehenden Ovation. Nur drei blieben sitzen: das Ehepaar Bubis und Friedrich Schorlemmer. Am folgenden Tag nannte Ignatz Bubis die Rede eine »geistige Brandstiftung« und erklärte, indem er das »Wegschauen« empfehle, begebe Walser sich in die Gesellschaft der Rechtsextremisten Deckert und Frey. Im Gespräch mit der »Welt« (14.12.98) präzisierte er seine Vorwürfe: Wenn Walser im Zusammenhang des Holocaust von »Moralkeule« und »Instrumentalisierung« spreche, würdige er die Opfer herab. »Er will einfach, daß das Thema Holocaust im Orkus der Geschichte versinkt, daß nicht mehr darüber gesprochen wird. Das kann man von den Opfern aber nicht verlangen. Hätten Walsers Vorfahren dafür gesorgt, daß die Juden am Leben bleiben können, gäbe es heute keine Gespräche über sie, die der Gefahr ausgesetzt sind, irgendwie ›instrumentalisiert‹ zu werden.« Des öfteren hätten nationalistische Politiker einen Schlußstrich unter die Auseinandersetzung mit der Vergangenheit ziehen wollen. Alarmierend sei, daß nun ein Intellektueller dieselbe Forderung erhebe, »daß in Deutschland das Milieu rechtsextremistischer Intellektueller wächst«.

Wie die meisten Kommentatoren meinte auch der ehemalige Erste Bürgermeister Hamburgs, Klaus von Dohnanyi, Bubis' Empörung beruhe auf einem Mißverständnis. Er habe Walser einfach nicht verstanden, »vielleicht auch gar nicht verstehen können. Denn Walsers Rede war die Klage eines Deutschen – allerdings eines nichtjüdischen Deutschen – über den allzu häufigen Versuch anderer, aus unserem Gewissen eigene Vorteile zu schlagen. Es zu mißbrauchen, ja zu manipulieren. Wer in unseren Tagen zu diesem Land in seiner Tragik und mit seiner ganzen Geschichte wirklich gehören will, wer sein Deutschsein wirklich ernst und aufrichtig versteht, der muß sagen können: Wir haben den Rassismus zum Völkermord gemacht; wir haben den Holocaust begangen; wir haben den Vernichtungskrieg im Osten geführt.« Und da hätte Bubis ja nun wirklich lügen müssen. Nachdem er die Kollektivschuld als identitätsstiftende Kraft erkannt und die Juden aus der Volksgemeinschaft verstoßen hatte, ohne allerdings zu erklären, wer denn aus unserem Gewissen seinen Vorteil schlägt und was eigentlich die Tragik des deutschen Landes ausmacht, beschrieb Dohnanyi die eigene Gewissensnot. Als Sohn eines von den Nazis ermordeten Widerständlers hätte er sich leicht auf die Seite der Opfer schlagen können, und tatsächlich sei er »für die anderen Völker so ganz doch kein Deutscher«, nämlich »eine gute Ausnahme der Deutschen«. Das war eine beständige »Versuchung«, denn »die Abkunft von ermordeten Widerstandskämpfern gibt ebenso wie die Abkunft von jüdischen Opfern eine Chance für einen persönlich völlig unverdienten Freispruch von der schändlichen, gemeinsamen Geschichte der Deutschen im Dritten Reich«.

Wenn er seine deutsche Nationalität so sehr liebt, daß er um ihretwillen gern ein wenig schuldig sein möchte, so ist das zunächst Dohnanyis Privatsache. Trotzdem müßte er erklären, was man unter einem »unverdienten Freispruch« zu verstehen hat; in der juristischen Literatur kommt so etwas nicht vor. Daß ausgerechnet die überlebenden Juden von der deutschen Geschichte »freigesprochen« wurden, kann man schwerlich behaupten. Was also meinte dieser rätselhafte Satz? Wenn die Juden »unverdient« freigesprochen wurden, müssen sie schuldig sein. Unnötig also, daß sich »auch die jüdischen Bürger in Deutschland fragen, ob sie sich so sehr viel tapferer als die meisten anderen Deutschen verhalten hätten, wenn nach 1933 ›nur‹ die Behinderten, die Homosexuellen oder die Roma in die Vernichtungslager geschleppt worden wären«. Natürlich nicht. Wenn man sie gelassen hätte, wären auch die Juden schuldig geworden, nur Hitler und der Holocaust verhinderten den Beweis. Während die Deutschen sich ein Gewissen machen, instrumentalisieren die Juden, mit dem Freispruch in der Tasche, die deutsche Schande – Dohnanyi erwähnte das »grelle Beispiel« des Senators D'Amato, der die Interessen amerikanischer Überlebender des Holocaust gegenüber Schweizer Banken vertrat.

Joachim Rohloff

Walsers Kritik an der »Dauerpräsentation unserer Schande« fand Dohnanyi nur zu berechtigt. Er selbst beklagte die »Holocaust-Industrie«: »Wir müssen damit leben, obwohl es mich betroffen macht zu beobachten, wie von Jahr zu Jahr das existentielle Erschrecken der KZ-Besucher immer mehr einer nur noch historischen Neugier Platz macht. Diese Entwicklung ist wohl unausweichlich, sie nimmt ja auch Golgatha nicht aus.« Wo bekanntlich die Juden unsern Herrn Jesus ermordeten. Dieser letzte kuriose Einfall bestätigte Bubis' Ahnung, in Dohnanyi denke »es«.

Eigentlich sollte mit der Frage, wie er sich in seiner Gegenwart zu verhalten habe, das Gewissen jedes Menschen ausgelastet sein. Dohnanyis kategorischer Konjunktiv forderte jeden auf, sich in die damaligen Täter einzufühlen und ehrlich zu gestehen, daß auch er unter den gegebenen Umständen wohl nicht anders gehandelt hätte. »Eine Friedensrede« lautete die Überschrift des Dohnanyi-Briefes an Bubis, und das mußte bedeuten, Walser habe sich um den Frieden verdient gemacht. Bubis widersprach dieser Auffassung in seiner Antwort (»FAZ«, 16.11.98) und bestand darauf, daß Walser mit der »Instrumentalisierung von Auschwitz« die Ansprüche von Zwangs- und Sklavenarbeitern gemeint habe. Das Ansinnen, die Juden sollten sich fragen, wie sie sich verhalten hätten, wären die Nazis nicht zufällig Antisemiten gewesen, nannte Bubis »bösartig«.

Damit hatte er nun nicht nur Walser, sondern auch Dohnanyi gründlich mißverstanden. Dieser wollte doch bloß eine »Gewissensfrage« gestellt haben. »Und da ich in meinem ganzen Leben zwischen Juden und Nicht-Juden keinen anderen Unterschied als den – immer schwächer werdenden – religiösen gesehen habe, finde ich meine Frage alles andere als bösartig« (»FAZ«, 16.11.98). Und er meinte ferner, »als Vorsitzender des Zentralrates der Deutschen Juden (sic!) könnten Sie mit Ihren nicht-jüdischen Landsleuten etwas behutsamer umgehen, wir sind nämlich alle verletzbar.« – »Sie wollen Ihren Seelenfrieden haben«, antwortete Bubis (»FAZ«, 19.11.98). »Diesen soll ich Ihnen geben, indem ich mit den nichtjüdischen Landsleuten etwas behutsamer umgehe, denn sie sind alle verletzbar. Damit kann ich nicht dienen, denn Ihretwegen oder wegen Walser werden wir nicht auf das Gedenken, selbst auf ein ritualisiertes Gedenken nicht verzichten.« Dohnanyi glaub-

te, nun sei es an der Zeit, Maßnahmen zu ergreifen, und bat Bubis »um eine Aussprache vor dem vollständigen Zentralrat der Deutschen Juden (sic!), damit wir Ihre schwerwiegenden Vorwürfe ›geistiger Brandstifter‹ und ›bösartig‹ im Dialog (bitte nicht in einer Talk-Runde) diskutieren können« (»FAZ«, 20.11.98). Der Zentralrat der Juden in Deutschland lehnte dieses Begehren ab. Bubis sprach später vom »latenten Antisemitismus« Walsers und Dohnanyis. Und da, fand Dohnanyi, hätte Deutschland erwachen müssen. »Ich finde, viele Deutsche hätten sich da erheben müssen«, sagte er am 15.12. 98 im ZDF. »Wenn ein Vorwurf gegen einen Mann wie Walser fällt, dann muß man laut sagen: So geht's nicht.« Oder: Deutsche, wehrt euch!
Bereits zwei Wochen vor Walsers Preisrede hatte Ignatz Bubis in einem Vortrag über das heutige jüdische Leben in Deutschland bemerkt, ein unverhohlenes Bekenntnis zum Antisemitismus gehöre offenbar zur wiederkehrenden deutschen Normalität: »Früher war es eine Art Tabu, man hat es für sich behalten. Heute ist es kein Tabu mehr, man sieht es als ein Stück Normalität.« Deshalb könne er die Frage, ob auch in zehn oder zwanzig Jahren noch Juden würden in Deutschland leben können, nicht mehr ohne Einschränkung bejahen.[7]
Wenig später empfand es kaum jemand noch als unnormal, daß ein führendes deutsches Wochenblatt von einem praktizierenden Antisemiten herausgegeben wird und daß eben dieses Blatt antisemitische Pamphlete veröffentlicht: Rudolf Augstein hatte die Frage, die sich zu stellen Dohnanyi den Juden empfahl, schon in den achtziger Jahren beantwortet: Da es auch die Juden versäumt hätten, den Nazis Widerstand zu leisten, bestehe »kein moralischer Unterschied zwischen der schweigenden Mehrheit der Deutschen und der schweigenden Mehrheit der Juden«.[8] Deshalb war es um so verwerflicher, so mußte man diesen Gedanken in Walserschen Begriffen fortsetzen, daß die Juden fünfzig Jahre lang die Moralkeule schwangen über den Deutschen. Nun, als er sich bemüßigt fühlte, Walser und Dohnanyi gegen Bubis beizuspringen, sprach Augstein aus, was unter der »Instrumentalisierung unserer Schande zu gegenwärtigen Zwecken« eben auch verstanden werden mußte: nämlich das, »was wir erst jüngst von einigen New Yorker Anwälten erlebten«, von »Haifischen im Anwaltsgewand«, als sie in Vertretung ehemaliger jüdi-

scher Zwangsarbeiter beträchtliche Entschädigungsforderungen an die deutsche Industrie richteten. Obendrein »soll in der Mitte der wiedergewonnenen Hauptstadt Berlin ein Mahnmal an unsere fortwährende Schande erinnern. Anderen Nationen wäre ein solcher Umgang mit ihrer Vergangenheit fremd. Man ahnt, daß dieses Schandmal gegen die Hauptstadt und das in Berlin sich neu formierende Deutschland gerichtet ist« (»Spiegel« 49/98).

Die simple Wahrheit, daß andere Nationen deshalb anders mit ihrer Geschichte umgehen, weil keine Nation eine Geschichte hat, die der deutschen vergleichbar wäre, will einem Nationalisten wie Augstein partout nicht einleuchten. Und er muß zum Antisemiten werden, denn für ihn sind es nicht die historischen Verbrechen, die eine deutsche Normalität verhindern, es sind die Juden. In seinem Wahn ist es nicht etwa das Gebot der Erinnerung, das uns ein Mahnmal für die Opfer des Holocaust in unserer Hauptstadt errichten läßt, es ist die »Rücksicht auf die New Yorker Presse«, die uns hindert, Berlin »freizuhalten von solch einer Monstrosität«. Dagegen müßte sich ein selbstbewußtes Deutschland wehren – gerade auch im Interesse der hier immer noch lebenden Juden: »Man würde untauglichen Boden mit Antisemitismus düngen, wenn den Deutschen ein steinernes Brandmal aufgezwungen wird.« An der Tauglichkeit deutschen Bodens war aber nach diesem Artikel gar nicht mehr zu zweifeln. Wenige Wochen zuvor hatte Augstein berichtet, sein Vater, selbst ein bekennender Antisemit, habe während der Nazizeit der Mutter »ihre naiven Antisemitensprüche« verboten (»Spiegel« 45/98). Seitdem wußte man vom Unterschied zwischen aufgeklärt-männlichem und naiv-weiblichem Antisemitismus. Jetzt durfte Augstein auch als Begründer des fürsorglichen Antisemitismus gelten: Wo Juden sind, entsteht Judenhaß. Deshalb wäre es für sie wohl am besten, sie verschwänden ganz. Die New Yorker, also jüdische Presse betreibe seit je »gegen Deutschland eine Stimmungsmache, der schon Konrad Adenauer Anfang der fünfziger Jahre mit den Worten Ausdruck gegeben hatte: ›Das Weltjudentum ist eine jroße Macht.‹«

Nun, da Deutschland seine Hauptstadt den Alliierten entrissen und sich formiert hatte, mußte der hiesige Vertreter des Weltjudentums, »der gestandene, als gemäßigt anerkannte frühere Frankfurter Baulöwe« Ignatz Bubis, »in ein gesellschaftliches Abseits« geraten, wagte er doch zu behaupten, jeder dritte Deutsche sei ein Antisemit oder für den Antisemitismus anfällig. Der gutmütige Kohl hatte seinerzeit versucht, sich mit Bubis, obwohl dieser »für solch ein diffiziles Vorhaben zu befangen« war, »über eine nationale Gedenkstätte zu verständigen, zunächst auf dem Umweg über die Neue Wache in Berlin«. Dort wurden die ermordeten Juden post mortem in die Volksgemeinschaft aufgenommen. Statt froh und stolz zu sein, verlangten die überlebenden nun plötzlich eine eigene Gedenkstätte, und »es bestätigt sich, was wir erst jüngst von einigen New Yorker Anwälten erlebten und was selbst Bubis, wenngleich in anderer Form, kritisierte: Auschwitz wird instrumentalisiert.«

Weil in Deutschland keine Synagoge ohne Polizeischutz auskommt, spricht schließlich auch die Vermutung, es würde geschändet werden, nicht gegen die deutsche Normalität, sondern gegen das Mahnmal. Und die Deutschen bleiben, wie immer sie entscheiden, Opfer jüdischer Rachsucht: »Ließen wir den von Eisenman vorgelegten Entwurf fallen, wie es vernünftig wäre, so kriegten wir nur einmal Prügel in der Weltpresse. Verwirklichen wir ihn, wie zu fürchten ist«, so beziehen wir »Prügel in der Weltpresse jedes Jahr und lebenslang, und das bis ins siebte Glied«. Denn der Gott der Juden, wollte das unpräzise Bibelzitat insinuieren, ist ein eifernder Gott, der da heimsucht der Väter Missetat (2. Mose, 20.5).

Viele hielten den Streit um Walsers Friedenspreisrede für ein großes Mißverständnis, verursacht von ihrer hohen literarischen bzw. geringen rhetorischen Qualität. Dabei bestand das einzige Mißverständnis darin, Walser und Bubis hätten einander nicht von allem Anfang an richtig verstanden. Am 26. Dezember 98 sprach Walser an der Duisburger Universität. Über tausend Briefe habe er erhalten, und sie hätten »alle gemeinsam, daß sie einer Rede zustimmen, in der öffentlich gesagt wurde, was jeder bisher nur gedacht oder gefühlt hat. Meine Rede wurde, das ist unübersehbar, befreiend empfunden. Das Gewissen befreiend« (»FAZ«, 28.11.98). Deshalb mußte er auch im Gespräch mit Ignatz Bubis, das am 12. Dezember 98 im Haus der »Frankfurter Allgemeinen Zeitung« stattfand, darauf bestehen, daß zwar seine Leser ihn nicht mißverstanden hätten, daß er

gleichwohl für den Gebrauch nicht hafte, den gewisse rechtsextreme Leser von seinen Worten machten. Der Frage, ob denn nicht wenigstens Gerhard Frey ihn mißverstehe, begegnete Walser mit dem Hinweis, die »Nationalzeitung« interessiere ihn nicht.
Das Gespräch erreichte einen ersten Höhepunkt, als der Schöpfer einer guten Hundertschaft literarischer Figuren eine Probe seiner Fähigkeit zur menschlichen Einfühlung gab. Bubis sprach von seiner Familie und von ihrer Ermordung in den Vernichtungslagern, um so zu begründen, warum er sich in den ersten Nachkriegsjahren nicht mit dem Holocaust habe beschäftigen können, und Walser entgegnete: »Herr Bubis, da muß ich Ihnen sagen, ich war in diesem Feld beschäftigt, da waren Sie noch mit ganz anderen Dingen beschäftigt. Sie haben sich diesen Problemen später zugewendet als ich« (»FAZ«, 14.12.98). Er habe sich aus idealistischen Motiven schon zu einer Zeit mit Auschwitz befaßt, sollte das heißen, als Bubis nur daran dachte, Geld zu verdienen. Es kam noch schlimmer: »Ich hätte nicht leben können, ich hätte nicht weiterleben können, wenn ich mich damit früher beschäftigt hätte«, sagte Bubis. Walser, der von allem nichts gewußt hatte, erging es auf irgendeine seltsame Weise ganz genauso – nur halt umgekehrt: »Und ich mußte, um weiterleben zu können, mich damit beschäftigen.« In diesem Moment durfte man ahnen, daß der Nationalsozialismus an den Deutschen ein ebenso großes Verbrechen begangen hatte wie an den Juden, und der Unterschied zwischen Bubis' traumatischer Erinnerung und Walsers nachträglicher Beschäftigung war verweht.
Wie jeder Christenmensch war Walser um seinen Seelenfrieden besorgt und um seine Erlösung. Weil man sich aber »einfach als Deutscher in einem Beschuldigten-Zustand fühlte und durch seine Repräsentanten daraus nicht erlöst wurde«, mußte die deutsche Seele antisemitisch werden: »Herr Bubis, das sage ich Ihnen: Ich will meinen Seelenfrieden, verstehen Sie. Und wie ich ihn kriege, das ist in mir, das ist mein Gewissenshaushalt. Und da lasse ich mir von niemandem, auch nicht von Ihnen, dreinreden.« Es sind nicht die Verbrechen der Nazis, die einer deutschen Seele ihren Frieden rauben, sondern die Agenten der Erinnerung, die Juden, die durch ihre bloße Existenz immer wieder für die fatale Rückbindung an 1933 sorgen. Walser benutzte, um

Bubis einen Hinweis zu geben, wie er sich fortan zu verhalten habe, ein rhetorisches Stilmittel, das in der rechten Literatur immer dann angewandt wird, wenn man sich nicht zu sagen traut, was man sagen will: Man läßt es einen Juden sagen. »Darf ich Ihnen mal einen ganz riskanten Satz von Jakob Taubes vorlesen, diesem jüdischen Religionsphilosophen, das hat mich sehr bewegt: Es ist kein Geheimnis, daß ich Jude bin, und zwar bewußt und Erzjude als solcher, und das bringt für mich einige Probleme mit sich, überhaupt in deutschen Landen. Konträr zu dem, was viele tun, bringt mich das in die Lage, mich des Urteils zu enthalten. Über viele Dinge zögere ich, den Stab zu brechen, weil wir als Juden in all dem unaussprechlichen Grauen, das geschehen ist, vor einem bewahrt geblieben sind, nämlich mitzumachen. Wir hatten keine Wahl. Und wer keine Wahl hat, das heißt, ich war gar nicht gegen Hitler, sondern Hitler war gegen mich. Wer keine Wahl hat, ist auch im Urteil eingeschränkt. Das heißt, er kann nicht beurteilen, was die Faszination anderer ist, die stolpern, die rutschen, die wollen, die fasziniert sind.« Statt also die Deutschen zu verurteilen, sollten die Juden sich ihres Schicksals freuen, das sie vor eigener Schuld bewahrte. Immerhin stehen sie, wenn sie den Holocaust überlebten, moralisch blitzsauber da. Obwohl es ihnen an Objektivität fehlen muß, da sie von der »Faszination« nichts wissen, richten sie die Deutschen.

Bubis mußte sich von Walser sagen lassen, die Bemühungen eines Juden würden vom normalen Deutschland nicht mehr benötigt. Wofür er zu seinen Lebzeiten und nach seinem Tod vielstimmig gelobt wurde, sein demokratisches Engagement und sein Kampf gegen Fremdenhaß, war im Herbst 1998 auf einmal nur noch schädlich. »Ich glaube, ich habe Sie im Fernsehen gesehen in Lichtenhagen bei Rostock. Jetzt frage ich Sie: Als was waren Sie dort?« Selbstredend als Jude. »Ich sah Ihr empörtes, ergriffenes Gesicht im Fernsehen, begleitet vom Schein der brennenden Häuser, das war sehr heroisch.« Bubis beteuerte zwar, er habe dafür sorgen wollen, daß nicht die ganze Stadt Rostock in Verruf geriet, doch Walser mußte insistieren: »Ja, aber verstehen Sie, wenn Sie auftauchen, dann ist das sofort zurückgebunden an 1933.« Diese Rückbindung erfolgt, weil ein Jude sich am Tatort blicken läßt, und nicht etwa, weil Neonazis ihr Unwesen treiben.

Denn die sind für Walser bloß »asoziale Jugendliche in besonderer Hoffnungslosigkeit«. Die Juden dürfen sich also fortan kein Urteil über die Vergangenheit anmaßen, und sie müssen sich in aktuellen politischen Auseinandersetzungen rar machen. Denn »das können die Leute nicht mehr ertragen und das wollen sie nicht andauernd hören und darauf haben sie ein Recht, denn sie haben mit diesem Spuk nichts mehr zu tun«.
Erstaunlich, daß Bubis nach alldem doch einräumte, Walser habe die besten Absichten gehabt, nur leider eine ungute Wirkung erzielt. Immerhin fügte er hinzu: »Ich bin mir nicht sicher, aber ich nehme es Ihnen ab, weil ich Ihnen nicht das Gegenteil beweisen kann.« Den Vorwurf einer geistigen Brandstiftung nahm er zurück, und so war der Zweck des Gesprächs erfüllt: Von den zwölfhundert Repräsentanten war der Makel genommen, in der Paulskirche dem Falschen applaudiert zu haben. Sie durften sich jedoch weiterhin befreit fühlen.
Einer der wenigen, die Walsers Unverschämtheiten zurückwiesen, war Wolfram Schütte: »Für mich hat Walser – anmaßend, starrsinnig, schamlos und feige – die denkbar schlechteste Figur gemacht: derart lutherisch-hysterisch, daß man auf der Stelle und vor Scham katholisch werden möchte« (»Frankfurter Rundschau«, 15.12.98). Die Mehrzahl der Kommentatoren äußerte zwar ein gewisses Verständnis für Bubis, der wegen seiner persönlichen Erfahrungen habe empfindlich auf Walsers Rede reagieren müssen; er habe aber übertrieben reagiert, seine ehrabschneidenden Vorwürfe nun endlich bereut und zurückgenommen. Im übrigen einigte man sich auf die unverbindliche Formel: »Wir brauchen eine neue Sprache für die Erinnerung« (»FAZ«, 14.12.98). Und um eben diese Sprache habe Walser sich verdient gemacht.
Seitdem läßt Walser sich bei seinen öffentlichen Auftritten wie ein Volksheld feiern. Seinen Sieg ermöglichte nicht zuletzt das Schweigen jener maßgeblichen Intellektuellen, die sich ein halbes Jahr später, anläßlich des Krieges im Kosovo, pflichtbewußt wieder zu Wort meldeten und die Nato mit Begründungen und Ratschlägen versorgten. Jürgen Habermas hatte im Historikerstreit die geschichtspolitische Attacke rechter und konservativer Denker abgewehrt; die »erste relevante Diskussion in dieser neuen Republik« (Frank Schirrmacher)[9] bzw. die »womöglich letzte große Auseinandersetzung über

die Erinnerung an die Greuel des ›Dritten Reiches‹« (»FAZ«, 28.11.98) nötigte ihn, als sie längst entschieden war, zu zwei mageren Sätzen: »Neuerdings bekunden ja ehrbare politische und gesellschaftliche Eliten öffentlich ihre Unfähigkeit zu unterscheiden, was in die Paulskirche und was auf die Couch gehört. Vor laufenden Kameras bestätigen sie einen Schriftsteller, der nicht länger an ›unsere Schande‹ erinnert sein will, mit stehenden Ovationen« (»Süddeutsche Zeitung«, 27.2.99). Hans Magnus Enzensberger lobte derweil in seiner Rede zur Verleihung des Heine-Preises die Gutmütigkeit der Deutschen, die sich von Kritikern und Moralaposteln allerhand gefallen ließen (»Spiegel« 51/98).
Zu Walsers befreiender Tat, die es den Deutschen ermöglichte, sich unsittlich belästigt zu fühlen, sobald irgend jemand oder etwas sie an die Nazizeit erinnert, schwiegen auch die Pioniere der Vergangenheitsbewältigung, die in den sechziger Jahren ihre Väter gnadenlos befragten und entlarvten, inzwischen die Gesellschaft gründlich zivilisierten und nun als Protagonisten der deutschen Normalität die höchsten Staatsämter innehaben. Von Joschka Fischer hörte man, als es not tat, nichts. Neuerdings gibt er zu Protokoll, er hätte wohl, wäre er damals in der Paulskirche gewesen, Walser nicht applaudiert: »Wenn ich da gewesen wäre, hätte Ignatz Bubis nicht alleine mit seiner Frau sitzen bleiben müssen« (»Taz«, 19.11.99). Gerhard Schröder befand schließlich, man dürfe Walser »nicht als Ideologen der Verdränger vereinnahmen. Es wäre zudem falsch zu bestreiten, daß es ein Problem gibt, auf das Walser hingewiesen hat. Es gab in seiner Rede überspitzte Formulierungen. Ein Dichter darf so etwas. Ich dürfte das nicht« (»Zeit« 6/99).
Walser leidet unter der »Routine des Beschuldigens«, Schröder findet, die Deutschen »sollten ohne Schuldkomplexe herumlaufen können«. Eine Gelegenheit, diesen Komplex ideologisch weiter zu bearbeiten und schließlich zu heilen, bot der Krieg der Nato gegen Jugoslawien. Bundesregierung und Presse betrieben eine Kriegspropaganda, die sich in Walserschen Begriffen kaum anders bezeichnen läßt denn als eine Instrumentalisierung von Auschwitz zu gegenwärtigen Zwecken. Diesmal allerdings wurde Auschwitz nicht zum Instrument gegen Deutschland, es diente vielmehr der endgültigen deutschen Normalisierung.

Joachim Rohloff

In Jugoslawien wurde der Zweite Weltkrieg noch einmal geführt, und Deutschland stand endlich auf der richtigen Seite. Dazu brauchte es einen weiteren Hitler und eine entsprechende Anzahl potentieller oder wirklicher Opfer. Slobodan Milosevic hatte bereits vor Jahren in Kroatien und Bosnien einen »Vernichtungskrieg« geführt, nun führte er im Kosovo einen »Vernichtungsfeldzug« (»FAZ«).[10] Einen »Völkermord« beging er sowieso, und er mußte zweifellos auch über ein Reichssicherheitshauptamt und einen Eichmann verfügen, sonst hätte weder Bundeskanzler Schröder die Vertreibung der Albaner »planmäßig vorbereitete Deportationen« genannt noch Außenminister Fischer sein Plädoyer für den Krieg mit dem Hinweis begründet, er habe »nicht nur ›nie wieder Krieg‹ gelernt, sondern auch ›nie wieder Auschwitz‹«. Für die unvermeidlichen KZ sorgte der Minister Scharping: »Die Männer werden selektiert, ich verwende das Wort bewußt«, und in »Internierungs- und Konzentrationslager« gesteckt. Zusätzlich wurden »ganze Täler abgesperrt, um dort Menschen festzuhalten und sie verhungern zu lassen«. Was die Zahl der Opfer serbischer Vernichtungswut betraf, zeigte Scharping, der »die Fratze der eigenen (deutschen, J. R.) Geschichte« den Milosevic schneiden sah, sich großzügig. Von Augenzeugen und aus geheimdienstlichen Quellen meinte er zu wissen, daß »Tausende und Abertausende Menschen abgeschlachtet« bzw. »im Kosovo Zigtausende Menschen hingemordet« wurden. Ferner ging aufs serbische Konto eine »millionenfache Vertreibung, muß man ja fast schon sagen«. Weil aber die Luftaufklärung der Nato die Existenz serbischer KZ partout nicht dokumentieren konnte, druckte »Bild« (1.4.99) kurzerhand ein Foto albanischer Flüchtlinge, um es mit der Überschrift zu versehen: »Sie treiben sie ins KZ« – obwohl jeder wußte, daß die abgebildeten Menschen in kein Konzentrationslager gingen, sondern nach Mazedonien.

Wenn Milosevic ein anderer Hitler war, dann stand nicht weniger bevor als ein weiteres Auschwitz. Hans Koschnick sprach es aus: »Soll Auschwitz sich wiederholen? Wir können nicht akzeptieren, daß so etwas wiederkommt, was wir mit Auschwitz bezeichnen.« Da aber im Kosovo nichts geschah noch geschehen war, was mit Auschwitz im entferntesten zu tun gehabt hätte, mußte Vertreibung für Völkermord gelten. Und weil

nun alles eins war, hatten auch jene Leser der »FAZ« recht, die behaupteten, »ethnische Säuberungen« seien bereits am Ende des Zweiten Weltkriegs durchgeführt und auf der Potsdamer Konferenz sanktioniert worden. Dann wurde 1945 ein Völkermord an Deutschen begangen.
Nun könnte man das alles für gewöhnliche Kriegspropaganda halten, die aus jedem Feind den denkbar übelsten Unmenschen macht, oder für gewöhnliche Kriegswirren, die keinen Geist unbeschädigt lassen, hätte nicht der Außenminister Fischer in einem ZDF-Interview nachdrücklich auf den historischen Sinn des ideologischen Unternehmens hingewiesen. »Ich bin ein Kind von Heimatvertriebenen«, begründete er sein Mitgefühl für die vertriebenen Kosovaren.[11] Wenn aber diese nicht zurückkehren dürften, würden unvermeidlich »die jungen Generationen das Schicksal der Palästinenser teilen und den palästinensischen Weg gehen«. Die Deutschen seien durchaus bereit, eine begrenzte Zahl von Flüchtlingen für eine begrenzte Zeit zu ertragen, denn »die Bundesrepublik hat eine großartige Solidaritätsgeschichte. Dieses Land hier hat seit 1944 Millionen von Flüchtlingen aufgenommen.« Zwar hatte es auch einen deutschen Milosevic gegeben, hieß das in der Logik jener Tage, aber erstens waren die Deutschen selbst einem Völkermord zum Opfer gefallen, zweitens hatten sie Millionen vorm Völkermord gerettet, und drittens retteten sie nun wieder Hunderttausende. Denn »die Menschen, die geflohen sind, haben ein schweres Schicksal, aber sie haben fliehen können. Sie wären umgebracht worden.« Daran zweifelte zumindest nicht der Staatssekretär Stützle.[12] Und die professionellen Schlesier halten sich mit einigem Recht für die Palästinenser Europas, verübten doch die Israelis einen Völkermord an den Deutschen Palästinas.
Im »Schlachthaus Kosovo« tobte nichts anderes als »der verbrecherische Nationalismus, den wir ja auch aus unserer Geschichte kennen«, mit einer »Brutalität, die meine Generation nur aus den Geschichtsbüchern, aus der Zeit des Nationalsozialismus kennt«. Und die »serbische Sonderpolizei, gewissermaßen die SS von Herrn Milosevic«, beging »Verbrechen gegen die Menschlichkeit«. Angesichts eines »barbarischen Faschismus« mußten die Kosovaren glauben, »sie seien plötzlich im Film ›Schindlers Liste‹ aufgewacht im Jahre 1999«. Auf

die Frage, ob ihnen eine Heimkehr überhaupt zuzumuten sei, antwortete Fischer: »Hätten Sie sich vorstellen können, daß Juden in Deutschland jemals wieder leben, daß wir blühende jüdische Gemeinden haben?«
Der Bayerische Rundfunk präsentierte erstmals eine arische Überlebende des Holocaust: eine Funktionärin der schlesischen Landsmannschaft, die in einer Fernsehdiskussion zum Kosovo-Krieg ausführlich davon erzählen durfte, wie die Polen und die Russen das deutsche Volk gemordet hatten. Am Ende wurde auch die Wehrmacht Hitlers von ihrer Nachfolgerin glänzend rehabilitiert. Der ehemalige Generalinspekteur Naumann schlug die Einführung eines Tapferkeitsordens vor und dachte dabei ans »Eiserne Kreuz« und dessen »gute Tradition« seit den Befreiungskriegen, die offenbar auch im Zweiten Weltkrieg nicht beschädigt worden war. Als deutsche Soldaten schließlich in Prizren einrückten, machte der Schriftsteller Kempowski sich Gedanken: »Was wird passieren, wenn sich Heckenschützen den einen oder anderen herauspicken und per Zielfernrohr abknallen? Werden wir unsere Emotionen im Zaume halten können? So weit wird es wohl nicht kommen, daß Herr Reemtsma mit einem Team von Fotografen hier Material für neue Ausstellungen in aller Welt zu ernten sucht« (»Spiegel« 25/99).
Das Verschweigen von Auschwitz und das Gerede über Auschwitz dien(t)en derselben Absicht: die deutsche Nation von ihrer Vergangenheit zu entlasten und ihr zu der Normalität zu verhelfen, die sie so dringend braucht. Walser, der noch in der Wehrmacht gedient hat, bevorzugte das traditionelle Mittel der Verdrängung. Die Achtundsechziger betrieben die Historisierung und Relativierung des Nationalsozialismus, indem sie aus einem mittelmäßigen Nationalisten einen weiteren Hitler und aus einem Sezessionskrieg einen weiteren Holocaust machten. Beide geschichtspolitischen Interventionen waren erfolgreich. »Wenn wir Auschwitz bewältigen könnten, könnten wir uns wieder nationalen Aufgaben zuwenden«, schrieb Walser 1979. Nun denn.

Anmerkungen

1 »Die Holocaust-Debatte«. ZDF, 15.12.98.
2 »NeunzehnZehn«. 3Sat, 29.11.98.
3 zit. nach: Matthias Küntzel: »Getriebe der Erinnerung«. KONKRET 2/99, S. 16.
4 Walsers Theaterstücke, Aufsätze und Interviews zum deutschen Thema sind versammelt in dem Band *Deutsche Sorgen*. Frankfurt a. M. 1997.
5 Frank Schirrmacher: »Sein Anteil«, in: Martin Walser: *Erfahrungen beim Verfassen einer Sonntagsrede*. Frankfurt a. M. 1998, S. 30. Das eingeklammerte Beiwort wurde zwar in der Paulskirche gesprochen, fehlt aber in der Druckfassung.
6 Martin Walser: *Erfahrungen beim Verfassen einer Sonntagsrede*. a. a. O.
7 Ignatz Bubis: »Abschied vom zweiten Jahrtausend. Wie stellt sich heute jüdisches Leben in Deutschland dar?« Vortrag in der Kaiser-Wilhelm-Gedächtnis-Kirche zu Berlin am 23.10.98, zit. nach der Rundfunkaufzeichnung des SFB.
8 zit. nach: Henryk M. Broder: *Der ewige Antisemit*. Frankfurt a. M. 1986, S. 32.
9 »Aspekte«. ZDF, 27.11.98.
10 Ebenso verantwortungslos wie die Kriegspropagandisten, und wenn nicht in derselben Absicht, so doch mit demselben Effekt, verwendeten manche Kriegsgegner das Wort vom Vernichtungskrieg: »Der Nato-Luftkrieg gegen Jugoslawien war von Beginn an als totaler Vernichtungskrieg angelegt. Die Bombenflieger zielen auf alles, was zu verteidigen die imperialistischen Interventen vorgeben: auf menschliches Leben, auf die ›Zivilgesellschaft‹, auf die Marktwirtschaft, auf die bürgerlich-demokratische Verfaßtheit Jugoslawiens und Serbiens, auf den Parteienpluralismus und die Freiheit der Information.« Werner Pirker, »junge Welt«, 12.4.99.
11 »Was nun, Herr Fischer?« ZDF, 8.4.99.
12 3-Sat, 30.6.99.

Rayk Wieland

Dialog mit dem Kunden

Zur Debatte um das Holocaust-Mahnmal

Das »Denkmal für die ermordeten Juden Europas« soll in Berlin errichtet werden. Daß sein Bau jetzt begonnen wird, verdankt sich weniger später Reue angesichts der Verbrechen des Naziregimes als der deutschen Wiedervereinigung. Im Land der Täter ist es nicht der Tat, sondern der Erinnerung an die Opfer gewidmet. Vorschläge, die darauf abzielten, die deutsche Täterschaft ins Zentrum der Erinnerung zu rücken, fanden keine Zustimmung. Die ästhetische Unangemessenheit fast aller Denkmal-Entwürfe ist nicht nur der Konfusion der Kunst vor der jede menschliche Erfahrung übersteigenden Dimension des Holocaust geschuldet, sondern spiegelt auch die Konfusion der Deutschen vor ihrer Vergangenheit. Besser als mit dem mehrfach frisierten Siegerentwurf von Peter Eisenman läßt die Bastardisierung des Gedenkens sich schwerlich auf den Punkt bringen. Die Errichtung dieses nationalen Monuments ist Teil der symbolischen Inszenierung einer vergangenheitsbereinigten Normalität des wiedervereinigten Deutschland.

1

Das »Denkmal für die ermordeten Juden Europas« soll in Berlin errichtet werden. Im Anfang war das, wie so oft im Leben, unbedachte Wort. Gesprochen hat es Lea Rosh auf einer Diskussionsveranstaltung zur Zukunft des Prinz-Albrecht-Geländes in Berlin am 24. August 1988. Im Land der Täter, sagte Rosh, müsse endlich so wie in Yad Vashem ein »weithin sichtbares Zeichen«[1] gesetzt werden. Daß die Deutschen *ihre* Toten mit gutem Grund nicht in gleicher Weise betrauern können wie die Juden in Israel und daß die vergangenen 40 Jahre seit Beendigung des Zweiten Weltkriegs, in denen beide deutsche Staaten prima ohne ein solches »sichtbares Zeichen« ausgekommen waren, genügen müßten, ihr Recht darauf zu verwirken[2], focht Rosh nicht an.

Ihr Appell an die Menschen guten Willens, und das sind bekanntlich immer alle, bleibt nicht ohne Wirkung: Eine Bürgerinitiative »Perspektive e.V.« wird gegründet, Unterschriften werden gesammelt, und ein Prominenten-Aufruf zur Errichtung eines »unübersehbaren Mahnmals«[3] auf dem ehemaligen Gestapo-Gelände wird verfaßt, unter dem sich notorische Betriebskräfte von Willy Brandt über Udo Lindenberg bis Christa Wolf namhaft machen. Das am 30. Januar 1989 in der »Frankfurter Rundschau« veröffentlichte Papier ruft nicht nur die Befürworter des Projekts, sondern auch Bedenkenträger und Gegner auf den Plan. Den schärfsten Einspruch erhebt der Zentralrat deutscher Sinti und Roma, der auf einer zentralen Erinnerungsstätte für alle Opfergruppen des Nationalsozialismus insistiert.
Langsam kommt die Debatte auf Touren, die angeschlossenen Medienanstalten kommen auf Trab, die Bewältigungs-Experten nehmen ihre Positionen ein. Am 7. November geht aus der »Perspektive e.V.« ein »Förderkreis zur Errichtung eines Denkmals für die ermordeten Juden Europas« hervor, dem u.a. Lea Rosh, Edzard Reuter, Siegfried Lenz und Kurt Masur angehören. Anzeigen werden geschaltet, Bundespolitiker geworben. Zwei Tage später bewirkt die Öffnung der Berliner Mauer bei den Befürwortern eine Neuorientierung in der Standortfrage: Nun soll das Mahnmal im Grenzgebiet auf dem Gelände der ehemaligen Reichskanzlei gebaut werden, damit, so Rosh mit gewohnt visionärem Pathos, sich »die Opfer über die Täter erheben«.[4]
Lange passiert wenig, das frisch wiedervereinigte Deutschland hat andere Sorgen. Doch der Streit, namentlich zwischen »Förderkreis« und Zentralrat der Juden in Deutschland auf der einen und Zentralrat deutscher Sinti und Roma auf der anderen Seite, dauert an. Als dieser dem »Förderkeis« »Ausgrenzung« und Selektion zwischen »Opfern erster und zweiter Klasse« vorwirft, sichert der Regierende Bürgermeister von Berlin, Walter Momper, Vertretern der Sinti und Roma zu, daß bei einer Entscheidung über ein Holocaust-Mahnmal beide Opfergruppen berücksichtigt werden sollen.
Zeit vergeht, wenig geschieht. Im November 1991 fordert der Jüdische Weltkongreß Bundeskanzler Helmut Kohl auf, ein Denkmal für die ermordeten Juden er-

richten zu lassen. Ein halbes Jahr später signalisieren Bundesinnenministerium und Berliner Senat Lea Rosh ihre Zustimmung zu einem Mahnmal in der Nähe der ehemaligen Reichskanzlei; eine gemeinsame Erinnerungsstätte aller Opfergruppen wird ohne Begründung abgelehnt. Auch der Bundeskanzler spricht sich, im November 1993, für eine eigene Erinnerungsstätte für die Opfer der Shoa aus. Anläßlich der Eröffnung der neugestalteten Neuen Wache mit der allen Opfern »von Krieg und Gewaltherrschaft« gewidmeten Pietà von Käthe Kollwitz versichert er Ignatz Bubis, daß ein ausschließlich den ermordeten Juden Europas geweihtes Mahnmal gebaut wird. Romani Rose vom Zentralrat deutscher Sinti und Roma spricht daraufhin von »Ausgrenzung« und »Abschiebung« und verlangt einen »genau gleichen Beschluß für die gleichzeitige Errichtung des nationalen Holocaust-Mahnmals für die in Europa ermordeten Sinti und Roma auf dem gleichen Grundstück der Bundesregierung«.[5]
Januar 1994, erster Auftritt des Regierenden Bürgermeisters von Berlin, Eberhard Diepgen: Vor dem Berliner Abgeordnetenhaus äußert er die Befürchtung, daß aus der neuen Hauptstadt eine »Mahnmalmeile« werde, und ermahnt zur Wachsamkeit, »damit die deutsche Geschichte nicht auf Kosten Berlins entsorgt wird«.[6] Ein Jahr später meldet sich die Berliner »Junge Union«: Unter der Überschrift »Kein Judendenkmal am Potsdamer Platz«[7] teilt sie mit, daß sich ihr Landesausschuß gegen ein solches Denkmal im Zentrum Berlins ausgesprochen habe.
Zuvor aber, im April 1994, kommt es zur Auslobung eines offenen künstlerischen Wettbewerbs »Denkmal für die ermordeten Juden Europas« durch den Bund, das Land Berlin und den Förderkreis. Weil der Wettbewerb im Land der Täter stattfinde, ist er, so der Berliner Bausenator Wolfgang Nagel, auf deutsche Teilnehmer beschränkt. 2.600 Künstler fordern Unterlagen an. Zusätzlich zur offenen Ausschreibung werden zwölf weitere, auch aus dem Ausland, dazugeladen. Die Mitglieder der Jury, u.a. Lea Rosh, Walter Jens, Eberhard Jäckel, Salomon Korn, Frank Schirrmacher und Hanna-Renate Laurin, geben im März 1995 das Ergebnis des Wettbewerbs bekannt. Erste Preise erhalten der Entwurf von Simon Ungers – ein 85 mal 85 Meter großes Stahlträger-Quadrat, in welches die Namen von Kon-

zentrationslagern spiegelbildlich eingetragen sind, so daß das Sonnenlicht sie in die Mitte projiziert – und der Entwurf einer Berliner Künstlergruppe um Christine Jackob-Marks, der eine elf Meter hohe, 20.000 Quadratmeter große schiefe Ebene aus Beton vorsieht, in die sämtliche Namen der ermordeten Juden Europas eingraviert werden sollen. Eine Machbarkeitsstudie soll entscheiden, welches Modell realisiert wird.
Bevor dies geschieht, einigen sich Bund, Land und »Förderkreis« im Juni des gleichen Jahres auf das Modell von Jackob-Marks – eine Entscheidung, die Helmut Kohl, zwei Tage später, nicht akzeptabel findet. Der Kanzler fordert eine neue Diskussion, Lea Rosh weist dies zurück und hält an der Entscheidung fest. Der Zentralrat der Juden in Deutschland warnt vor Verzögerung, Bubis favorisiert den Beitrag von Simon Ungers, Hinterbliebene von Shoa-Opfern machen datenrechtliche Einwände gegen die Nennung von Angehörigen geltend, und Israel Singer, Generalsekretär des Jüdischen Weltkongresses, erklärt: »Die Juden brauchen das Denkmal nicht.« Das Feuilleton brummt, die Debatte wird permanent, eine Entscheidung wird verschoben.
Neue Interventionen, sowohl Standort als auch Wettbewerb betreffend, ziehen sich bis zum Ende dieses Jahres und noch über das nächste Jahr hin, der geplante Termin der Grundsteinlegung verstreicht und wird auf 1999 verschoben. Im Mai 1996 befaßt sich der Bundestag mit dem Thema, Vertreter aller Parteien bemängeln den »Grabplatten-Entwurf« von Jackob-Marks als zu »monumental« und plädieren statt dessen für ein Denkmal von »Schlichtheit und Eindringlichkeit«.[8] Auf einem dreiteiligen Kolloqium zum Jahreswechsel 96/97 fordert Berlins Kultursenator Peter Radunski die bestplazierten Einreicher auf, neue Projekte vorzustellen, die »kleiner, stiller, bescheidener«[9] als bisher ausfallen müßten. Neue Standorte werden in Erwägung gezogen, einen zweiten Wettbewerb jedoch schließt Radunski, am 11. April 1997, aus. Doch nur eine Woche später, am 18. April, kündigt Radunski im Namen der Auslober an, daß eine Findungskommission neun Künstler benennen soll, die um neue Entwürfe gebeten werden. »Die Ergebnisse des ersten Wettbewerbs«, erklärt er jetzt, »werden so nicht realisiert.«[10]
Der Wettbewerb um das Mahnmal geht in die zweite

Runde. Die Findungskommission mit Werner Hofmann, Josef Paul Kleihues, Dieter Ronte, Christoph Stölzl und James E. Young lädt 25 Künstler und Architekten sowie die neun Preisträger des ersten Wettbewerbs ein, insgesamt 19 sagen ihre Teilnahme zu. Die Auswertung der eingereichten Arbeiten erfolgt im November 97, Jury und Auslober nehmen vier Entwürfe – von Gesine Weinmiller, Jochen Gerz, Daniel Libeskind und Peter Eisenman/Richard Serra – in die engere »Realisierungsauswahl«[11]. In den deutschen Feuilletons schwillt die Debatte um den grundsätzlichen Sinn des Denkmals weiter an. Im Januar 1998 verteidigen die ausgewählten Künstler ihre Entwürfe im ehemaligen Marstall vor Vertretern des Bundestags, Auftraggebern und Kunstkritikern. Auslober, Findungskommission, die Öffentlichkeit beraten und diskutieren – die Entscheidung trifft Helmut Kohl. Seine Wahl fällt auf den Entwurf von Eisenman/Serra, ein begehbares Feld von 4.200 Betonstelen, das nach den Wünschen Kohls aber noch einmal überarbeitet werden soll.
Der Kanzler hat gesprochen. Die Debatte ist beendet. Die Debatte beginnt von neuem. Februar 1998, zweiter Auftritt des Regierenden Bürgermeisters von Berlin: Eberhard Diepgen plädiert für einen Aufschub der Angelegenheit. 19 prominente Intellektuelle, unter ihnen Günter Grass, George Tabori, Marion Gräfin Dönhoff, Walter Jens und György Konrád, fordern, auf die Errichtung eines Holocaust-Mahnmals zu verzichten: »Wir sehen nicht, wie eine abstrakte Installation von bedrückend riesigem Ausmaß einen Ort der stillen Trauer und Erinnerung, der Mahnung oder sinnhaften Aufklärung schaffen könnte.« Nicht hinnehmbar sei auch, daß das geplante Mahnmal »nicht allen Opfern des nationalsozialistischen Rassen- und Herrenmenschenwahns«[12] gelte. März 98, dritter Auftritt des Regierenden Bürgermeisters: Diepgen spricht sich erneut gegen eine »Mahnmalmeile« in der Hauptstadt und gegen »Zeitdruck« aus, Berlin dürfe keine »Hauptstadt der Reue«[13] werden. April 98: Die fällige Entscheidung über das Mahnmal wird erneut vertagt. Eisenman und Serra stellen ihren überarbeiteten Entwurf vor: Auf den Stelen sind jetzt die Namen von 100 Lagern und Hinrichtungsstätten vermerkt, eine Tafel soll die Zahl der ermordeten Juden aus 18 europäischen Ländern aufführen. Es hilft aber nicht. Bundestagspräsidentin Rita

Süssmuth bezweifelt, im Mai 98, daß das geplante Mahnmal noch gebaut werde. Ungeachtet dessen trifft Kohl Serra und Eisenman und traktiert sie mit erneuten Änderungswünschen. Richard Serra sieht daraufhin aus »professionellen Gründen«[14] von einer weiteren Zusammenarbeit mit Eisenman ab. Das Feuilleton ächzt, bleibt aber teilnahmslos.
Im Juli trifft das zum dritten Mal überarbeitete, jetzt verkleinerte und umgrünte Modell von Eisenman in Berlin ein, wird aber zunächst, als wär's ein Staatsgeheimnis, unter Verschluß gehalten. Erst jetzt steigt Michael Naumann, designierter Kulturstaatsminister der SPD, in die Debatte ein und wird gleich grundsätzlich. Den vorliegenden Entwürfen eigne eine »Albert-Speerhafte Monumentalität«, wohingegen ein »elegantes, ästhetisch befriedigendes Denkmal« den Vorwurf der »Schamlosigkeit«[15] provozieren müsse. Bubis widerspricht. Kohl drängt auf eine Entscheidung noch vor der Bundestagswahl, Diepgen fordert, keinesfalls davor eine Entscheidung zu treffen. Kanzlerkandidat Gerhard Schröder bezeichnet den Bau eines Holocaust-Mahnmals unter einer SPD-Regierung als »unwahrscheinlich«[16]. Wolfgang Thierse, stellvertretender SPD-Bundesvorsitzender, spricht sich für einen dritten Wettbewerb aus. Neun Jahre währt der Streit und droht nun in eine Endlosschleife zu geraten.
August und September verstreichen, der Berliner Senat vertagt die Entscheidung. Elie Wiesel, Arthur Miller und Amoz Oz wenden sich gegen die Errichtung des Mahnmals. Die SPD gewinnt die Bundestagswahl. Martin Walser erhält den Friedenspreis des Deutschen Buchhandels und nutzt in einer Sonntagsrede mit dem impertinenten Titel »Die Banalität des Guten« die Gelegenheit, das geplante Denkmal als »Schandmahl«, »Kranzabwurfstelle«, »Moralkeule«, »fußballfeldgroßer Albtraum« und »in Beton gegossenes Schuldeingeständnis«[17] zu denunzieren.
Die Debatte, fast versiegt, hebt wieder an. Ignatz Bubis wirft Walser »geistige Brandstiftung«[18] vor, Andreas Nachama, Jüdische Gemeinde Berlin, schlägt vor, anstelle des Denkmals eine Hochschule für jüdische Wissenschaft zu errichten. Michael Naumann faßt den Plan, statt des Mahnmals eine Art Park mit Steven Spielbergs Shoa-Foundation anzulegen. Vierter Auftritt von Eberhard Diepgen: Er hält Naumanns Plan für einen mögli-

chen »Weg aus der Sackgasse«[19] und spricht sich ansonsten gegen den Eisenman-Entwurf aus. Michel Friedman nennt Diepgen einen »Heuchler«[20], weil er gegen das Mahnmal agitiere, wiewohl er zum Kreis der Auslober zähle. Die rotgrüne Regierungskoalition beschließt, daß die Entscheidung über das Denkmal am 25. Juni 1999 vom Deutschen Bundestag getroffen werden soll.
Im Dezember 98 schwenkt Michael Naumann erneut um und favorisiert nun anstelle eines Mahnmals ein Museum sowie ein Bibliotheks- und Forschungszentrum. Dieser Plan stiftet bis zum Januar 99 Verwirrung – da präsentiert Naumann überraschenderweise gemeinsam mit Peter Eisenman dessen nunmehr vierte Version: ein Kombinationsmodell zwischen Denkmal und Informationszentrum. Lea Rosh erklärt ihren Rücktritt aus dem Vorstand der Stiftung Deutsches Holocaust-Museum. Der Theologe Richard Schröder verlangt eine Neuausscheibung des Wettbewerbs. Sein Vorschlag: das fünfte Gebot aus dem Alten Testament. »Das Mahnmal sollte tatsächlich mahnen, nämlich mit den beiden Worten: ›Nicht morden‹!, und zwar in großen hebräischen Buchstaben. Der Satz könnte außerdem wiederholt werden in allen Sprachen, die Opfer der nationalsozialistischen Judenverfolgung gesprochen haben.«[21] Das würde das Problem der Hierarchisierung der Opfer lösen und dem Einwand, ein Holocaust-Mahnmal privilegiere die jüdischen vor den anderen Opfern, wirkungsvoll begegnen. Eine neue Debatten-Runde hebt an, der Rat der Evangelischen Kirchen Deutschlands begrüßt diesen Vorschlag. Februar 99, Eberhard Diepgen erklärt in seinem fünften Auftritt das laufende Auswahlverfahren für gescheitert.
Beendet ist es freilich nicht. Am 25. Juni 1999 findet die entscheidende Sitzung des Deutschen Bundestags statt. Auch Diepgen ergreift noch einmal das Wort und spricht sich ohne Wenn und Aber für ein Mahnmal aus, allerdings in anderer Form, an einem anderen Ort, mit einer anderen Intention und in einer anderen Gesellschaft: »Es ist unsinnig, das Mahnmal zu einem Lackmustest für den Reifegrad unserer Gesellschaft zu machen, zumal wir alle genau wissen, daß ein Fanatiker genügt, um den Test zum Scheitern zu bringen.«[22] Mit 314 Ja-Stimmen, 209 Nein-Stimmen und 14 Enthaltungen entscheidet sich das Plenum für den Entwurf eines

Stelenfeldes von Peter Eisenman, verbunden mit einem Ort der Information. *Das »Denkmal für die ermordeten Juden Europas« soll in Berlin errichtet werden.*

2

Daß sein Bau jetzt begonnen wird, verdankt sich weniger später Reue angesichts der Verbrechen des Naziregimes als der deutschen Wiedervereinigung. Es scheint einerseits Zufall zu sein, daß Lea Rosh und Eberhard Jäckel, nach einem Besuch von Yad Vashem, Ende der achtziger Jahre auf die Idee verfielen, Deutschland benötige eine ähnliche Gedenkstätte wie Israel, und daß dieses Vorhaben parallel zum Prozeß der sog. Wiedervereinigung Gestalt annahm. Andererseits ist es mehr als unwahrscheinlich, daß die Deutschen tatsächlich 40 Jahre lang nur vergessen haben sollten, der von ihnen begangenen singulären Menschheitsverbrechen innezuwerden, und dann aber eine nicht nur in der Geschichte der Bundesrepublik beispiellos exorbitante öffentliche Debatte über das Thema starten. Schon seit Beginn der achtziger Jahre sind in beiden deutschen Staaten auf dem Feld der »Erinnerungskultur« deutlich drei Tendenzen abzusehen: eine Renaissance des Nationalen, etwa in Form der Wiederaufstellung von Nationaldenkmälern oder des Rückgriffs auf preußische und wilhelminische Symbole, eine Akzentuierung des Gedenkens an die jüdischen Opfer des Nationalsozialismus sowie, in der DDR, eine Erosion der heroischen sozialistischen Emblematik.[23] Ziel der kulturpolitischen Strategien ist erklärtermaßen hüben wie drüben die Vermehrung internationalen Ansehens und die Repräsentation resp. Reklamation eines besseren, seiner Geschichte bewußten und entsprechend selbstbewußten Deutschland. Mit der Wiedervereinigung verwandelt sich die schleichende Annäherung durch Wandel in eine rasante, werden die bis dahin getrennten Parallel-Bestrebungen in einem dramatischen Maß forciert, denn exakt sie sind auch ihre Voraussetzung: Das neue Superdeutschland wird vor allem deshalb international – wenn auch zähneknirschend – akzeptiert, weil es die Lehren aus seiner Geschichte zu beherzigen verspricht.

Dies allein erklärt jedoch nicht, warum seit der Wiedervereinigung »der deutsche kulturpolitische Diskurs von einer einzigen Debatte dominiert (wird), die fast keine anderen neben sich aufkommen läßt«.[24] Der Grund dafür ist wohl weniger die sozusagen nachgeholte Bestürzung über die Singularität des Holocaust als die singuläre Aufgabe des expandierenden Staates, sich noch eines weiteren bzw. näheren Kapitels seiner Geschichte annehmen bzw. entledigen zu müssen: der DDR. 1989 ff. befand sich Deutschland, wie auch Henryk M. Broder aufgegangen ist, »in der einmaligen Situation, nicht nur eine, sondern gleich zwei Vergangenheiten bewältigen zu müssen ... Daß der Holocaust kein guter Einfall war, darüber sind sich die Deutschen inzwischen einig. Doch über die Frage, ob die DDR ein ›Unrechtsstaat‹ oder nur ein danebengegangener Versuch war ... gehen die Ansichten auseinander.«[25] Die Ansichten vielleicht, aber die könnte Broder auch geschenkt haben. Neben der Mahnmalsdebatte nämlich hätte es, wenn die Ansichten, von denen er spricht, irgendeine Bedeutung haben, eine zweite Debatte geben müssen, und zwar über den Verbleib der zahllosen Denkmäler, Gedenkstätten und Straßennamen in der ehemaligen DDR. »Im Osten jagt ein Bildersturm über Plätze, Straßen, Städte, Schulen und Kasernen hinweg; Denkmäler werden demontiert, Straßen, Plätze und Städte umbenannt.«[26] Der rassistische Mob hetzt Ausländer durch die Straßen, die jetzt nicht mehr »Straße der Befreiung 8. Mai 1945«, »Werner-Seelenbinder-Straße«, »Karl-Liebknecht-Straße« oder »Karl-Marx-Straße«, sondern »Dresdner Straße«, »Sarrasanistraße«, »Moltkestraße« oder »Bismarckstraße« heißen. Es ist einigermaßen irritierend, wenn die über das Holocaust-Mahnmal Debattierenden überhaupt keine Notiz von diesen Vorgängen nehmen, verstand sich doch die DDR als ein antifaschistischer Staat, der die einzig richtigen und radikalen Konsequenzen aus der Katastrophe des Faschismus gezogen zu haben meinte.

Während im Osten tabula rasa gemacht wird, als gelte es, die Existenz des anderen Staates auch symbolisch auszulöschen, kommt im wiedervereinigten Deutschland das komplette Requisiten-Gerümpel aus dem Fundus des deutschen Nationaltheaters wieder zu Ehren. 1991 werden in einem Staatsakt diverse Preußenkönige umgebettet, 1993 hievt man – ausgerechnet am »Sedanstag« – in Koblenz Wilhelm I., der 1848/49 die Demokratiebewegung zusammenschießen ließ, wieder aufs

Deutsche Eck, jenes Reiterstandbild, das Tucholsky einst einen »Faustschlag aus Stein«[27] genannt hat. Die Beispiele ließen sich, vom Brandenburger Tor bis zur Kampagne um den Wiederaufbau des Berliner Stadtschlosses, vermehren, doch eine nachhaltige öffentliche Diskussion über diese Sorte Restauration mit Ansage bleibt aus, und die Mahnmalsdebatte, blind bezüglich ihrer historischen und politischen Voraussetzungen, mag sie nicht zur Kenntnis nehmen. Die Erinnerung, der sie verpflichtet ist, scheint den Charakter einer Deckerinnerung zu haben, die das eine, die Shoa, nicht aus dem Auge verliert, alles andere allerdings, den entfesselten Bildersturm im Osten und die Reinkarnationen preußischer Obskuritäten überall in Deutschland, nicht ins Blickfeld kommen läßt. Die Mehrheit der Deutschen, welche sowohl die Abwicklung der DDR als auch die Regression in den Wilheminismus gutheißt, hat ohnedies längst begriffen, daß die symbolische Anerkennung der Verbrechen des Naziregimes der Preis ist, der für die Wiedervereinigung entrichtet werden muß. Wenn, James E. Young zufolge, »die Debatten um das Denkmal viele Deutsche mit Scham erfüllt hatten, dann doch vor allem wegen der unerquicklichen Streitereien, die sich aus ihnen ergaben, und nicht wegen des Massenmordes, der einmal im Namen der Deutschen begangen worden ist«.[28]

Und also boomen, wie auf Bestellung, seit Ende der achtziger Jahre vor allem in der ehemaligen wie künftigen deutschen Hauptstadt die Gedenk- und Erinnerungsstätten: 1988 wird die »Stätte zum Gedenken an die Judenverfolgung und -deportation« in Berlin-Tiergarten eingeweiht, 1989 die Ausstellung »Widerstand gegen den Nationalsozialismus« im Bendlerblock eröffnet; 1991 ist das Jahr der Übergabe des Mahnmals Bahnhof Grunewald an die Öffentlichkeit; 1992 kommt es zur Einweihung der Gedenk- und Bildungsstätte Haus der Wannseekonferenz und zweier Mahnmale für die ermordeten und verfolgten Reichstagsabgeordneten ebenfalls in Berlin-Tiergarten; 1993 findet die Übergabe des mehrteiligen Denkmals »Orte des Erinnerns im Bayerischen Viertel« in Berlin-Schöneberg sowie die Umwidmung der Neuen Wache in Berlin-Mitte zur zentralen Gedenkstätte der Bundesrepublik Deutschland statt; 1994 werden das »Mahnmal KZ-Außenlager Sonnenallee« in Berlin-Neukölln, das Denkmal für die ermordeten Juden von Hannover sowie das Mahnmal für das KZ Columbia-Haus in Berlin-Tempelhof eingeweiht; 1995 verzeichnet die Übergabe des Denkmals zur Erinnerung an die Bücherverbrennung, des Denkzeichens »Ehemalige Synagoge Haus Wolfenstein« in Berlin-Steglitz, der Skulptur »Frauenprotest in der Rosenstraße« in Berlin-Mitte sowie die symbolische Grundsteinlegung für den Neubau eines Dokumentations- und Ausstellungszentrums »Topographie des Terrors« in Berlin-Kreuzberg; 1996 wird ein Denkmal, welches an das Wirken jüdischer Bürger erinnert, in Berlin-Mitte enthüllt; 1997 ist das Jahr der Einweihung des Denkmals »Passagen« am Standort der ehemaligen Synagoge in Berlin-Kreuzberg; 1998 vermerkt die Einweihung des Mahnmals »Gleis 17« am Bahnhof Berlin-Grunewald; 1999 eröffnet das Jüdische Museum von Daniel Libeskind in Berlin; und im Jahr 2000 soll der Grundstein für das »Denkmal für die ermordeten Juden Europas« gelegt werden. *Daß sein Bau jetzt begonnen wird, verdankt sich weniger später Reue angesichts der Verbrechen des Naziregimes als der deutschen Wiedervereinigung.*

3

Im Land der Täter ist es nicht der Tat, sondern der Erinnerung an die Opfer gewidmet. Sein Name lautet »Denkmal für die ermordeten Juden Europas«, und er ist mit Bedacht gewählt. Die Bezeichnung macht deutlich, was das Projekt von vornherein nicht sein will: 1. ein Denkmal für die von Deutschen ermordeten Juden Europas; 2. ein Denkmal für die als Juden Ermordeten Europas, denn nicht wenige, die von den Nazis umgebracht wurden, waren getauft oder gar nicht religiös; 3. ein Denkmal für die übrigen etwa 43 Millionen Toten des Zweiten Weltkriegs, den Deutschland verschuldet und begonnen hat. Die mit der Benamsung verkoppelte Absicht ist also: 1. eine Verschleierung des Tathergangs, 2. die erneute Anwendung der Nürnberger Rassengesetze und 3. eine symbolische Fortsetzung der »Sonderbehandlung«, die schon die Nazis den Juden zuteil werden ließen. Alle drei Punkte, die das ehrenwerte Unterfangen durchaus mehr als nur ein bißchen diskreditieren, sind in der Mahnmalsdebatte durchaus zur Sprache

gekommen, ohne der Berücksichtigung für wert befunden worden zu sein.
Wäre das Denkmal nur von einem privaten Förderkreis getragen, es könnte gegen seine spezifische Adressierung wenig eingewendet werden. Selbstverständlich bleibt Menschen oder Menschengruppen unbenommen, ausschließlich ihrer Toten zu gedenken, und sie sind nicht darauf zu verpflichten, sonst jemanden in ihre Trauer einzubeziehen. Indem aber der deutsche Staat die Initiative von einem Privatverein, dem »Förderkreis zur Errichtung eines Denkmals für die ermordeten Juden Europas«, übernahm und stets als Herr des unübersichtlichen und widersprüchlichen Verfahrens auftrat – er bestimmte das Areal zwischen Brandenburger Tor und Potsdamer Platz, er korrigierte die Ergebnisse der beiden Wettbewerbe –, veränderte sich auch der Charakter des Denkmals.
Als nationales Denkmal ist es ein Skandal, eine Ungeheuerlichkeit, wenn die Opfer von Staats wegen erneut selektiert und bestimmte Opfergruppen – der Sinti und Roma, der Homosexuellen, der Kommunisten und politischen Widerstandskämpfer aller Richtungen, der Euthanasieaktionen, der Behinderten und der Sterilisierten, der als Asoziale und der religiös Verfolgten sowie der aus rassen-zoologischen Gründen Eliminierten – auf die Plätze verwiesen werden, ganz zu schweigen von den als slawische Untermenschen Getöteten, deren Zahl die der als Juden Ermordeten übersteigt. Die Einzigartigkeit und zentrale Stellung des deutschen Völkermordes an den Juden, die Ausschreibung und Konzeption des Denkmals hervorheben, ist unbestritten, doch man sollte, sie zu unterstreichen, vielleicht nicht so argumentieren, wie Eberhard Jäckel es, die Proteste der Sinti und Roma zurückweisend, getan hat: »Erstens muß jedes Denkmal, wenn es einen Anstoß zu erinnerndem Gedenken geben soll, hinreichend spezifisch und differenziert sein. Niemand wird ein Goethe-Denkmal ablehnen, solange es nicht auch an Schiller oder gar an alle Dichter erinnert.«[29] Was ein Mumpitz! Natürlich erinnert jedes Goethe-Denkmal, bei dem albernen Vergleich zu bleiben, einen an Schiller, insbesondere das Goethe-Schiller-Denkmal in Weimar, das deshalb noch von niemandem abgelehnt worden ist. Zu warnen sei, so Jäckel weiter, vor einem Mahnmahl, das »an alle und jeden erinnern«[30] wolle. Warum eigentlich?

An alle und jeden zu erinnern, und das hinreichend spezifisch und differenziert – diesem billigen Anspruch muß der deutsche Staat, wenn er mit einem nationalen Monument der Verbrechen des Nationalsozialismus gedenken will, allerdings Genüge tun.
Daß er das zu tun beabsichtigt, ist zu bezweifeln. Das Denkmal, das für die ermordeten Juden Europas gebaut werden soll, wird jedenfalls keines sein, das sich gegen die Deutschen richtet. Denn anstatt die Tat und die Täter auf eine Weise zu markieren, die ein wohlfeiles Bedauern und eine Demonstration der geleisteten zivilisatorischen Fortschritte erschwerte, lädt die so konzipierte Anlage zur Identifikation mit den Opfern ein, die nun von der Nachkommenschaft ihrer sorglos ins Reich des Vergessens dahindämmernden Henker noch nach dem Tode angekumpelt oder erneut abserviert werden sollen. »Das Verlangen nach einem Denkmal für die ermordeten Juden«, schreibt Eike Geisel, »hat als Bürgerinitiative begonnen und endet wie ähnliche Veranstaltungen der jüngeren Geschichte mit dem Bekenntnis ›Wir Deutsche‹. Dieser völkische Plural war einst an den Juden vollstreckt worden. Daß sich auch tote Juden vorzüglich als Bindemittel fürs nationale Kollektiv eignen, das erfährt man verstärkt, seit sich die Landsleute als Deutsche verabredet haben, ein ›Denkmal für die ermordeten Juden Europas‹ zu errichten. Eberhard Jäckel, der Sprecher eines Förderkreises zur Errichtung eines Denkmals, hat schon seit Jahren betont, daß es sich bei diesem Projekt ›um eine nationale Aufgabe und Verpflichtung‹ handelt.«[31]
Das Kalkül dieser frivolen Denkungsart wird deutlich, wenn es in der ersten Ausschreibung zum künstlerischen Wettbewerb für das Denkmal im April 1994 heißt: »Es ist das Deutschland von heute, das sich in Gänze dieser Verpflichtung stellt, der Wahrheit nicht auszuweichen, sie nicht dem Vergessen preiszugeben, die jüdischen Ermordeten Europas zu ehren, ihrer in Trauer und Scham zu gedenken, die Last deutscher Geschichte anzunehmen, ein Zeichen zu setzen für ein neues Kapitel menschlichen Zusammenlebens, in dem kein Unrecht an Minderheiten möglich sein darf.«[32]
Zeichen setzen für ein neues Kapitel des menschlichen Zusammenlebens: Soll das etwa bedeuten, daß bis eben munter weiter gemordet worden sei, oder nur, daß die Vergasung von Millionen Menschen ein etwas veraltetes

Kapitel des menschlichen Zusammenlebens darstelle? Nein, es muß wohl meinen: Deutschland hat kapiert, es war der falsche Weg, wir machen's jetzt anders.

Für den 1997 neu ausgeschriebenen zweiten Wettbewerb hatten die Auslober, anders als in der ersten Ausschreibung, die überhaupt keine künstlerische Aufgabenstellung enthielt, versucht, »Sinn und Aufgaben des Denkmals«[33] zu formulieren. »Der Massenmord an den Juden«, ist da zu lesen, »ist ein Verbrechen sui generis. Er steht nicht nur für die Vernichtung von annähernd 6 Millionen Juden, darunter 1,5 Millionen Kinder; er riß auch eine 1000jährige Kultur aus dem Herzen Europas. Jede Auffassung dieses Verbrechens, die es auf den Horror der Zerstörung allein reduziert, verkennt den enormen Verlust und die Leere, die es hinterließ. Die Tragödie des Massenmords an den Juden ist nicht nur, daß Menschen auf so schreckliche Weise umkamen (viele Millionen Menschen kamen ebenfalls auf schreckliche Weise ums Leben), sondern daß so viel unwiederbringlich verlorenging. Ein angemessener Denkmalentwurf wird die zurückgebliebene Leere berücksichtigen und sich nicht nur auf das Gedenken an Terror und Zerstörung beschränken. An das, was verloren ging, muß ebenso erinnert werden wie daran, wie es verloren ging. Das Deutschland von heute gedenkt mit dem Denkmal der Opfer, der Taten und des unwiederbringlichen Verlustes, der bleibenden Leere, die sie auf dem Kontinent hinterlassen haben.«[34]

Das pathetische Gerede kaschiert die Hilflosigkeit, wer hier wessen und warum zu gedenken habe, nur mühsam. Welche 1.000 Jahre die Auslober, immerhin beraten von einer Kommission mit Werner Hofmann, James E. Young, Josef Paul Kleihues u.a., auch gemeint haben mögen, die jüdische Kultur ist älter. Als reichte die Ermordung von sechs Millionen Juden nicht aus, ein Denkmal zu errichten, verweist der Text fünfmal auf den »unwiderbringlichen Verlust« und die »bleibende Leere« und verleiht so auch denjenigen Deutschen einen Opferstatus, die als Arisierungsgewinnler die »Leere« sehr schnell aufzufüllen verstanden. »Was haben wir uns angetan, indem wir die Juden umgebracht haben«[35], lautet, wie Henryk M. Broder angemerkt hat, die nicht allzu diskrete Botschaft dieser Sätze.

Die Kehrseite oder Ergänzung dieses Selbstmitleids ist, wie oft, eine unfaßbare Selbstgerechtigkeit und ein kaum verhüllter, die Deutschen schon wieder über alle anderen Völker erhebender Stolz darüber, den Denkmal-Plan überhaupt gefaßt und die dazugehörige Debatte geführt zu haben. »Normalerweise versuchen Völker«, so z.B. einer von vielen, der Weizsäcker-Zögling Friedbert Pflüger (CDU) in seiner Erklärung zur Bundestagsdebatte über das Mahnmal, »ihre Missetaten und Verfehlungen zu beschönigen, zu verschweigen oder zu verdrängen. Ich weiß von keinem einzigen Fall, wo ein Volk bisher bereit war, nach langjähriger quälender Diskussion aufgrund des Beschlusses der Volksvertretung den Verbrechen des eigenen Volkes ein Mahnmal zu setzen. Beschwert uns das nun? Laufen wir gebückt mit Asche auf dem Haupt durch die Welt, ohne Stolz, auf ewig mit einem Makel behaftet, den wir zu allem Überfluß noch selbst durch ein vermeintlich monumentales Mahnmal verstärken? Belasten wir kommende Generationen durch ein ewiges ›mea culpa‹, obwohl doch die Jungen gar nichts mehr damit zu tun haben? Das Mahnmal zeigt im Gegenteil, daß wir heute ein demokratisches, selbstbewußtes Land sind, das die Kraft und die Reife hat, sich seiner Geschichte zu stellen.«[36]

Das Argument, von Missetaten und Verfehlungen sprechend, ruiniert sich selbst und würde auch, wenn es andere Völker gäbe, die alle naselang einen Holocaust fabrizieren, ohne sich einen Gedenkstein abzunötigen, nicht schlagender, denn die Deutschen sind keineswegs der »einzige Fall« eines Volkes, das mit einem zentralen Denkmal an begangenes Unrecht erinnert. Es ist zwar kaum bekannt, aber dennoch nicht weniger wahr, daß die Kirche »Sacre cœur« auf dem Montmartre, wahrlich kein unbekanntes Bauwerk, als Sühnekirche für die Toten der Pariser Commune gebaut wurde. 1871 fanden hier etwa 24.000 Aufständische bei der Eroberung der Stadt und den anschließenden Hinrichtungen den Tod, 9.000 wurden deportiert.[37] Während allerdings die Franzosen sich alle Mühe geben, zu verheimlichen, welchem Zweck die heutige Touristenattraktion einst zugedacht war[38], trompeten es die Deutschen ohne Skrupel in die Welt hinaus, daß sie die Wiederherstellung ihres guten Gewissens beabsichtigen und sich anschicken, die Asche vom Haupt zu schütteln und wieder aufrecht zu marschieren.

Die Toten aber sind gegenüber den Ermächtigungen

des nach 1989 zur späten Siegernation des Zweiten Weltkriegs erwachten wiedervereinigten Deutschland wehrlos. Kein ordinärer Totschläger würde nach ca. zwomal lebenslänglich versüßtem Freizeitbezug auf die Geschmacklosigkeit verfallen, in einem ebenso großspurigen wie unverbindlichen kunstgewerblichen Akt Abbitte zu leisten, zumal er wüßte, daß Mord nicht verjähren und also Strafe drohen könnte. Doch die Deutschen sind keine gewöhnlichen Mörder. Nach mehr als 50 wirtschaftswundervollen Jahren haben sie keine Probleme damit, einerseits den Wehrmachts- und SS-Rentnern brav die Pension und Rente zukommen zu lassen, die sie in Form einer angemessenen Entschädigung den meisten Opfergruppen bislang vorenthalten, und andrerseits mit den Juden ganz in der alten Tradition der »Sonderbehandlung« symbolischen Ablaßhandel zu treiben. Denn das »Denkmal für die ermordeten Juden Europas« wird kein zentrales Mahnmal gegen die Verbrechen des eigenen Volkes sein, sondern ein solches substituieren. *Im Land der Täter ist es nicht der Tat, sondern der Erinnerung an die Opfer gewidmet.*

4

Vorschläge, die darauf abzielten, die deutsche Täterschaft ins Zentrum der Erinnerung zu rücken, fanden keine Zustimmung. Gegen ein »Denkmal für die ermordeten Juden Europas« scheint zu sprechen, und so war es in der Debatte immer wieder, u.a. von Michael Naumann, zu hören, daß es in Deutschland genügend authentische Erinnerungsstätten wie die ehemaligen Konzentrationslager gibt, wo der Opfer gedacht werden kann. Nach dieser Logik spräche das Mahnmal seinerseits gegen die Erinnerungsstätten und müßte sie praktisch entwerten. Es gibt Mahnmalsbefürworter, die offenbar das im Sinn haben. So hat der Berliner CDU-Fraktionsvorsitzende Rüdiger Landowsky mit dem Ziel, die rapide Zunahme von Gedenkstätten und Erinnerungstafeln in der Stadt zu stoppen, für das Holocaust-Mahnmal votiert, damit so die Geschichte zentral »bewältigt werden«[39] kann.
Die Initiatoren des Projekts betonen demgegenüber, daß die Vernichtungslager eben nicht in Deutschland, sondern in Polen und der Sowjetunion lokalisiert sind

und daß das Gedenken an dem Ort stattfinden muß, an dem die Massenvernichtung geplant und ins Werk gesetzt wurde. Lea Rosh nannte das auch »die Ermordeten zurückholen«[40] und hat mit dieser posthumen Heimholung ins Reich offenbar eine Art Konfrontationstherapie im Sinn. »Vor 20 oder dreißig Jahren«, merkte Henryk M. Broder dazu an, »hätte ein solches Denkmal in einem aktuellen Kontext gestanden: Richter, die im ›Dritten Reich‹ Terrorurteile gefällt hatten, waren noch am Leben. Die Erben der arisierten Vermögen hatten noch eine Ahnung, wie ihr Vermögen ursprünglich akkumuliert worden war. Journalisten, die der Propagandamaschine der Nazis gedient hatten, saßen, zu Demokraten gewendet, in allen Redaktionen und machten sich für die deutsch-jüdische Aussöhnung stark. In einer solchen Situation wäre ein Holocaust-Mahnmal eine Herausforderung gewesen, ein Versuch, den faulen Frieden mit einer Provokation zu stören. Kein Wunder, daß vor 20 oder 30 Jahren niemand auf die Idee kam, ein Denkmal zur Erinnerung an die ermordeten Juden zu bauen. Heute sind die Nazi-Richter längst tot, die durch Arisierung entstandenen Vermögen wurden sauber angelegt, und kaum jemand kann sich an die Namen der Journalisten erinnern, die der Propagandamaschine gedient hatten, bevor sie für die deutsch-jüdische Aussöhnung ihre Stimme erhoben. Deswegen ist die Zeit reif für ein Holocaust-Denkmal, das niemand weh tut und allen das wohlige Gefühl vermittelt, etwas Gutes getan zu haben. Es kommt dem Bedürfnis entgegen, den Opfern eine letzte Ehre zu erweisen, ohne sich mit den Tätern im eigenen Haus anzulegen.«[41]
Natürlich gab es, innerhalb und außerhalb der beiden Wettbewerbe, Vorschläge, die »Täter im eigenen Haus« nicht ganz unbehelligt davonkommen zu lassen. So hatte Horst Hoheisel bereits im ersten Wettbewerb vorgeschlagen, das Brandenburger Tor zu Staub zu zermahlen und diesen über das vorgesehene Gelände zu verstreuen. Es überrascht nicht, daß die meisten Jurymitglieder die Idee abstoßend fanden, jedoch nicht weil ihnen die geforderte Opfergabe vergleichsweise zu gering erschienen wäre, sondern weil sie ihnen schon zu viel des Guten war. Dabei hätte Hoheisel sämtliche 700 Bismarck-Mäler und 400 Wilhelm-Mäler, die in Deutschland herumstehen, noch ebenfalls zermahlen können,

ohne annähernd eine Art symbolisches Äquivalent, das ihm offenbar vorschwebt, zu erreichen. Wie fragwürdig aber die Übertragung des Prinzips der totalen Vernichtung von Menschenleben auf repräsentative Gegenstände sein mag – die Stätten des ungebrochenen deutschen Nationalbewußtseins schon mal prophylaktisch abzutragen, ist das Mindestgebot, das ein sich zu den Verbrechen seiner Geschichte bekennendes Deutschland zu befolgen hätte.

Rudolf Herz' und Reinhard Matz' Modell »ÜBERSCHRIEBEN«, im zweiten engeren Auswahlverfahren vorgestellt, sah vor, einen Autobahnkilometer der A7 südlich von Kassel aufzupflastern und diesen mit der auf einer typischen Autobahn-Schilderbrücke angebrachten Schriftzeile »Mahnmal für die ermordeten Juden Europas« zu überschreiben. Die Geschwindigkeit sollte auf 30 km/h begrenzt, an den wenige Kilometer entfernten Raststätten sollten Texttafeln mit historischen Informationen bzw. Literatur über den Holocaust bereitgestellt werden. Das ursprüngliche Mahnmalsgelände würde verkauft, der Erlös in eine Stiftung zur Unterstützung verfolgter Minderheiten fließen. Die Idee hat für sich, anders als viele Entwürfe nicht mit einer Darstellung des Holocaust zu kokettieren, dafür aber den Mythos Autobahn, ein nationales Symbol sowohl des »Dritten Reichs« als auch der Bundesrepublik, zu unterminieren. Dem Projekt eignet weder staatstragende Repräsentativität, noch ermöglicht es eine gefällige Wiedergutmachung. Es verwandelt die Betrachter nicht in passive, trostbedürftige Zuschauer, die es von tragischen Ereignisssen zu erlösen gelte, läßt sich nicht vereinnahmen und greift, indem es von ca. 40 Millionen Menschen im Jahr nicht bloß wahrgenommen, sondern auch benutzt wird, in den Alltag der Menschen ein – man kann sich ausmalen, mit welchen Reaktionen.

»Die ›Überschreibung eines Autobahnkilometers‹ zugunsten eines Mahnmals zielt nicht auf memoratives Pathos«, erläutern die Künstler, »sondern verlangt ein Sich-zurücknehmen und wird damit beständig individuelle Reaktionen und politische Auseinandersetzungen provozieren. Die gemessen am Anlaß gelinde, aber nachhaltige Störung durch Verlangsamung ... ist der Preis für die Erinnerung an den Holocaust.«[42] Dieses Mahnmal ist zweifellos an die Nachkommen der Täter adressiert und dient kaum der nationalen Identitätsbil-

dung, doch die letzte Passage des Zitats verrät, daß auch hier, als wenn dies möglich wäre, eine Rechnung aufgemacht, der »Preis des Holocaust« beglichen werden soll. Die Deutschen aber stehen nicht mit Schulden da, sondern mit einer Schuld, die nicht abzutragen ist.
Ein überzeugender Einwurf kam von Klaus Theweleit, der vorschlug, das im ersten Wettbewerb prämierte Modell der Künstlergruppe Jackob-Marks dahingehend abzuändern, daß nicht die Namen der Opfer auf der Grabplatte erscheinen, sondern deutsche Täternamen. »Wir sind«, begründete er seine Intervention, »seit 1945 in beiden Deutschlands immer und andauernd von Leuten umgeben, die sich nicht erinnern können, die vollkommen vergessen haben, und zwar nicht ihre schöne Jugendzeit, sondern ihre eigenen Taten als Erwachsene. Daraus ergibt sich für ein Holocaust-Mahnmal die Aufgabe, vor allem an die fortdauernde Anonymität der Täter zu erinnern, nicht nur an die Opfer und die Taten, die beide vergleichsweise bekannt sind.«[43] Um den verschiedenen Tat-Anteilen der Deutschen an der Judenvernichtung gerecht zu werden, hält er es, einem Vorschlag von Raul Hilberg folgend, für geboten, die Namen nach der Gruppe der Täter und der der Zuschauer zu unterteilen. In flankierenden Gesetzen soll u.a. festgehalten werden, daß die Erscheinung eines bestimmten Namens in der Täterkategorie die Nachfahren nicht zum Bezug einer Staatspension berechtige. Ein solches Denkmal würde die Deutschen vielleicht nicht unbedingt dazu inspirieren, Familienausflüge zu ihrem Namenszug zu unternehmen, aber immerhin wäre gewährleistet, daß die Namen der Täter, die ansonsten in eher ehrendem Angedenken gehalten werden, erfaßt werden wie einst ihre jüdischen Opfer. Keine Frage, daß Theweleits Idee nicht einmal diskutiert wurde. *Vorschläge, die darauf abzielten, die deutsche Täterschaft ins Zentrum der Erinnerung zu rücken, fanden keine Zustimmung.*

5

Die ästhetische Unangemessenheit fast aller Denkmal-Entwürfe ist nicht nur der Konfusion der Kunst vor der jede menschliche Erfahrung übersteigenden Dimension des Holocaust geschuldet, sondern spiegelt auch die

Konfusion der Deutschen vor ihrer Vergangenheit. Als öffentliche Kunst firmiert seit jeher eine für die Öffentlichkeit in Auftrag gegebene Kunst, die, zum einen, die bewußten und unbewußten Intentionen ihrer Auftraggeber spiegelt und, zum anderen, an bestimmte gesellschaftliche Diskurse gekoppelt ist. War zur Zeit der Renaissance die Hauptfrage, wie der zu Verewigende darzustellen sei, zu Fuß oder zu Pferde, öffneten sich im 19. Jahrhundert die Spielräume. Für Bismarck, dem damaligen Lieblingsobjekt in Deutschland, galt schon keine Kleiderordnung mehr, und so posiert er mal in Uniform und mal zivil gewandet.

Die Zeit der nationalen Kriegerdenkmäler, die sich anschloß, war die Zeit von Friedensengel und trauerndem Genius, Stahlhelm und Kreuz. Die Schrecken des Ersten Weltkriegs zu bannen, erwies sich diese Symbolik als untauglich, welchen Mangel u.a. der aufkommende Expressionismus zu kompensieren versuchte. Doch die expressionistische Zertrümmerung der Symbolik und Fragmentierung der Anschaulichkeit individualisierte die Rezeption und eignete sich nur mehr bedingt zur kollektiven Emphase.

Als die republikanische Regierung 1937 Pablo Picasso einlud, für den Pavillon seines Heimatlandes auf der Weltausstellung einen Beitrag zu leisten, schuf er sein Monumentalbild »Guernica«, das eines der bedeutendsten und symbolträchtigsten Bilder des Jahrhunderts wurde. Das Bild zeigt einen Stier sowie ein Pferd, eine Frau hält eine Lampe in der Hand. Guernica wurde am hellichten Tag bombardiert. Die, denen Picasso das Bild widmete, waren enttäuscht, und die zeitgenössischen Kommentare fanden seine künstlerische Ausdruckskraft, gemessen an der großen spanischen Bildtradition, schwach. Der Erfolg des Bildes kompromittierte aber nicht nur die letzten Reste der Anschaulichkeit, sondern er befestigte auch die Autonomie der Kunst gegenüber dem »gesellschaftlichen Auftrag«.

Die ersten Denkmäler, die den Opfern des Zweiten Weltkriegs errichtet wurden, behalfen sich mit trauernden heroischen Figuren und begnügten sich ansonsten mit Stelen, Obelisken, Namenstafeln. Hinter den Namen der Toten verschwanden Taten und Täter. Die Erinnerung und Mahnung hatte ihre Orte an den authentischen und dokumentarischen Schauplätzen oder aber sie verwies auf sie. Die moderne Kunst, die immer ab-

strakter wurde und, durch Entpersönlichung, Privatisierung und Verinnerlichung, immer exklusiver, kam in diesem Repräsentationsprozeß, wenn man von einzelnen sog. Gegen-Denkmälern etwa von Jochen und Ester Shalev-Gerz in Hamburg-Harburg oder von Horst Hoheisel in Kassel absieht, selten zum Zuge, und seither gilt als ausgemacht, daß sie mit der Darstellung des Unfaßbaren, mit der alle menschliche Erfahrung übersteigenden Dimension des Holocaust überfordert sei. Weder der Wettbewerb in London (1952/53) für den »Unbekannten Gefangenen« noch der in Oswiecim »für ein Denkmal im ehemaligen Vernichtungslager Auschwitz-Birkenau« kamen zu einem Auslober, Juroren und Kritik befriedigenden Ergebnis.[44]
Die meisten der 528 Vorschläge des ersten, später von Helmut Kohl anullierten Wettbewerbs von 1994/95, bildeten ein Konglomerat von hilflosen Äußerungen und verwirrter Geistesverfassung, Anbiederungen an die Opfer und monströsem Kitsch: Es gab mit Flakscheinwerfern oder mit an Auschwitz gemahnenden Eisenbahnschienen nachgebildete Menora-Leuchter, bronzene, mit den Wurzeln aufragende Baumstümpfe, Rieseneier, die Verletzlichkeit, und Trichter, die den Abgrund alles Menschlichen symbolisierten, und ansonsten Davidsterne sonder Zahl, ob groß oder klein, zerbrochen oder zerrissen, gefaltet oder gestapelt, tiefergelegt oder in den Himmel projiziert: Ein übermächtiger Wiederholungszwang schien die Teilnehmer ergriffen und zu einer neuerlichen besonderen Kennzeichnung der Juden getrieben zu haben. Ein 18 Meter hoher, 32 Meter im Durchmesser zählender Turm sollte ein Gefäß für das Blut der sechs Millionen ermordeten Juden vorstellen, eine als »Leerstelle« firmierende Supergrube von 80 Meter Länge, 60 Meter Breite, 50 Meter Tiefe wohl die »zurückgebliebene Leere« andeuten, von welcher allerdings erst die zweite Wettbewerbsausschreibung gesprochen hat. Ein anderes Modell füllte die leere Fläche mit sechs Millionen Löchern und einer Originaldokumente tragenden Glaswand, die eine rotierende Waschsäule umwanderte; ein weiteres kombinierte riesige Öfen, Sarkophage, glimmende Briketts und Fotos der Toten zu einer verschlungenen Betonwurst des Gedenkens. Aufsehen erregte ein Riesenrad mit Gondeln in Form von Güterwaggons, das eine »Umsetzung der Idee von der ständigen Wiederkehr des Wel-

tenlaufs« zu sein und sich »bewußt im Spannungsfeld zwischen ... Volksfest und Volksvernichtung«[45] zu bewegen vorgab.
Der offene Wettbewerb hatte die Deutschen, die sich davon offenbar gewisse therapeutische Effekte versprachen, zu einer kollektiven Bastelstunde animiert, in deren Folge nicht unbedingt das anvisierte Denkmal für die ermordeten Juden, wohl aber eines für den Geisteszustand einer Nation, die beständig das Unsagbare mit dem Unsäglichen verwechselt, zum Vorschein kam. In einem auf fünf bis zehn Jahre geschätzten Projekt wollte eine Künstlergruppe ein Mahnmal aus Kämmen errichten, die den Besuchern abgenommen werden; eine andere Gruppe regte an, ein großes Gebäude mit dem Umriß Europas zu bauen und in sein Dach 12 Millionen augengroße Löcher zu bohren. »Heutige künstlerische Kraft«, hatte es im Text der Ausschreibung geheißen, »soll die Hinwendung in Trauer, Erschütterung und Achtung symbiotisch verbinden mit der Besinnung in Scham und Schuld. Erkenntnis soll erwachsen können, auch für künftiges Leben in Frieden, Freiheit, Gleichheit und Toleranz. Das Thema und das Ziel dieses Wettbewerbs sind damit beschrieben ...«[46] – und ebenso verstanden worden. Hinwendung in Besinnung ist das eine, was diese Entwürfe und Ideen zum Ausdruck bringen, das andere eine erschlichene Symbiose mit der Identität der Toten, deren (vermeintliche) Zeichen diesmal nicht der Ausgrenzung dienen, sondern einfach angeeignet werden. Das unsägliche Befindlichkeitspathos der meisten Vorschläge bezeugte, daß die Mehrzahl der Deutschen sich noch immer als von Hitler Verführte betrachtet und letztlich selbst zum Opfer des »Hitler-Krieges« stilisiert.
Wie der im ersten Wettbewerb zum Sieger gekürte Entwurf der Künstlergruppe um Christine Jackob-Marks, eine schräg aus dem Boden aufragende begehbare Platte, auf der im Laufe der Zeit die Namen aller Ermordeten eingeritzt werden sollten, waren die ambitionierteren Projekte einer seit der Aufklärung über alle Maßen strapazierten Ästhetik der Erhabenheit und Überwältigung verpflichtet, favorisierten durchgängig die ganz große Form und den letztmöglichen Ausdruck, eine moderne Version des Kenotaphs. »Wohin man auch blickt«, resümierte Dieter Hoffmann-Axthelm den Wettbewerb, »in den vorderen Rängen sammeln sich

die Riesengräber. Grabplatten, gekippt, gerade, begehbar oder geflutet; Schächte, Höfe, öffnungslose Wände, bevorzugt Stahl, vielleicht noch spiegelnd, im übrigen Fläche, rechter Winkel, Schrift.«[47] Das Resultat dieser programmatischen Überanstrengung, mit der die Ungeheuerlichkeit der Sache erfahrbar gemacht werden sollte, war freilich die Entmündigung der Adressaten sowie, nicht zuletzt, die Proklamation von Unzuständigkeit. Das unübertroffene und zur Nachahmung nicht eben einladende Vorbild einer solchen monumentalen und megalomanen, auf Masseninszenierungen und Erhabenheit abgestellten Ästhetik stammt allerdings von den Nazis selber. Daß diese geeignet sei, das Gedenken an den ebenfalls »gigantischen und monumentalen« (Lea Rosh) Holocaust zu ermöglichen, kann nur meinen, wer den Deutschen auch mehrere Generationen nach der Exekution der Endlösung andere Repräsentationsformen nicht zumuten möchte.

Auch die meisten der eingereichten Arbeiten des zweiten Auswahlverfahrens warteten mit monströsen Lösungen und hilflosen Großmetaphern auf, um der Aufgabenstellung, und zu ihr gehörte auch der umstrittene Standort mit seinem riesigen Areal, gerecht zu werden. Wie aber lautete sie diesmal? Die Ausschreibung erläuterte sie so: »Es ist wichtig, das Denkmal nicht mit zu vielen Aufgaben zu belasten, die eine überzeugende Entwurfslösung eher behindern würden. Das Denkmal kann und soll zum Beispiel nicht die Aufgabe einer Gedenkstätte wahrnehmen, sondern soll die vorhandenen Gedenkstätten ... ergänzen und ihnen zusätzliche öffentliche Aufmerksamkeit schaffen. Gegenüber der Informations- und Dokumentationsaufgabe einer Gedenkstätte richten sich Denkmal und der Ort der Erinnerung an die kontemplative und emotionale Empfänglichkeit des Besuchers.«[48] Das ist, mit Verlaub, keine Vorgabe, die ausgreifenden Spinnereien, wie sie dann auch tatsächlich eingesandt wurden, im Wege steht. Es wäre notwendig gewesen, näher zu bestimmen, mit welchen Emotionen die Empfänglichkeit der Besucher auszustatten wäre, ob etwa Trauer, Scham, Schmerz oder der Schrecken die Kontemplation begleiten soll. Der diffuse Charakter des Gedenkens kommt den Abwehrstrategien des deutschen Staates, wie sie u.a. wieder bei der Umgestaltung der Neuen Wache deutlich wurden, zwar entgegen, wird aber schwerlich befriedigende Denkmal-Lösungen zeitigen, zumal in der ohnehin heiklen und ungeklärten Lage, in der sich die deutschen Abkömmlinge der Täter mit diesem Projekt befinden.

In einem strengen Sinn ist Rebecca Horn mit ihrer 27 Meter hohen goldenen Seelenfahne, die, von einem Hain aus roten Laubbäumen umgeben, sich aus einem von »Wänden aus Asche«[49] umschlossenen Spiegelsee erhebt, der Ausschreibung am nächsten gekommen, doch auch Markus Lüpertz' auf einem ovalen Erdhügel plazierte Bronzeskulptur der ihre Kinder beweinenden Rachel oder Gerhard Merz' in den Himmel und in den Abgrund geöffneter Betonschacht, der »die Wirkung des Unfaßbaren, der Melancholie und unstillbaren Trauer erstrebt«[50], dürfen als gelungene Interpretationen der Vorgabe angesehen werden.

Jochen Gerz' pädagogisch inspirierter und vom »Förderkreis« favorisierter Entwurf sieht 39 Lichtpole auf dem von einer Eisenplatte bedeckten Grundstück vor, die in sämtlichen Sprachen der ermordeten Juden das Wort »Warum« tragen. Ein benachbartes Dokumentationszentrum mit dem Namen »Das Ohr« sammelt die Antworten der Besucher, die in die Bodenplatte graviert werden und schließlich das gesamte Areal bedecken sollen. »Die Frage ›Warum ist es geschehen – Why dit it happen?‹ steht im Mittelpunkt des Denk- und Mahnmals, weil sie den Ansatz zum Denken und Leben nach der Shoa verkörpert.«[51] Nach dieser Konzeption, einer Weiterführung von Gerz' Harburger Mahnmal, würde das Denkmal bald mit Tausenden von möglichen und unmöglichen Gründen für die Ermordung der Juden Europas übersät sein und womöglich den Eindruck erwecken, daß diese nicht ganz grundlos erfolgt sei. Den legitimatorischen Effekt beiseite: Nicht *warum* der Völkermord stattfand – Gründe gibt's bekanntlich für alles und jeden –, sondern *daß* er stattfand und wer ihn durchführte und geschehen ließ, hätte ein solches Denkmal an solchem Ort vor allem zu vermitteln und klarzustellen.

Der mythische Grund oder Urtext, der immer wieder durch die Entwürfe und die begleitenden Debattenbeiträge der Wettbewerbe schlug, ist die Formel vom Unaussprechlichen, Unausdrückbaren, Unvorstellbaren und letzthin Unsymbolisierbaren des Holocaust. Vokabeln wie »Leere«, »Leerstelle«, »Schweigen« wurden,

nahezu alle Entwürfe zu erläutern, magisch bemüht, als wären sie die Zauberworte, die der Künstler aufsagen muß, um seinen nächsten Trick anzukündigen. Daß Kunst nicht in der Lage sei, den Holocaust »angemessen« darzustellen, ihm gerecht zu werden, seinen Schrecken zu bannen, hat Alfred Hrdlicka, einer der wenigen Vertreter der Anschaulichkeit, als »Ausrede«[52] bezeichnet. »Sicher ist eine Deportation nach Auschwitz etwas ungleich Schrecklicheres als der Versuch, dies in Wort und Bild festzuhalten, aber mit Verlaub gesagt: Das sind doch hanebüchene Überlegungen. Aber ich wüßte niemanden, dem Goyas ›Die Schrecken des Krieges‹ mehr Schrecken einflößt als ein Zahnarztbesuch.«[53] Werner Hofman hält dagegen den Begriff der »Angemessenheit« für obsolet, seit die Moderne die Kongruenz zwischen Zeichen und Bezeichnetem, Inhalt und Form preisgab. Statt allegorischer Hieroglyphen sei deshalb ein »Paradoxon« gefordert bzw. das »unähnliche Bild (imago dissimilis) ..., auf dem die Verweissysteme des Mittelalters beruhten«.[54] Möglicherweise ist es aber grundsätzlich prekär, im Fall des Holocaust Gestaltungsaufgaben der vieldeutigen Kunst zu überlassen und an Künstler zu übertragen, als vermöchten diese edlen Wesen mit ihren quasi übermenschlichen Möglichkeiten hier Zeichen zu setzen, die sowohl den überlebenden KZ-Häftling und konservativen Staatsmann zufriedenstellen, als auch der historischen Wahrheit eine gültige materielle Erscheinung verleihen.
Immerhin gibt es eine unübersehbare, hochdifferenzierte Forschung über die Ursachen und Wirkungen des Nationalsozialismus, existieren zahllose Zeugnisse von Zeitzeugen, die mit ihren Mitteln Auskunft darüber zu erteilen vermögen, was hinter der Formel vom Unaussprechlichen, Unausdrückbaren, Unvorstellbaren steht, nämlich die mit bürokratischen und industriellen Mitteln, aber auch mit Emphase und Haß organisierte Vernichtung der europäischen Juden durch die deutschen Nationalsozialisten. Gerade den Deutschen dürfen hier detaillierte Sachkenntnisse unterstellt werden, welche die Künstler jeder Verwirrung und Ratlosigkeit entheben könnten. Wenn sie jedoch auch fürderhin als Verführte ihres Führers auftreten und eine diffuse Täter-Opfer-Rolle reklamieren, wird das »Denkmal für die Ermordeten Juden Europas«, das sie sich genehmigen, eine Monstrosität bleiben müssen. *Die ästhetische Un-*

angemessenheit fast aller Denkmal-Entwürfe ist nicht nur der Konfusion der Kunst vor der jede menschliche Erfahrung übersteigenden Dimension des Holocaust geschuldet, sondern spiegelt auch die Konfusion der Deutschen vor ihrer Vergangenheit.

6

Besser als mit dem mehrfach frisierten Siegerentwurf von Peter Eisenman läßt die Bastardisierung des Gedenkens sich schwerlich auf den Punkt bringen. Die von Bundeskanzler Kohl eigenhändig abgeräumte Grabplatte von Christine Jackob-Marks hätte überall in der Welt, wo Juden ihrer Opfer gedenken, aufgestellt werden können, außer in Deutschland, wo eine derart unbefangene Symbolik naturgemäß fehl am Platz sein müßte. Dies ist leider auch von der Arbeit Peter Eisenmans (und Richard Serras) zu sagen, die für den 1997 neu ausgeschriebenen zweiten Wettbewerb entworfen wurde.

Eisenmans und Serras prämierter Entwurf sah zunächst ein Feld bzw. Labyrinth von mehr als 4.000 unterschiedlich hohen und etwa einen Meter voneinander entfernten Betonpfeilern vor. Zwar lehnen Eisenman und Serra inhaltliche und symbolische Sinngebungen ab, doch die Nähe zu einem jüdischen Friedhof, einem Grabstelenfeld, aber auch zu vorgeschichtlichen Kult- und Opferstätten ist unabweisbar. Die Pfeiler steigen allmählich in die Höhe und senken sich dann wieder zu den Seiten des Areals, wodurch eine wellenhafte, pulsierende Bewegung entsteht. Das Gelände zwischen den Pfeilern schwankt, verändert sich. Die Enge zwischen ihnen macht, daß Besucher sie nur einzeln passieren können, auf welche Weise sie isoliert und zur Entwicklung eigener Gefühle veranlaßt werden sollen. Das Mahnmal in dieser Version behindert sowohl das fragwürdige kollektive Trauerritual als auch die öffentliche Manifestation, den Staatsakt.

Grundlage seiner Konzeption ist eine Theorie der Erinnerung, die sich auf Marcel Proust beruft. Proust unterscheidet Nostalgie, welche die Dinge erinnert, nicht wie sie waren, sondern wie sie erinnert werden wollen, und eine lebendige, aktive Erinnerung in der Gegenwart, die ohne Nostalgie und Sentimentalität für die erinnerte

Vergangenheit auskommt. Daß die erste Weise, sich zu erinnern, für den Holocaust ausscheidet, muß nicht begründet werden. Eisenman und Serra forcieren die zweite, indem sie sich jedes Verweises auf historische Daten und Überlieferungen enthalten. Allein das aktuelle Erlebnis des Besuchers in der Anlage soll das vergangene Geschehen, das den Anlaß des Gedenkens bildet, evozieren. »In traditioneller Architektur«, schreiben Eisenman und Serra in der Erläuterung ihres Modells, »wie z.B. in Labyrinthen und Irrgärten gibt es ein Raum-Zeit-Kontinuum zwischen Erfahrung und Wissen: das Ziel ist, sich einen Weg hinaus und hinein zu bahnen. In unserem Monument/Denkmal gibt es kein Ziel, kein Ende, keinen Weg hinein- oder hinauszubahnen. Die Zeit der Erfahrung durch das Individuum, den Besucher gewährt kein völliges Verstehen – denn ein vollständiges, allumfassendes Verstehen ist nicht möglich. ... In diesem Zusammenhang gibt es keine Nostalgie, kein Gedenken der Vergangenheit, es gibt lediglich eine lebendige Erinnerung, die der individuellen Erfahrung, des Erlebens des Denkmals/Monuments. Heutzutage können wir die Vergangenheit nur durch eine Manifestation in der Gegenwart kennen, verstehen.«[55]

So überzeugend ist, was hier vorgetragen wird, so fragwürdig ist es auch. Eisenman und Serra bekräftigen das Autonomie-Konzept der modernen, abstrakten Kunst: die Forderung einer rein immanenten Bedeutung wie Formsprache und die Verweigerung jeder außerkünstlerischen Semantik, die etwa Nacherzählbarkeit, Sinn oder Geschichtlichkeit ermöglichte. Die auf Dadaismus und Duchamp zurückgehende Konzeption bezog Kraft und Plausibilität aus der Verächtlichmachung der hohlen Gesten von Idealismus, Bürgersinn und Nationalgeschichte. Daß die Nazis diese Kunst als »entartet« bezeichneten und verboten, heißt, daß sie sie verstanden hatten. Es heißt nicht, daß sie noch nach dem Holocaust geeignet sei, ihr provokatives und auch erhellendes Potential geltend zu machen. Und es bleibt einigermaßen rätselhaft, wie eine auf pure Selbstreferenz und unmittelbares Erleben gerichtete Installation zum Gedenken an den Holocaust gerade jene bestimmen soll, deren direkte Vorfahren ihn verursacht haben.

Ein steinerner Irrgarten, der auf nichts verweisen will, kann natürlich auf alles Mögliche verweisen oder völlige Indifferenz hervorrufen. Es leuchtet ein, daß diese

Anlage, wenn sie die ihr zugedachte Funktion erfüllen soll, einer Kontextualisierung bedarf, die eine spezifische Rezeption nahelegt und unterstützt. Allerdings würde eine solche plakative Einrichtung die konstitutive Idee des Mahnmals, eine aktuelle individuelle Erfahrung zu ermöglichen, aufheben und das Stelenfeld zu einer Art angeschlossenem Abenteuerspielplatz herabstufen. Es geht nicht anders, doch auch so geht's nicht.
Mindestens dreimal hat Eisenman, von Serra bei dieser Sorte Opportunismus bald alleingelassen, sein Modell nach Einfällen von Helmut Kohl und Michael Naumann überarbeitet. Er hat die Pfeiler mit den Namen von etwa hundert Lagern und Hinrichtungsstätten und einer Tafel mit der Zahl der ermordeten Juden versehen; er hat die Pfeiler verkleinert, ihre Anzahl reduziert, sie weiter in die Erde eingelassen und mit Bäumen umgeben; und er hat schließlich den Pfeilern ein Informationszentrum beigeordnet.
Entstanden ist so ein Themenpark, ein multimediales Arrangement, ein fauler Kompromiß zwischen moderner Kunst und Infostand, eine Art erklärter Witz, über den niemand zu lachen vermag. Es kann unterstellt werden, daß die didaktischen Ansprüche nur vorgeschobene sind und daß es Naumann vor allem darum geht, die Massen zu erreichen, die an einem modernen Kunstwerk allein nichts Verlockendes finden möchten. Die unmittelbare Wirkung des Mahnmals soll praktisch gleich aufbereitet und so, wie andere Objekte der Massenkultur, konsumierbar gemacht werden. Moderne Kunst ist, wie bekannt, kommentarbedürftig, aber würde deshalb jemand auf die Idee kommen, Picassos »Guernica« zu beschriften?
»Ich bin nicht dafür bekannt«, erklärte Eisenman der »FAZ«, »in meiner Arbeit Kompromisse zu machen, aber ich habe gelernt, daß die gelungensten Projekte im Dialog mit dem Kunden entstehen. Ich bin auch durchaus in der Lage, meiner eigenen Arbeit gegenüber kritisch zu sein, sie weiterzuentwickeln, ohne ihre Integrität zu opfern. Ich weiß aus Erfahrung, daß man eine Grenze ziehen muß, bevor die Idee verlorengeht – und diese Grenze überschreite ich nie. Unser Entwurf widersetzt sich jeder Sentimentalität und verkitschten Darstellung. Er zeigt immer noch ein Feld der Erinnerung von ungeheuren Ausmaßen.«[56] Mag sein, daß hier im Dialog mit dem Kunden die Integrität der Arbeit be-

wahrt wurde – ihre Plausibilität mitnichten. *Besser als mit dem mehrfach frisierten Siegerentwurf von Peter Eisenman läßt die Bastardisierung des Gedenkens sich schwerlich auf den Punkt bringen.*

7

Die Errichtung dieses nationalen Monuments ist Teil der symbolischen Inszenierung einer vergangenheitsbereinigten Normalität des wiedervereinigten Deutschland. Schon 1995 hat der vormalige Bundesbauminister Oscar Schneider (CSU) festgelegt, »worauf es ankommt beim ›Denkmal für die ermordeten Juden Europas‹«: »Eichmann ist tot. Auschwitz ist europäische Realität. Der Mörder ist tot, aber das Morden will nicht enden. Gegen wen richtet sich die Raserei des Krieges heute? Wieder gegen Menschen, gegen Unschuldige, gegen Frauen und Kinder, die keine Waffen tragen; die Kinder wissen noch nicht einmal, was ein Volk ist, eine Religion, eine Rasse, was politisches Erbe und historische Schuld bedeuten mögen. Wer heute Denkmäler baut, muß das Denken auf die Frage richten, weshalb trotz Uno und Menschenrechtsdeklarationen Kriege nicht aufhören, weshalb mitten in Europa alle Verbrechen, die vor dem Nürnberger Tribunal angeklagt und abgeurteilt wurden, heute wieder in Den Haag vor Gericht verhandelt werden müssen.«[57]
Auschwitz ist heute überall, wo die Deutschen nicht sind. Im Kosovo oder in Bosnien beispielsweise oder in Rostock und Hoyerswerda, Solingen und Mölln. Wenn die nach 40 Jahren plötzlich aktualisierte Trauerlust der Deutschen die eine Seite der nationalen Wiedergeburt ist, dann sind die ausländerfeindlichen Exzesse die andere. Das Zulassen der Trauer und Scham über die Verbrechen des Vorgängerstaates korrespondiert mit dem Zulassen rechtsradikaler Umtriebe in der Gegenwart. Die Korrespondenz ist nicht nur eine zeitliche, sondern auch eine politische. Sowohl die Rechtsradikalen als auch der bundesdeutsche Staat bekennen sich zu einer normalen nationalen Identität und zu einer normalisierten Fiktion der nationalsozialistischen Vergangenheit. Das alte Projekt der Neonazis, die Singularität des Holocaust zu bestreiten, ist heute Regierungsprogramm und gesellschaftlicher Konsens von rechtsaußen bis in

die Nähe der PDS. Es ist abgeschlossen, wenn dem Denkmal für die ermordeten Juden Europas und den geplanten Denkmälern für weitere Opfergruppen eine Gedenkstätte für die deutschen Opfer von alliierten, jüdischen und Partisanen-Übergriffen zur Seite gestellt wird.[58]

Die Politik der Neuen Mitte ist eine Politik der Versöhnung nicht nur des Staates mit der Wirtschaft, der Öffentlichkeit mit der Privatisierung, sondern auch der Nation mit ihrer Geschichte. Die Last der historischen Schuld soll, wie die Wettbewerbs-Ausschreibungstexte deutlich machen, zwar angenommen werden, aber nur um die Legitimation für einen neuen gesellschaftlichen Aufbruch, »für ein neues Kapitel menschlichen Zusammenlebens«[59] abzugeben. Fast jeder Redner in der Mahnmalsdebatte des Deutschen Bundestags strich eben diesen Aspekt heraus. »Aus dem politisch-praktischen Gedenken unserer mit unfaßbarem Unrecht verknüpften Geschichte«, so eröffnete Bundestagspräsident Wolfgang Thierse die Sitzung, »erwächst die moralische Gegenwartsverpflichtung und Zukunftsfähigkeit. Darum geht es.«[60]

»Zukunftsfähigkeit« heißt, wie die jüngste Vergangenheit gezeigt hat, Kriegsverwendungsfähigkeit. Sie wird inzwischen aus der deutschen Geschichte direkt abgeleitet und scheint die Pointe des Nationalsozialismus zu sein. Schröder, Scharping, Fischer begründen deutsche Kriegseinsätze heute mit der Notwendigkeit, ein weiteres Auschwitz abwenden zu müssen. Ihre infame Rhetorik macht den Holocaust zu einer Allerweltsmetapher und transformiert das mahnende Gedenken in eine Art neuen Welterlösungsanspruch. Das Holocaust-Mahnmal vermag diesen Akt der Umdeutung, mit dem aus alter deutscher Kriegsschuld eine neue deutsche Kriegsbeteiligung abgeleitet werden kann, natürlich nicht allein zu bewerkstelligen, wohl aber seinerseits zu legitimieren. *Die Errichtung dieses nationalen Monuments ist Teil der symbolischen Inszenierung einer vergangenheitsbereinigten Normalität des wiedervereinigten Deutschland.*

Anmerkungen

1 zit. nach Michael S. Cullen: *Das Holocaust-Mahnmal. Dokumentation einer Debatte* (HM). Zürich 1999, S. 279.
2 Bereits 1985 bemerkte Julius Posener: »Nach 40 Jahren habt ihr das Recht auf ein Mahnmal an diesem Ort verwirkt«, zit. nach Eike Geisel: »Die Fähigkeit zu mauern«, KONKRET 5/95, S. 48.
3 zit. nach Ute Heimrod, Günter Schlusche, Horst Seferens: *Der Denkmalstreit – das Denkmal? Die Debatte um das »Denkmal für die ermordeten Juden Europas«. Eine Dokumentation* (DD). Berlin 1999, S. 54.
4 HM, a.a.O., S. 280.
5 »Tagesspiegel«, 16.12.93, zit. nach DD, a.a.O., S. 117.
6 Rede vor dem Abgeordnetenhaus am 27.1.94, zit. nach DD, a.a.O., S. 118.
7 zit. nach DD, a.a.O., S. 30.
8 zit. nach HM, a.a.O., S. 287.
9 ebd., S. 288.
10 ebd., S. 289.
11 DD, a.a.O., S. 31.
12 zit. nach HM, a.a.O., S. 290.
13 ebd., S. 291.
14 ebd.
15 ebd., S. 292.
16 ebd.
17 »FAZ«, 12.10.98, zit. nach DD, a.a.O., S. 1145.
18 zit. nach HM, a.a.O., S. 294.
19 ebd., S. 295.
20 ebd.
21 »Die Zeit«, 21.1.99, zit. nach DD, a.a.O., S. 1210.
22 Deutscher Bundestag, Plenarprotokoll 14/48, S. 4096.
23 Für die DDR kann hier die Aufstellung des Reiterstandbilds Friedrichs II. in der Straße Unter den Linden, der Beschluß der Rekonstruktion der Synagoge in der Oranienburger Straße und die Errichtung des Thälmann-Denkmals am Thälmannpark – alles in Berlin – angeführt werden, für die Bundesrepublik die zahllosen historischen Ausstellungen und Museumseröffnungen, die Bundestagsdebatte um die Errichtung eines nationalen Ehrenmals 1984 in Bonn oder die Rede von Bundespräsident Weizsäcker 1985.
24 Barbara Kuon, »Frankfurter Rundschau«, 28.1.99, zit. nach DD, a.a.O., S. 151.
25 »Tagesspiegel«, 17.1.95, zit. nach Michael Jeismann (Hg.): *Mahnmal Mitte. Eine Kontroverse* (MM). Köln 1999, S. 89.
26 Robert Halbach: »Kommet her – und sehet...«, in: *Demontage... revolutionärer oder restaurativer Bildersturm?*. Berlin 1992, S. 93.
27 zit. nach »Freitag« 43/93, S. 11.
28 »FAZ«, 2.1.98, zit. nach DD, a.a.O., S. 973.
29 Eberhard Jäckel, »Die Zeit«, 7.4.1989, zit. nach MM, a.a.O., S. 57.

30 ebd., S. 58.
31 »Tagesspiegel«, 6.1.95, ebd., S. 235.
32 ebd., S. 177.
33 ebd., S. 839.
34 ebd.
35 »Tagesspiegel«, 22.8.97, HM, a.a.O., S. 166.
36 Deutscher Bundestag, Plenarprotokoll 14/48, S. 4145. Vgl. auch James E. Young, »Berliner Zeitung«, 18.12.99, zit. nach DD, a.a.O., S. 1187: »Da keine andere Nation je versucht hat, sich auf dem steinigen Untergrund der Erinnerung an ihre Verbrechen wiederzuvereinigen oder das Erinnern an diese Verbrechen in den geographischen Mittelpunkt ihrer Hauptstadt zu rücken, kann es nicht verwundern, daß dieser Prozeß mit derartigen Schwierigkeiten belastet ist. Wo ist denn Japans nationales Denkmal für den Überfall auf Nanking. Wo sind Amerikas nationale Denkmäler für die Sklaverei oder den Genozid an den Indianern. Wie wir Amerikaner vor zwei Jahren in Washington voller Scham feststellen mußten, konnte noch nicht einmal die Debatte über die Frage, wie der atomaren Bombardierung Japans durch Amerika im Zweiten Weltkrieg gedacht werden sollte, in der Smithsonian Institution ein Forum finden. So schwer es für Deutsche zu glauben sein mag: Die Berliner Debatte über die Zukunft des öffentlichen Erinnerns an den Holocaust hat anderen Nationen ein Beispiel gegeben, wie sie mit ihren eigenen Denkmaldämonen umgehen können.« Ebenso bereits Eduard Beaucamp, »FAZ«, 13.8.97, ebd., S. 532: »Kein zweiter Fall ist bekannt, daß ein Land in einem zentralen Denkmal nicht an einen ruhmreichen Höhepunkt seiner Geschichte, sondern an sein größtes Unheil mahnend erinnern will, an eine Verfehlung (sic!), die bis heute den Blick auf die restliche Geschichte verstellt und ihren Sinn verdüstert.«
37 »Das Erschrecken der Franzosen muß dreifach und tiefgehend gewesen sein, zuerst der verlorene Krieg, dann die Tatsache, daß wirklich ein Gegenentwurf zur bürgerlichen Gesellschaft für kurze Zeit realisiert worden war, und schließlich der Blutrausch, in dem Rache eben dafür genommen wurde. Franzosen an Franzosen. Daß dann der Bau einer Kirche der Sühne ab 1873 realisiert wurde, verdankt sich einer nationalistisch/katholischen Initiative: ›Voeu national au Sacré-Cœur‹. Die katholische Kirche, Spezialistin für Absolution, schluckt jede Schuld. Die Widerstände gegen diese Form der Sühne, ganz eingebettet in eine ebenso staatstreue wie katholisch/christliche Konvention und in Gestalt eines historisch geprägten Kirchenbaus, waren erheblich.« Georg Bussmann: »Kranzabwurfstelle oder ein Text weniger«, in: NGBK (Hg.): *Der Wettbewerb für das »Denkmal für die ermordeten Juden Europas«. Eine Streitschrift* (ES). Berlin 1995, S. 27.
38 Dazu z.B. Jean Villain: *Die großen 72 Tage*. Berlin 1975. S. 7 f.
39 vgl. Rafael Seligmann, »Der Spiegel«, 16.1.1995, zit. nach DD, a.a.O., S. 136.
40 »Taz«, 6.4.1995, ebd., S. 424.
41 »Tagesspiegel«, 17.1.95, zit. nach MM, a.a.O., S. 88.
42 Rudolf Herz, Reinhard Matz: »Überschrieben«, in: DD,

a.a.O., S. 907.
43 Klaus Theweleit, in: ES, a.a.O., S. 158 ff.
44 Vgl. Jochen Spielmann: »Der Prozeß ist genau so wichtig wie das Ergebnis«, ebd., S. 128.
45 »Der Künstlerische Wettbewerb von 1994/95«, in: DD, a.a.O., S. 392.
46 zit. nach ES, a.a.O., S. 137.
47 ES, a.a.O., S. 79.
48 zit. nach DD, a.a.O., S. 838.
49 ebd., S. 896.
50 ebd., S. 912.
51 ebd., S. 883.
52 ES, a.a.O., S. 85.
53 ebd.
54 zit. nach MM, a.a.O., S. 291.
55 zit. nach DD, a.a.O., S. 882.
56 Peter Eisenman, »FAZ«, 23.9.1998, zit. nach MM, a.a.O., S. 273.
57 »Rheinischer Merkur«, 28.7.95, zit. nach MM, a.a.O., S. 126.
58 Direkt an der armenischen Grenze hat jetzt die Türkei ein Pogrom-Denkmal aufgestellt und in Anwesenheit von Staatspräsident Süleyman Demirel eingeweiht, das keineswegs an den zwischen 1915 und 1916 von den Osmanen begangenen Völkermord an den Armeniern erinnert, sondern jener Türken gedenkt, die seinerzeit Opfer armenischer Übergriffe wurden.
59 Ausschreibung 1994/95, zit. nach DD, a.a.O., S. 177.
60 Deutscher Bundestag, Plenarprotokoll 14/48, S. 4087.

Rolf Surmann

Sternstunden

Deutscher Gedenkfleiß und die Entschädigung der NS-Opfer

September 1999: Das Hamburger Arbeitsgericht schlägt die Zahlung von 13.000 Mark als Vergleichssumme zur Entschädigung im Falle einer ehemaligen NS-Zwangsarbeiterin vor. Das Bundesfinanzministerium interveniert umgehend bei der Beklagten, der Stadt Hamburg, sie solle in die Berufung gehen, weil es von einem solchen Urteil negative Auswirkungen auf die laufenden Entschädigungsverhandlungen in den USA erwarte. Das Ministerium nimmt Anstoß daran, daß der vom Gericht befürwortete Geldbetrag deutlich höher ist als nach Ansicht der Bundesregierung die Summe für diejenigen sein sollte, die von der Industrie »vorrangig« Ausgleichszahlungen erhalten sollen. Die Klägerin, während der Nazizeit zur Arbeit auf einem städtischen Landgut gezwungen, ist nach hiesigen Vorstellungen zudem überhaupt nicht anspruchsberechtigt. Denn sie gehört zum Kreis derjenigen, die nach Regierungs-, Industrie- und Professorenlogik auf deutschen Bauernhöfen »die schönste Zeit ihres Lebens«, so der Entschädigungsberater der Bundesregierung, Lutz Niethammer, verbracht haben. Entschädigungspolitischer Alltag also im deutschen Herbst 1999.
Im übrigen werden jedoch, wenn die Umstände es erfordern, politische Glaubensbekenntnisse anderen Inhalts abgelegt. Zum Standardrepertoire gehört der Satz, die an den Verfolgten begangenen Verbrechen wären längst »wiedergutgemacht« worden. Einige Moralisten geben immerhin zu, es gebe da wohl doch noch »Vergessenes«. In staatspolitischer Hinsicht sind die Vorgaben bekannt, die Willy Brandt als Bundeskanzler und Helmut Schmidt als damaliger Finanzminister der sechsbändigen, von eben jenem Bundesfinanzministerium verantworteten Darstellung der deutschen »Wiedergutmachungs«-Geschichte voranschickten. Maßgabe: »Wiedergutmachung« als Aufgabe von größter moralischer und menschlicher Tragweite. Im Parlament wird entsprechend immer wieder gefordert, sich grundsätzli-

cher Kritik an der bisherigen Entschädigungspolitik zu enthalten, da das Thema »zu ernst« sei. Diese Haltung nimmt auch die Zeitgeschichtsforschung bei ihrer Beschäftigung mit der »Erinnerungskultur« ein. Denn ihre Auslassungen unterscheiden sich in der Regel nicht von dem, was in den Feuilletons zu lesen oder im Bundestag zu hören ist. So vernahm sie spätestens mit der Weizsäcker-Ansprache zum 8. Mai 1985 zufrieden einen »gehobenen Ton« beim Reden über die Verbrechen während der NS-Zeit. Hinsichtlich der Opfer-Entschädigung vertritt sie selbst nach Beginn der erneuten großen Auseinandersetzung über die Zwangsarbeit die Meinung: »Mehr als 50 Jahre nach dem Ende des Nationalsozialismus kann von einem aktuellen politischen Handlungsbedarf zur Bewältigung der Vergangenheit kaum noch die Rede sein.«[1] Es kommt deshalb nicht überraschend, daß deutsche Wissenschaftler sich und ihren Landsleuten eine internationale Vorbildrolle bei der »Vergangenheitsbewältigung«, so die neualte Sprachregelung, zusprechen.
In der Konsequenz bescheinigen sich Täter- und Nachfolgegeneration Großzügigkeit gegenüber ihren Opfern, während sie den letzten Überlebenden unter fadenscheinigen Vorwänden selbst am Ende des Lebenswegs eine Entschädigung zu verweigern suchen. An diesem Punkt melden sich allerdings die Moralisten zu Wort, die durchaus »Lücken« zugestehen, die deutsche Entschädigungsgesetzgebung aber auf dem Weg zu ihrer Vollendung sehen. Eine solche Position ist nicht nur zynisch, weil die meisten Opfer längst gestorben sind, ohne je – wie dürftig auch immer – entschädigt worden zu sein. Sie ist auch ignorant, weil die Entschädigungspolitik ab 1969 – seither sind Neuanträge nach dem Bundesentschädigungsgesetz (BEG) nicht mehr möglich – in ihrem Kern tatsächlich zum Abschluß gekommen ist. Zwar haben die Verfolgten selbstverständlich weiterhin für ihre Rechte gekämpft und auch einige Änderungen durchgesetzt, aber die abgetrotzten Zahlungen waren lediglich Almosen, die sogar nach dem BEG-Standard nicht dem Niveau systematischer Entschädigungsleistungen entsprachen. Insofern hat das Schlußgesetz in den 60er Jahren durchaus einen Schlußstrich zu ziehen vermocht, der nach wie vor gilt.
Die aktuelle Entschädigungsdebatte ist deshalb nach vorherrschendem Verständnis ein Anachronismus. So-

wohl die Bundesregierung wie auch verklagte Unternehmen weigern sich folglich, von Entschädigung zu sprechen – so problematisch auch dieser, im Unterschied zur »Wiedergutmachung« wenigstens etwas bescheidenere Begriff ist. Sie bevorzugen Worte wie »humanitäre Leistungen« oder »moralisches Projekt« und verhöhnen mit diesen Euphemismen ihre Opfer ein weiteres Mal, weil sie nichts anderes bedeuten, als daß die Anerkennung von Rechten oder, in der israelischen Diktion, von materiellen Ansprüchen verweigert wird. So besteht nicht nur ein Gegensatz zwischen dem »gehobenen Ton« und der Bereitschaft, die letzten noch lebenden NS-Opfer für ihre Leiden zu entschädigen. Der Blick auf die Taten ermöglicht auch eine Wertung der Worte.

Raub, Vernichtung und ein »kleiner Kompromiß mit dem Teufel«

Die Bereitschaft der Siegermächte, den Deutschen die Möglichkeit einzuräumen, durch Entschädigungsleistungen von ihren Verbrechen abrücken und sich wieder staatlich organisieren zu können, war durchaus nicht selbstverständlich. Am bekanntesten ist wohl die Haltung des US-Finanzministers Henry Morgenthau geworden, der darauf bestand, nach den Erfahrungen des Ersten und Zweiten Weltkriegs Deutschland strukturell kriegsunfähig zu machen. Er mißtraute deshalb auch Plänen zur Integration der Westzonen in die Weltwirtschaft, selbst wenn so die Voraussetzungen für Entschädigungsleistungen an die überlebenden Opfer der Deutschen verbessert worden wären. Denn er fürchtete, daß angesichts solcher Zugeständnisse die Dominanz Deutschlands in Europa langfristig nicht gebrochen werden könne und der Frieden früher oder später erneut gefährdet sein würde. Eine Einigung kam nicht zustande. Die Entscheidung fiel schließlich mit dem Beginn des Kalten Kriegs und dem Entschluß Trumans, Morgenthau zum Rücktritt zu zwingen. Fortan galt für die US-Regierung, sich »auf einen kleinen Kompromiß mit dem Teufel ein(zu)lassen, um die Dinge wieder ins Laufen zu bringen«. Man setzte im Kalten Krieg auf die »Lokomotive Deutschland«, von der dann durchaus Zeichen eines Goodwill gegenüber den NS-Opfern erwartet wurden. Die Vorteile, die sich hieraus für die Bundesrepublik ergaben, sind nicht zu unterschätzen. Denn hätte sie für die Verbrechen voll aufkommen müssen, dann wären selbst unter rein wirtschaftlichem Aspekt die Ressourcen für ein »Wirtschaftswunder« kaum vorhanden gewesen.

Dies wird schon bei einem knappen Blick auf die Dimension des Verbrechens deutlich. So schreibt Raul Hilberg grundsätzlich über die Konsequenzen des Mordes an den europäischen Juden: »Wenn wir den Schaden abschätzen sollen, der den Juden von Deutschen zugefügt wurde, müßten wir das Leiden und Sterben der Opfer berücksichtigen; wir würden die Wirkung dieser Todesfälle auf jene zu ermessen haben, die den Opfern am nächsten standen; wir müßten uns Gedanken machen über die Langzeiteinflüsse des gesamten Vernichtungsprozesses auf das Judentum als Ganzes. All dies summiert sich zu einem riesigen, nicht abschätzbaren Verlust.«[2]

Angesichts des menschlichen Leids sind die Auswirkungen der NS-Raubpolitik scheinbar zweitrangig. Diese ist jedoch nicht nur wegen ihrer zerstörerischen Stringenz von Bedeutung, sondern auch wegen ihres systematischen Zusammenhangs mit der Vernichtung von Menschen. Wiederum Raul Hilberg beschrieb die ineinandergreifende Struktur von Raub und Vernichtung auf jeder Stufe der Verfolgung: den Raub von Berufen, Geschäften, Ersparnissen, Löhnen, Anspruch auf Ernährung und Schutz und schließlich von letzter persönlicher Habe bis hin zu Unterwäsche, Goldzähnen und Frauenhaar. Er faßt zusammen: »Die beiden organischen Prozesse des Todeslagers, Beschlagnahmungen und Vernichtungen, wurden also zu einem einzigen Verfahren verschmolzen und synchronisiert, was das völlige Gelingen beider Operationen garantierte.«[3] Die Rückerstattung von Raubgut darf deshalb nicht nur als ein Ausgleich für materielle Verluste gesehen werden, sondern sie ist auch ein unabtrennbarer Teil der Entschädigung für Verfolgung und Vernichtung.

Der World Jewish Congress (WJC) hat 1997 eine erste Überschlagsrechnung des materiellen Schadens auf jüdischer Seite vorgelegt. Er ging dabei von der Voraussetzung aus, daß Juden in den meisten Staaten unter deutscher Kontrolle ihres Besitzes und ihrer Habe fast vollständig beraubt wurden. Hieraus ergibt sich, daß

der Umfang des ursprünglichen Besitzes weitgehend identisch ist mit den erlittenen Verlusten. Der WJC kommt so auf eine Mindestschadenssumme von mehr als 8.000 Millionen Dollar. Im einzelnen sind dies u.a. 2.100 Millionen Dollar in Polen, 2.000 Millionen in Deutschland, 600 bis 800 Millionen in Frankreich, 350 bis 400 Millionen in Österreich, 200 Millionen in den Niederlanden und 60 bis 80 Millionen in Griechenland.
In welchem Ausmaß die deutschen Banken, vorneweg die Dresdner und die Deutsche Bank, an diesen Raubzügen verdienten, zeigen Dokumente, die Anwälten von der österreichischen Creditanstalt, bis 1945 zur Deutschen Bank gehörig, kürzlich ausgehändigt worden sind. Michael Hepp von der »Stiftung für Sozialgeschichte des 20. Jahrhunderts« hat auf dieser Grundlage neue Zahlen errechnet. Er geht davon aus, daß allein im Deutschen Reich jüdisches Vermögen im Wert von 14,3 Milliarden Reichsmark vorhanden war, das zu über 80 Prozent konfisziert oder vernichtet wurde. Dies ergibt eine Schadenssumme von 10,3 Milliarden Reichsmark. Multipliziert man sie mit dem üblichen (Wertsteigerungs-)Faktor 10, so ergeben sich allein hieraus »Arisierungs«-Gewinne von mehr als 100 Milliarden DM. Daneben wurden zum Beispiel allein in Warschau Immobilien im Wert von zirka einer Milliarde und in den Niederlanden Besitz in Höhe von mehr als einer Milliarde Reichsmark angeeignet. Die Banken haben bei diesen »Arisierungen« drei bis fünf und manchmal bis zu zehn Prozent des Werts als Provisionen erhalten, was einer Summe von zirka zwei Milliarden Mark entspricht. Hinzu kommen noch Verkaufsgewinne, wenn sie den Raub auf eigene Rechnung durchführten. Entsprechende Profite aus dem Ausland – sie dürften noch höher liegen – sind bei diesen Berechnungen, die erst am Anfang stehen, kaum berücksichtigt.
Doch blieb es gerade im Verlauf des Vernichtungskriegs nicht bei der Usurpation jüdischen Besitzes und beim Raub von Nahrungsmitteln und landwirtschaftlichen Maschinen, Werkzeugen und Produktionsanlagen, Rohstoffen und Edelmetallen, Kunst- und Kulturschätzen, Schmuck und Bargeld, Aktien, Lebensversicherungen und Immobilien. Die Deutschen raubten auch Menschen. Im Sommer 1944 waren es zirka 7,5 Millionen Frauen und Männer, die als Zwangsarbeiterinnen und Zwangsarbeiter die Rüstungsproduktion aufrecht-

erhalten und generell der Nazi-Gesellschaft als Arbeitskräfte zur Verfügung stehen mußten. Insgesamt waren es in den Jahren der Nazi-Herrschaft an die zwölf Millionen Menschen. Nach Berechnungen von Thomas Kuczynski haben deutsche Privatunternehmen und der Staat »in nahezu unvorstellbarem Maße« an diesen nach Deutschland verschleppten Zwangsarbeitskräften verdient. An heutigem Lohnniveau und Lebensstandard gemessen, ergibt sich ein Betrag von rund 180 Milliarden Mark, der allein den Zwangsarbeiterinnen und Zwangsarbeitern als Entschädigung zu zahlen wäre.
Wie weit die Vernutzung von Zwangsarbeit verbreitet und akzeptiert war, zeigt sich daran, daß zirka 500.000 Mädchen und Frauen aus Osteuropa von den Deutschen in bäuerlichen und städtischen Haushalten als »Dienstmädchen« gehalten wurden. Sie gehörten zu jenen, denen man Gelegenheit gab, hier »die schönste Zeit ihres Lebens« zu verbringen. Wie diese Zeit für viele wirklich aussah, ist in Interviews nachzulesen, die Annekatrin Mendel aus eigener Initiative und abseits der akademischen Forschung mit »Ostarbeiterinnen« geführt hat. Ihr Fazit: »Sie wurden als Unpersonen im Haushalt festgehalten. Hinweise hierfür finden wir in den Geschichten: Die Mädchen wurden ihres eigenen Vornamens beraubt, sie bekamen sehr schlecht zu essen, wurden während des Essens von den Familien getrennt und mußten körperliche und seelische Qualen (übelste Beschimpfungen, Schläge, Angespucktwerden, Verweigerung medizinischer Hilfe) ertragen. Frau Anka C. mußte einen Tag nach ihrer Fehlgeburt wieder Hof- und Stalldienste tun – sie blutete danach zwei Monate lang und ist immer noch krank.«[4]
Falls mit dem intendierten Ausschluß dieser Frauen aus dem »humanitären Projekt« der deutschen Zivilgesellschaft hervorgehoben werden soll, daß man hierzulande »noch ganz anders« kann, so weiß die Welt dies längst. Denn für andere war zum Beispiel bei ihrer »Vernichtung durch Arbeit« nur eine Lebensdauer von neun Monaten vorgesehen. Wie sich ihre Ermordung für die deutsche Gesellschaft rechnete, wird an einer Kalkulation der SS erkennbar, die diese am Beispiel der Arbeitssklaven bei Dynamit Nobel erstellte – einem Unternehmen des Industriellen Flick im übrigen, der an den Unterhändler der Bundesregierung in Sachen Entschädigung von Zwangsarbeit, Lambsdorff, in den 80er Jahren

illegale Parteispenden übergeben ließ. Als täglichen Verleihlohn setzte sie sechs Mark abzüglich 60 Pfennig für Ernährung ein. Die durchschnittliche Lebensdauer veranschlagte sie mit neun Monaten, zog hiervon zehn Pfennig pro Tag für Bekleidung ab und kam auf einen Gewinn von 1.431 Reichsmark. Zu diesem Betrag rechnete sie noch einen »Erlös aus rationeller Verwertung der Leiche« hinzu. Er setzte sich aus Zahngold, Kleidung, Wertsachen und Geld zusammen. Allerdings zog sie dann hiervon zwei Mark als Verbrennungskosten ab, so daß sie auf einen »durchschnittlichen Nettogewinn« von 200 und einen »Gesamtgewinn nach neun Monaten« von 1.631 Reichsmark kam.[5]
In den Nürnberger Prozessen war die Vernutzung von Zwangsarbeit ein zentraler Anklagepunkt. Im Urteil hieß es: »Das Sklavenarbeitsprogramm verfolgte zwei Zwecke, die verbrecherisch waren. Der erste Zweck war ... die Erfüllung der Arbeitsanforderungen der Nazi-Kriegsmaschinerie ... Der zweite Zweck war die Vernichtung und Schwächung der Völker, die von den Vertretern der Nazi-Rassenlehre als minderwertig oder von den die Weltherrschaft anstrebenden Nazis als mögliche Feinde betrachtet wurden.«

»Wiedervereinigung« und alte Schuld

Die weltpolitischen Gründe, warum der westdeutsche Staat – die DDR hatte in einem Ausmaß Reparationen zu leisten, daß sich westdeutsche »Beobachter« schon Sorgen über die Ausplünderung Deutschlands machten – Entschädigungszahlungen an den überwiegenden Teil der NS-Opfer verweigern konnte, sind in der aktuellen Debatte oft benannt worden. Im Londoner Schuldenabkommen von 1953 zwischen den Westmächten und der Bundesrepublik wurden alle Reparationszahlungen, hierunter rechnete man auch die Forderungen von NS-Opfern mit Wohnsitz außerhalb Westdeutschlands, auf den Zeitpunkt des Abschlusses eines Friedensvertrags verschoben. Der deutsche Weststaat sollte im Kalten Krieg nicht übermäßig belastet werden. Zwar wurde dieses Prinzip der Entschädigungsverweigerung gegenüber Israel und, abgeschwächt, gegenüber elf westeuropäischen Staaten durch Separatabkommen relativiert, doch führte diese Regelung letztlich dazu, daß nach bundesdeutscher Entschädigungslogik zirka zehn Prozent der Opfer ungefähr 90 Prozent der Zahlungen erhielten.[6] Ausschlaggebend hierfür war, daß sich die Bundesregierung weigerte, an NS-Opfer mit Wohnsitz in Staaten, zu denen sie keine diplomatischen Beziehungen unterhielt, Entschädigung zu leisten. Der Ausschluß betraf also vor allem die NS-Verfolgten mit Wohnsitz in den osteuropäischen, den »kommunistischen« Staaten. Diese Diskriminierung wurde auch im Verlauf der »Neuen Ostpolitik« nicht beseitigt. Doch spätestens nach dem 1990 abgeschlossenen 2+4-Vertrag, der als Quasi-Friedensvertrag gilt, ist die Ignoranz gegenüber den NS-Opfern in Osteuropa nicht länger in dieser krassen Form aufrechtzuerhalten. Das zentrale Thema in den 90er Jahren war deshalb *ihre* Entschädigung.

In welcher Weise sich die politische Klasse des einigen Deutschland zu dieser Aufgabe verhalten würde, wurde schon früh in der Bundestagsdebatte zur Anerkennung der Oder-Neiße-Linie als westlicher Staatsgrenze Polens deutlich, die von der DDR bereits in den 50er Jahren vollzogen worden war. Hauptinteresse war, dieses »Entgegenkommen« mit Reparations- und Entschädigungsansprüchen von polnischer Seite zu »verrechnen«, um zu vermeiden, daß in Zukunft »unabsehbare Lasten« auf die Deutschen zukämen. Zudem ging es um die Brechung des »Tabus der Existenz von Deutschen im polnischen Machtbereich« und nicht zuletzt um die »Schuld, die nicht einseitig verteilt« sei (Kanzleramtsminister Bötsch). Grundsätzlich äußerte sich hierzu der damalige Bundeskanzler Kohl: »Vor dem Hintergrund von Forderungen, die gerade in den letzten Wochen von verschiedenen Seiten laut geworden sind, kann ich und kann auch die Bundesregierung nicht umhin, auf Klarheit auch in der Frage sogenannter Reparationszahlungen zu bestehen.« Klarheit bedeutete, daß diese Forderungen endgültig fallengelassen werden müßten.

Während die Grünen sich darauf spitzten, zwischen Reparations- und Entschädigungsforderungen zu unterscheiden, um »aus moralischen Gründen« persönlich erlittenes Unrecht mit Kleinstbeträgen zu entschädigen, kam vom Fraktionsvorsitzenden der SPD, Jochen Vogel, die eigentlich interessante Entgegnung. Kohl habe »ohne einen vernünftigen Grund« das Thema deutscher Reparationszahlungen »herbeigeredet«. Mit Nachdruck wies Vogel den Kanzler darauf hin, »welche Angst Sie damit gerade den Deutschen in der DDR einjagen, die wahrlich genug Reparationen bezahlt haben«. Und noch einmal: »Verstehen Sie denn nicht, daß es geradezu als Einladung aufgefaßt wird, wenn ausgerechnet der Bundeskanzler der Bundesrepublik Deutschland jetzt anfängt, von deutschen Reparationen zu reden?« Zwischenruf von Alfred Dregger (CDU): »Wollen Sie welche zahlen?«[7]

Damit waren die Positionen in der entschädigungspolitischen Kontroverse der 90er Jahre umrissen. CDU/CSU machten unverhohlen deutlich, daß sie eigentlich überhaupt keine Zahlungen mehr leisten wollten, statt dessen an einer Neubewertung historischer Schuld interessiert waren und auf dieser Grundlage deutsche Interessen gegenüber den osteuropäischen Staaten verstärkt durchsetzen wollten. Die SPD forderte mehr Geschmeidigkeit, um eine internationale Debatte über diese Fragen erst gar nicht aufkommen zu lassen. Die Grünen wiederum vollendeten den sozialdemokratischen Gedankengang, indem sie am entschiedensten darauf beharrten, durch symbolische Zahlungen an die NS-Opfer dem Thema die Schärfe zu nehmen. Als habe er die kommende Auseinandersetzung vorausgesehen, formulierte ihr Abgeordneter Lippelt: »Auch den, der zu spät zahlt, bestraft das Leben.«

In diesem Geist wurden angesichts des internationalen Drucks neben der Stiftung »Polnisch-deutsche Aussöhnung« entsprechende Einrichtungen für »Verständigung und Versöhnung« in Rußland, Weißrußland und der Ukraine geschaffen. Bei ihnen allen geht es lediglich um »humanitäre Ausgleichszahlungen« in Form von Pauschalbeträgen, um Almosen also. Eine systematische Entschädigungsregelung ist konsequent vermieden worden. Obwohl bereits 1992 auch mit Tschechien ein Vertrag abgeschlossen wurde, kam der vereinbarte »Zukunftsfonds« erst 1998 zustande. Hauptstreitpunkt war die deutsche Forderung nach Vertretung der Sudetendeutschen im Stiftungsrat und nicht zuletzt das Ansinnen, die tschechische Regierung möge die Benes-Dekrete aufheben. Das meint nicht weniger als die Aufhebung der staatsrechtlichen Konsequenzen des Zweiten Weltkriegs.

Wie hart diese Verhandlungen geführt wurden und werden und wie unnachgiebig sich die Bundesregierung ver-

hält, zeigt sich an ihrer Position gegenüber den NS-Verfolgten in den baltischen Staaten. Eigentlich eine Marginalie, wurde sie zu einem Problem, weil zunächst »übersehen« worden war, daß diese Staaten aus dem sowjetischen Staatenbund ausgeschieden waren und deshalb eine gesonderte Regelung getroffen werden mußte. Zu einer Fondslösung war die Bundesregierung jedoch nicht bereit, da ihr angesichts der geringen Gesamtsumme die Verwaltungskosten zu hoch erschienen. Einer individuellen Regelung wollte sie aber auch nicht zustimmen, weil sie einen Präzedenzfall befürchtete, der die günstigen Globalabkommen mit den anderen osteuropäischen Staaten (»Dieses Angebot ... liegt im Vergleich zu den dort lebenden Opfern natürlich erheblich höher als die Mittel, die wir für Moskau, für Minsk, für Kiew zur Verfügung stellen konnten«) gefährden könnte. Eine interfraktionelle Abgeordnetengruppe hatte sich deshalb des Themas angenommen und in gebührender Bescheidenheit um eine »humanitäre Geste« gebeten.
Die parlamentarische Aussprache hierüber geriet zu einer Demonstration des Einfühlungsvermögens in die Befindlichkeit der NS-Opfer und nicht zuletzt in die der Deutschen selbst. Unter dem Motto »Blicken Sie diesen Menschen einmal ins Auge« fabulierten die Abgeordneten darüber, was »uns die Ermordeten, könnten sie reden, heute sagen (würden) – von ihrer Lebenslust, von ihrer Todesangst, von ihrer unendlichen Qual, von ihrer überwältigenden Verzweiflung«. Hirsch Glick wurde mit der Zeile »Sag niemals, daß es dein letzter Gang sei« zitiert und auch Mordechaj Gebirtig nicht ausgelassen. Selbst einen Sprecher der Überlebenden führte man mit der Versicherung an, angesichts ihres hohen Alters müsse der deutsche Staat nicht sehr lange mit Belastungen rechnen. Daneben verschwieg man nicht die Befürchtung, daß die Schützlinge allerdings auch die »Chance der Auswanderung« wahrnehmen könnten, »weil sie im Westen oder in Israel Ansprüche haben, die ein Vielfaches von dem ausmachen, was sie zum Leben in Litauen oder Lettland benötigen«. Besonders eindringlich wurde dieser politische Vorstoß – die Zahl von 300 bis 400 überlebenden KZ- und Ghettohäftlingen war genannt worden – durch die Versicherung: »Es sind wirklich nur noch so viele.« Lebhaften Beifall im ganzen Hause vermerkte das Protokoll folglich nach dem Satz: »Es sollte für Deutschland eine

selbstverständliche Geste der Menschlichkeit sein, den in den baltischen Staaten lebenden Opfern durch regelmäßige persönliche Zuwendungen wenigstens ihren Lebensabend etwas erträglicher zu gestalten.«
Ein Happy-End war dennoch nicht vorgesehen. Es scheiterte nicht etwa daran, daß die Abgeordnete Ulla Jelpke zunächst ein wenig Wasser in den Wein der Erinnerung schüttete, als sie darauf verwies, daß die NS-Opfer leer ausgingen, »während die Veteranen der SS gleich das Siebenfache der normalen lettischen Rente durch die BRD ausgezahlt bekommen«. Oder daß sie obendrein aus einer »Panorama«-Sendung ein Mitglied der Waffen-SS zitierte, das bekannte, nie daran gedacht zu haben, »daß einmal wieder eine Zeit kommen werde, in der seine Dienste für Hitler vom deutschen Staat honoriert würden«.[8] Spielverderber waren die NS-Opfer selber. Sie fühlten sich durch die Zubilligung von 20 bis 40 Mark pro Monat, je nach Definition des Berechtigtenkreises, verhöhnt. In einem Offenen Brief schrieben sie: »Wir sind zu einem vernünftigen Kompromiß bereit, doch die deutsche Regierung behandelt uns als Bettler, denen gegenüber man weder moralische noch rechtliche Verpflichtungen hat.«
Diese Sitzung des Bundestags ist aufschlußreich, aber nicht außergewöhnlich. Denn spätestens seit den 80er Jahren ist es durchaus üblich, daß Abgeordnete sich von ihrem Zusammentreffen mit NS-Opfern beeindruckt zeigen und derartige Events gar als »Sternstunden« bezeichnen. Doch gehört es zur parlamentarischen Normalität, morgens in großer Zahl eindrucksvoll zu »gedenken« und abends mit der »Stallwache« Entschädigungsanträge abzulehnen. Diese Haltung meinte Alexander Bergmann, Vorsitzender des Vereins der ehemaligen jüdischen Ghetto- und KZ-Häftlinge Lettlands, als er schrieb: »Ich finde es eine zynische Art, Tränen beim Jahrestag von Auschwitz zu vergießen und zur selben Zeit die letzten übriggebliebenen Häftlinge zu übergehen, als ob sie nicht existierten – es gibt nur ein Andenken an sie.«

Belastete Gegenwart

Es mag sein, daß, wer unfähig zu trauern ist, auch die Opfer vergißt. »Vergessene Opfer« lautete jedenfalls das Schlagwort, das in den 80er Jahren für die Kritik an der Praxis der Entschädigungspolitik stand. Sie thematisierte darüber hinaus das Andauern ihrer Diskriminierung und Verfolgung. Homosexuelle und Kommunisten, Wehrmachtsdeserteure und Roma und Sinti stehen bekanntlich für diesen Personenkreis. Nach anfänglichem Sträuben hielt selbst der Bundestag Anhörungen ab, und deutsche Abgeordnete zeigten sich über den Umgang mit NS-Opfern in dieser Gesellschaft betroffen. Es wurde also der Grundstein dafür gelegt, daß Parlamentarier so über die Verfolgten des NS-Regimes reden können, wie oben skizziert.

Dem entsprach die Beschlußfassung. Lediglich eine einmalige Zahlung von 5.000 Mark wurde einigen zugestanden, andere blieben weiterhin vollständig ausgegrenzt. So wundert es nicht, daß stellvertretend für viele der Bundesverband Homosexualität 1995 resümierte: »Die 1988 pathetisch zur ›endgültigen Schlußregelung‹ deklarierte Einrichtung eines weiteren Härtefonds erweist sich nunmehr immer deutlicher als unsägliche Mogelpackung, als neuer Schlag in das Gesicht der Betroffenen, als Fortschreibung der Ausgrenzung ganzer Gruppen nur mit subtileren Mitteln.« Die VVN erklärte knapp: »Die bisher schon von jeglicher Entschädigung ausgeschlossenen NS-Opfer bleiben bis auf wenige Ausnahmen auch weiter moralisch und materiell geächtet.«

Doch der Versuch, die Forderungen abzublocken und einen Schlußstrich zu ziehen, mißlang. Andauernde Ausgrenzung und Entschädigungsverweigerung von Verfolgtengruppen blieben auch in den 90er Jahren ein wichtiger Punkt der Auseinandersetzung. Dabei ging es jedoch nicht allein darum, Verantwortung für die NS-Verbrechen zum Vorteil Deutschlands und seiner Bürger pauschal zu verweigern. So viel hätte die Bereinigung dieser Angelegenheit den Finanzminister denn doch nicht gekostet. Vielmehr lag die Schwierigkeit darin, daß Anerkennung und Entschädigung dieser Opfer auch eine Abgrenzung von den Verbrechen unter dem Naziregime erforderlich machten. Es ging also um diejenigen Aspekte des Nationalsozialismus, die auch die Gesellschaft der Bundesrepublik präg(t)en. Das Problem war die belastete Gegenwart.

Beispielhaft hierfür stehen die Opfer der NS-Militärjustiz. Mehr als 50.000 Todesurteile hatte sie ausgesprochen, zirka 15.000 wurden allein gegen Deserteure auch vollstreckt. Mochten die Richter, sofern sie Konservative waren, die Bluttaten mit ihrem Ideal der »Manneszucht« gerechtfertigt, mochten sie als Nationalsozialisten den »Schutz der Gemeinschaft« vor Augen gehabt und von »Treue« geschwärmt haben: Sie waren sich darin einig, daß es Meuterei und Aufstand wie am Ende des Ersten Weltkriegs nie wieder geben dürfe. Diese Übereinstimmung hatte auch nach 1945 Bestand. Die Richter setzten, wie andere »Eliten« der NS-Zeit auch, ihre berufliche Karriere fort oder bekleideten, wie der ehemalige Marine-Richter Filbinger, andere hochrangige Ämter. Zweien von ihnen, Otto Peter Schweling und Erich Schwinge, gelang es sogar, mit der Darstellung ihrer eigenen Geschichte als Blutrichter beauftragt zu werden. Das 1978 erschienene Buch *Die deutsche Militärjustiz in der Zeit des Nationalsozialismus* galt und gilt manchen noch heute als Standardwerk. Erst in den 80er Jahren gelang es ihren Opfern, den eisernen Ring gesellschaftlicher Demütigung und Verachtung zu durchbrechen und eine Aufhebung der Urteile gegen sie sowie Entschädigung zu fordern. Seitdem verhandelt der Bundestag hierüber. 50 Jahre nach Ende des Kriegs, zum 8. Mai 1995, war ihre Rehabilitierung definitiv in Aussicht gestellt worden. Doch auch dieser Tag verstrich ohne einen Beschluß.

Neben dem Umstand, daß die NS-Militärjustiz von Konservativen geprägt war und gerade deren Zusammenarbeit mit den Nationalsozialisten verdeckt werden soll, treibt Konservative über Parteigrenzen hinweg vor allem das Problem um, Legalität und Legitimität auch der NS-Militärjustiz bewahren zu wollen. Deshalb bestreiten sie zunächst, daß es sich bei den Urteilen um NS-Unrecht handle. Sie verweisen auf andere Staaten, in denen es ebenfalls eine Militärjustiz gebe, die zudem Todesurteile gefällt habe. (Die USA vollstreckten 146, Britannien 40.) Entsprechend sperren sie sich gegen die pauschale Aufhebung der Urteile und setzen ihr die »Einzelfallprüfung« insbesondere bei Deserteuren entgegen. Im Umkehrschluß rechtfertigen und loben sie die Bereitschaft der Landser zum bedingungslosen Mitmachen. Das ist nicht nur politischer Opportunismus. Denn hinter Verständnis und Fürsorge dieser Art steckt die Forderung nach Verfügbarkeit. Hier wird das aktuelle Interesse erkennbar.

Rolf Surmann

Der Bundesgerichtshof hat diese Sichtweise 1964 mit den Worten gestützt, kein Staat könne den Bürgern die Entscheidung darüber zugestehen, ob ein Krieg gerechtfertigt sei oder nicht. In der aktuellen Diskussion bestreiten gerade Kritiker der NS-Militärjustiz jedoch, daß der Ausgang dieser Kontroverse Auswirkungen auf die Bundeswehr und auf die heutige Gesellschaft habe. Ein zentrales Argument dabei ist, daß ein Angriffskrieg durch das Grundgesetz verboten, die heutige Lage deshalb mit der damaligen nicht vergleichbar sei. Dieser Argumentation zufolge macht es also die prinzipielle Distanz möglich, sich vom konservativ-nationalsozialistischen Autoritarismus, wie er sich in der NS-Militärjustiz ausdrückte, loszusagen.
Am 15. Mai 1997 hat der Bundestag schließlich festgestellt, daß Urteile wegen Kriegsdienstverweigerung, Desertion und Wehrkraftzersetzung »unter Anlegung rechtsstaatlicher Wertmaßstäbe« Unrecht waren. »Anderes gilt, wenn bei Anlegung dieser Maßstäbe die der Verurteilung zugrundeliegende Handlung auch heute Unrecht wäre.« Damit haben sich CDU und CSU, wie ihr rechtspolitischer Sprecher Geis triumphierend feststellte, nicht nur mit ihrer Forderung nach einer Einzelfallprüfung *prinzipiell* durchgesetzt. Mit der Beschränkung auf bestimmte Tatbestände wurde auch eine generelle Nichtigkeitserklärung aller Urteile der NS-Militärjustiz vermieden. Den Opfern und ihren Angehörigen räumte man mit einer Antragsfrist von einem halben Jahr eine einmalige Zahlung von 7.500 Mark ein.
Beinahe selbstverständlich wurde ihnen also, sofern sie nach den drei ausgewählten »Delikten« verurteilt worden waren, auch nach mehr als 50 Jahren verweigerter Entschädigung lediglich eine kleine Pauschalsumme zugesprochen. Doch damit war die Auseinandersetzung nicht beendet. Der Bundesfinanzminister schrieb in seinem Durchführungserlaß den Bundestagsbeschluß noch einmal um. In einem Protestschreiben hat Ludwig Baumann, Sprecher der Opfer, auf die betreffenden Punkte hingewiesen. Einige Beispiele: Statt von Tausenden Hingerichteten war beim Bundesfinanzministerium nun lediglich von »vielen« die Rede. Während der Bundestag trotz der angeführten Einschränkungen festgestellt hatte, daß die Urteile Unrecht waren, hieß es nun, es werde von einer solchen »Vermutung« ausgegangen. Obwohl die Entschädigung von Angehörigen ur-

sprünglich vorgesehen war – bei Witwen von Wehrmachtssoldaten und SS-Angehörigen ist sie selbstverständlich –, schränkte die Regierung ihre Einbeziehung auf den Fall ein, daß Antragsteller während der Bearbeitungsfrist sterben. Die Witwen der von der Militärjustiz Ermordeten bleiben deshalb unberücksichtigt. Ludwig Baumann abschließend: »Wir empfinden diesen Erlaß nicht nur als Betrug, sondern auch als eine erneute Demütigung.«[9] Die rotgrüne Bundesregierung hatte eine Nachbesserung in Aussicht gestellt und als mögliches Datum hierfür abermals den 8. Mai, diesmal 1999, genannt. Der Termin verstrich, als die Bundeswehr im Rahmen der Nato ihren Angriffskrieg gegen Jugoslawien führte.

Erzwungene Erinnerung

»Schweizer Banken bereicherten sich an Totengold« – so lauteten die Schlagzeilen, wenn deutsche Zeitungen über die Beteiligung eidgenössischer Banken am Goldraub berichteten, den die Deutschen bis 1945 systematisch betrieben hatten. Mehr als nur klammheimliche Freude war spürbar. Der »Spiegel« urteilte: »Über das Alpenland bricht herein, was die Nachbarn im Norden und Osten weitgehend hinter sich haben.« Und die »FAZ« titelte: »Raubgold: Die Schuld wird europäisch.« Die Regierung schlug denselben Kurs ein, indem sie sich u.a. auf der Londoner Raubgold-Konferenz lediglich von einer niedrigrangigen Delegation vertreten ließ, die zudem von einem pensionierten Diplomaten geleitet wurde. Die Botschaft war klar: Das ist für uns ein Thema von gestern.
Doch diese Position fiel schnell in sich zusammen. Der Historiker Hersch Fischler führte im Vorfeld der Londoner Konferenz den Nachweis, daß Opfergold, dessen internationale Vermarktung den schweizerischen Banken besonders angelastet wurde, in erster Linie von der Deutschen und der Dresdner Bank in den Handel gebracht worden war. Im Namen von drei Auschwitz-Überlebenden verklagte daraufhin der New Yorker Anwalt Edward Fagan diese beiden sowie andere Banken auf 18 Milliarden Dollar Schadenersatz, nachdem gegen die »Allianz« bereits zuvor eine Klage wegen nicht ordnungsgemäß abgerechneter Versicherungspolicen einge-

reicht worden war. Auch Zwangsarbeiterinnen und Zwangsarbeiter strengten in den USA eine Sammelklage gegen deutsche Konzerne an. Nicht zuletzt mahnte US-Staatssekretär Eizenstat »persönliche Entschädigungsleistungen« für die NS-Opfer in Osteuropa an.

Als der deutschen Gesellschaft klar wurde, daß sie sich dem Thema nicht entziehen konnte, erwies sie sich auf den ersten Blick als durchaus flexibel. Noch als Kanzlerkandidat kündigte Gerhard Schröder an, er werde sich für die Einrichtung eines neuen Entschädigungsfonds einsetzen. Der Durchbruch schien geschafft, als sich im Februar 1999 zwölf deutsche Unternehmen bereit erklärten, eine entsprechende Stiftung zu gründen. Ihr Kommuniqué machte jedoch deutlich, was sie antrieb. Eine »Antwort auf die moralische Verantwortung deutscher Unternehmen aus den Bereichen der Zwangsarbeiter-Beschäftigung, der Arisierung und anderen Unrechts aus der NS-Herrschaft« wollten sie geben und damit eine Grundlage schaffen, »um Klagen, insbesondere Sammelklagen in den USA, zu begegnen und Kampagnen gegen den Ruf unseres Landes und seiner Wirtschaft den Boden zu entziehen«.[10] Zur Erinnerung gezwungen, wollten sie ihr also nur soweit nachgehen, wie es den Geschäftsinteressen dient. Zugleich warfen sie in seltsamer Umkehrung von Ursache und Wirkung Verfolgtenorganisationen und ihren Vertretern vor, sie betrieben mit ihren Forderungen eine Art übler Nachrede. Nach mehr als 50 Jahren der Verweigerung von Entschädigung waren dies ausgesprochen aggressive Aussagen. Ähnlich äußerte sich der rotgrüne Kanzler, der sich als Beschützer der Deutschen vor ihren Opfern gerierte, indem er seine Initiative als Interessenvertretung der deutschen Konzerne und Arbeiter definierte.

Entsprechend verliefen die Verhandlungen. Ihr A und O blieb, für deutsche Unternehmen »Rechtssicherheit« zu erlangen. Diese Vokabel erweckt den Eindruck, als seien ordentliche Kaufleute von Wegelagerern umringt, die sie mit finsteren Mitteln um ihr sauer verdientes Geld bringen wollen. Das wollten auch hiesige Zeitungen glauben machen, wenn sie meldeten, deutsche Unternehmen wollten sich nur davor schützen, »zweimal« zahlen zu müssen. Der demagogische Ausfall verdient nicht nur deshalb Beachtung, weil hier altbekannte antisemitische Stereotype anklingen, sondern auch, weil solche State-

ments in einer Zeit publiziert werden, in der allgemein bekannt ist, daß die deutschen Konzerne dem, was sie plötzlich als »moralische Verantwortung« empfinden, jahrzehntelang nicht nachkommen wollten. Während sich jedoch in den 80er Jahren der innenpolitische Sprecher der CSU, Fellner, öffentlich entschuldigen und dann seinen Hut nehmen mußte, weil er die Meinung kundtat, Juden würden sich immer dann zu Wort melden, »wenn in den Kassen das Geld klimpert«, ist eine solche Verhandlungshaltung und ihre konforme publizistische Begleitung heute wohl »common sense«.
Natürlich ging es hinsichtlich der »Rechtssicherheit« um ganz andere Dinge: Der juristische Weg über Sammelklagen in den USA sollte abgeblockt und ein deutlich billigeres, politisch ausgehandeltes Abkommen erreicht werden. Zugleich wollte man sicherstellen, daß später nicht mehr gezahlt werden muß. Denn wer dann noch versucht, auf dem Klageweg sein Recht durchzusetzen, wird auf den Fonds der deutschen Industrie verwiesen. Falls er hieraus – aus welchen Gründen auch immer – keine Zahlungen erhält, ist ihm der Rechtsweg versperrt. Um die Abwehr künftiger Forderungen von NS-Opfern ging es also, um den grundsätzlichen Ausschluß all derer, die aktuell nicht berücksichtigt werden. Nicht »zweimaliges Abkassieren« war, wie suggeriert, das Problem, sondern angesichts außer (deutscher) Kontrolle geratener Entschädigungsforderungen der Versuch, die immensen deutschen Verpflichtungen durch eine Fondslösung mit einer festen finanziellen Ausstattung zu »deckeln«. Die Bewährungsprobe der Regierung Schröder bestand deshalb darin, die Rückkehr zu dieser Grundmaxime deutscher Entschädigungspolitik zu erreichen und damit den prinzipiellen Schlußstrich zu sichern.
Die Forderungen der Opfer, orientiert an einer wenigstens annäherungsweise akzeptablen Zahlung für jedes einzelne, wurden von Regierung und Industrie als »völlig unakzeptabel« vom Tisch gewischt. Auch hier sekundierte wieder die deutsche Öffentlichkeit, wenn sie Gesamtsummen, die auf Leistungen von wenigstens 10.000 Mark pro Person abzielten, als Forderungen denunzierte, die sich lediglich aus den Honorarerwartungen US-amerikanischer Anwälte ergäben. Deutsche Angebote wiederum wurden in der Regel nicht hinterfragt, wozu die eingangs genannten Schadenszahlen durchaus

Anlaß geboten hätten. So urteilte etwa Michael Hepp: »(Aus diesen Zahlen) folgt, daß die von der Industrie bisher im Entschädigungsfonds angebotene Summe ein Witz ist.« Auch der Versuch der Banken, ein Almosen zur Entschädigung für Zwangsarbeit zu zahlen, um für ihre horrenden Raubprofite nicht zur Rechenschaft gezogen zu werden, stieß auf Verständnis. Beifällig wurde zudem hingenommen, wie die Verantwortlichen auf deutscher Seite ihr Verhandlungsziel durch erneute Demütigung der Opfer zu erreichen trachteten. Ihre Grundidee gehört zum Standard deutscher Erinnerungskultur: Selektion und Hierarchisierung. Verhandlungsführer Lambsdorff faßte sie in einem Interview mit der »Zeit« ganz ungeniert in die Worte: »Die Frage ist also, wen sie als ›Opfer‹ bezeichnen.« Varianten dieser Idee gab es etliche. Zunächst sollten die in Osteuropa lebenden ehemaligen Zwangsarbeiterinnen und Zwangsarbeiter ganz ausgeschlossen bleiben. Dann wollte man ihnen nur einen Betrag zubilligen, der ihrem niedrigen Rentenniveau entspricht. Die beabsichtigte Nichtberücksichtigung der Glücklichen auf deutschen Bauernhöfen ist schon erwähnt worden. Diejenigen, die nicht in Deutschland, sondern in Osteuropa zu Zwangsarbeit gepreßt worden waren, gehörten ebenfalls nicht zum Kreis der Anspruchsberechtigten. Das ganze Projekt war strategisch auf den Abschluß eines »Globalabkommens« ausgerichtet: Sämtliche noch möglichen Ansprüche sollten damit erledigt werden. Alle künftigen Ansprüche wären dann nicht mehr einklagbar. »Globalabkommen« ist deshalb nur ein anderes Wort für Schlußstrich.
Diese Strategie war erfolgreich. Nach Abzug der Steuerersparnis wird die deutsche Wirtschaft für ihre Verbrechen gegen die Menschheit künftig nicht mehr an Entschädigung zahlen, als zur gleichen Zeit eine Handvoll Banken zur Sanierung eines maroden Baukonzerns aufwendet. Der schließlich durchgesetzte Betrag von zehn Milliarden Mark plus Verfahrenskosten ist überhaupt nur dadurch zusammengekommen, daß die Bundesregierung, ganz geschäftsführender Ausschuß der herrschenden Klasse, die grundsätzliche Zahlungsunwilligkeit derjenigen ausglich, die Mangels globaler Interessen keine moralische Pflicht verspürten. Was möglicherweise noch fehlt, werden ausländische Konzerne für ihre deutschen, von den Nazis unter Zwangsverwal-

tung gestellten Filialen zahlen – was die deutsche Wirtschaft prompt völlig selbstverständlich findet.
Den Nachweis aber, daß diese Gesellschaft auch nach über 50 Jahren nicht weiß, wozu sie verpflichtet ist, hat die Bundesregierung letztlich selbst geführt. Den Gesetzentwurf, der die Verteilung der Gelder regeln soll, verfaßte das zuständige Bundesfinanzministerium im üblichen Stil. Er verfügt nicht nur, daß lediglich diejenigen Leistungen erhalten sollen, die zugleich auf alle weiteren Rechte zur Durchsetzung ihrer Ansprüche verzichten, sondern er sieht vor, daß den Antragstellern – sofern sie in der Lage sind, die erforderlichen Dokumente in einem halben Jahr beizubringen – vorerst nur 30 (nach einer Anfang Januar 2000 bekanntgewordenen Fassung des Entwurfs 35 bis 50) Prozent der ihnen zugesprochenen Gesamtsumme ausgezahlt werden. Abgesehen von der schlichten Tatsache, daß der zentrale Dokumentendienst in Arolsen durchschnittlich zwei Jahre zur Beantwortung einer Anfrage braucht, nötigen die Verfechter der »Rechtssicherheit« mit dieser Regelung ihre Opfer zur Abtretung aller Rechte, um ihnen gleichzeitig mitzuteilen, daß sie wahrscheinlich die ihnen heute öffentlich zugesagten Zahlungen nie erhalten werden. Denn die Gesamtsumme kommt nur zur Auszahlung, wenn sich nicht – womit angesichts der unzureichenden Fondsausstattung zu rechnen ist – »zu viele« Verfolgte melden. Das ist das Ergebnis einer Verhandlungsstrategie, die den Schutz deutscher Unternehmen vor weiteren Ansprüchen und die Pauschalierung der Entschädigungssumme zu ihren Eckpunkten machte. Ein Triumph für die deutsche Seite also, ein erneutes Ausgeliefertsein, diesmal rechtsstaatlich gefaßt, für die NS-Opfer.
Dabei ist dieser Opferkreis – so zynisch es klingt – nach den ministeriellen Vorgaben sogar privilegiert. Denn nur Sklavenarbeiter, d.h. KZ-Häftlinge, sowie nach Deutschland Deportierte und inhaftierte Zwangsarbeiter und Zwangsarbeiterinnen gehören nach den Vorstellungen des Ministeriums überhaupt zu den Entschädigungsberechtigten. Wer für die Wehrmacht zum Beispiel in der UdSSR Zwangsarbeit leisten mußte, kann keine Ansprüche geltend machen. Auch die eingangs erwähnte Arbeiterin auf dem Hamburger Landgut wird, trotz des richterlichen Vergleichsvorschlags von 13.000 Mark, nach den Vorstellungen des Bundesfinanzmini-

steriums weder diese Summe noch überhaupt irgendeine Zahlung erhalten. Doch bleibt ihr ja, wir wissen es, die Erinnerung an die schönste Zeit ihres Lebens. Schlecht sieht es auch für Menschen aus, die im Zuge antijüdischer Verfolgungsmaßnahmen Zwangsarbeit leisten mußten. Sie werden häufig durch die Klausel ausgeschlossen, daß bisherige Entschädigungszahlungen über 500 Mark monatlich angerechnet werden sollen. Wenn sie also drei Jahre lang Leistungen für ihre KZ-Haft erhalten haben, dann ist die vorgesehene maximale Summe von zirka 15.000 Mark für Sklavenarbeit bereits überschritten. Das bedeutet de facto ihren Ausschluß aus diesem Abkommen.

Diese knappen Hinweise werfen ein Licht auf das, was jetzt beschlossen wurde: Es geht im Kern nicht um Entschädigung für Zwangsarbeit, sondern um ein Pauschalabkommen, das die »Berliner Republik« möglichst billig aller Verpflichtungen enthebt, denen »Bonn« bisher nicht nachgekommen ist. Zwangsarbeit wurde nur deshalb zum Leitthema dieser Debatte, weil gegen dieses Verbrechen in den USA mit den bekannten negativen Konsequenzen für die deutsche Wirtschaft geklagt worden war. Doch zeigt das Beispiel der jüdischen Zwangsarbeiter und Zwangsarbeiterinnen, daß mit dem bisherigen Verhandlungsergebnis das Thema keinesfalls abgeschlossen sein kann. Auch der Versuch der Banken, ihre Profite aus der Durchführung der Judenverfolgung durch Gewährung einiger »Peanuts« vergessen zu machen, »überdehnt« das Abkommen offensichtlich. Es bleibt deshalb zu hoffen, daß ein unbeachtetes Nebenergebnis – die aufgezwungene Offenlegung der Firmenarchive – Voraussetzungen schafft, durch neue Forschungen das Ausmaß der Vertuschung bekannt zu machen und deutsche »Rechtssicherheit« durch neue Klagemöglichkeiten zu überwinden.

Es darf nicht unerwähnt bleiben, daß die Politiker in dieser Auseinandersetzung eine besondere Leistung vollbracht haben. Nicht nur daß sie den Totalverweigerern der Wirtschaft mit öffentlichen Mitteln aushalfen. Sie präsentierten überdies das ihnen Aufgezwungene als Ausdruck ihres freien Willens. So mahnte Bundespräsident Rau am 1. September 1999, just an dem Tag also, an dem der neue Entschädigungsvertrag eigentlich hatte in Kraft treten sollen, bei seinem Besuch in Polen den erfolgreichen Abschluß der Verhandlungen an. Er über-

ging dabei, daß sich die Deutschen über 50 Jahre lang geweigert hatten, dieser Pflicht nachzukommen. Er erwähnte auch nicht, daß es erst der US-Sammelklagen bedurfte, um Verhandlungen zu erzwingen, und daß selbst dann noch die deutsche Seite zu verhindern suchte, polnische Bürger in diese Verhandlungen einzubeziehen. Ähnlich verhielt sich Bundeskanzler Schröder, als er zur gleichen Zeit in Polen der NS-Opfer gedachte und den deutschen Überfall als »eines der grausamsten Verbrechen der Geschichte« bezeichnete, während er doch intensiv damit beschäftigt war, die deutsche Industrie vor den Forderungen ihrer Opfer zu schützen. Der Bundespräsident schließlich fand am Ende der harten Auseinandersetzung noch einmal zum »gehobenen Ton«, als er versicherte, die Leiden der Zwangsarbeiterinnen und Zwangsarbeiter würden nicht vergessen, und um »Vergebung« bat. Das ist angesichts der deutschen Verhandlungsführung und des beschämenden Ergebnisses der wiederholte Versuch, die Würde der Opfer für die Täter nutzbar zu machen.
Eine solche Form des Erinnerns betreibt tatsächlich die Zerstörung von Erinnerung. Aus dem Zwang, sich erinnern zu müssen, es aber nicht zu wollen, erklärt sich auch, warum in dieser Gesellschaft nicht nur von der »Moralkeule Auschwitz« die Rede sein kann, sondern ihre »Eliten« Martin Walser für diese Worte stehend applaudierten. Deshalb wird Ignatz Bubis wohl recht behalten mit seiner Bemerkung, daß der Kampf um die Entschädigung so lange weitergehen wird, wie noch ein Opfer lebt.

Anmerkungen

1 Helmut König, Michael Kohlstruck, Andreas Wöll (Hg.): *Vergangenheitsbewältigung am Ende des zwanzigsten Jahrhunderts.* Opladen 1988, S. 12 (Vorwort).
2 Raoul Hilberg: *Die Vernichtung der europäischen Juden.* Frankfurt a. M. 1990, S. 1234.
3 Hilberg, S. 1017.
4 Annekatrin Mendel: *Zwangsarbeit im Kinderzimmer.* Frankfurt a. M. 1994, S. 219.
5 Siehe Bernd Klemitz: *Die Arbeitssklaven der Dynamit Nobel.* 1986, S. 191.
6 Dies bedeutet nicht, daß die zehn Prozent besonders gut gestellt waren. Zur Widerlegung dieser Ansicht bedarf es nur eines Blicks auf die Schikanen und Ausschlußklauseln des BEG, ganz zu

schweigen von den Zumutungen in den Verträgen mit den westeuropäischen Staaten.

7 Alle Zitate in: Protokolle des Deutschen Bundestags, 11. Wahlperiode, 200. Sitzung, S. 15.405 ff.

8 Alle Zitate in: Protokolle, 13. Wahlperiode, 61. Sitzung, S. 5225 ff.

9 Abgedruckt in: Rolf Surmann, Dieter Schröder (Hg.): *Der lange Schatten der NS-Diktatur. Texte zur Debatte um Raubgold und Entschädigung.* Hamburg u. Münster 1999, S. 112-114.

Gerhard Scheit

Germans down, Germans up

Daniel J. Goldhagen und die Erben der willigen Vollstrecker Hitlers

Er war der Berufenste, Deutschland wiedergutzumachen. Wer hätte, als vor drei Jahren die Diskussion um Daniel J. Goldhagen begann, gedacht, daß ausgerechnet sein Buch über *Hitlers willige Vollstrecker* zur Legitimation von Deutschlands erstem großen Kriegseinsatz nach 1945 dienen könnte? Nach einem Monat Krieg im Kosovo hat Goldhagen dem Kriegskabinett der Herren Fischer, Schröder und Scharping eines der besten Alibis für ihr militärisches Coming out geliefert, indem er in der »Süddeutschen Zeitung« (30.4./2.5.99) »eine deutsche Lösung für den Balkan«, d.h. die militärische Besiegung nebst Besetzung und Umerziehung Serbiens, forderte – und mit eigenartigem Starrsinn nicht wahrhaben wollte, welcher historische Doppelsinn in der Formulierung dieses Ansinnens liegt. Von diesem Doppelsinn lebt die neue Berliner Republik und ihre rotgrüne Clique.

Das Kapitel *Goldhagen und die deutsche Linke* (so der Titel einer einschlägigen Veröffentlichung) benötigte also dringend einen Annex, konnten doch die deutschen Linken im Frühjahr 99 mit Goldhagen im Tornister in den Krieg ziehen. Gelegenheit dazu bot die Potsdamer Goldhagen-Konferenz, die eben zu diesem Zeitpunkt stattfand. Dort kam Matthias Küntzel, Mitautor des genannten Buches, zu dem Schluß: »Mit derselben Eindeutigkeit, mit der Goldhagens epochale Analyse des Holocaust auch weiterhin gegen die Anfeindungen derer, die nicht genau hinschauen wollen, verteidigt werden muß – mit derselben Eindeutigkeit ist sein Beitrag zum Kosovo-Krieg zurückzuweisen« (»Jungle World« 20/99). Stefan Vogt hat darauf geantwortet (»Jungle World« 21/99) und, von Goldhagens Schützenhilfe im Kosovo-Krieg ausgehend, auf gewisse Schwächen seiner Analyse des Holocaust hingewiesen: Die Wiedergutwerdung der Deutschen, die Goldhagen bereits im Vorwort zur deutschen Ausgabe seines Buches unterstellte, lasse sich nur behaupten, »wenn der Antisemitismus zu einer bloßen Einstellung herunterdefiniert« werde. Goldhagens Begriff des Antisemitismus, so Vogt, »ist problematisch. Er interpretiert ihn als ein ›kognitives Muster‹, als eine Art und Weise, in der sich die Antisemiten die Welt erklären. Nicht die kapitalistische Subjektkonstitution produziert demnach den modernen Antisemitismus, denn eine solche Fragestellung liegt außerhalb der theoretischen Konzeption Goldhagens.« Nun ist aber das Problem, daß Goldhagen mit dieser ›Herunterdefinierung‹ des Antisemitismus auf ein »kognitives Modell« (oder »kulturelles Muster«) mehr von dem hat erkennen können, was im nationalsozialistischen Deutschland geschah, als die meisten Ansätze, die den Antisemitismus zum Resultat der »kapitalistischen Subjektkonstitution« hinaufdefinierten. Und während diese Ansätze die deutschen Historiker und Journalisten kaltlassen, war es eben Goldhagens kognitives Modell, das sie geradezu auf die Palme brachte. Mit ihm zertrümmerte der amerikanische Autor mit einem Schlag die vielen multikausalen Konstruktionen, die von den Geschichtswissenschaftlern in mühseliger Kleinarbeit angefertigt worden waren, um all die verschiedenen Gründe darstellen zu können, die zum Massenmord an den Juden geführt hatten, und die unterschiedlichen Aspekte, die ein solches Ereignis hat, von allen Seiten zu beleuchten. Ihr Erkenntnismodell war ein vieldimensionales, mit »polykratischen« Strukturen und »kumulativer Radikalisierung«, woran jeder noch ein kleines oder größeres Projekt anschließen konnte, um einen weiteren Aspekt ins Licht zu rücken, einen weiteren Grund für das Vorgefallene anzuführen, weitere Funktionen auszumachen, die zum Nicht-Funktionalen geführt hatten. Goldhagen erschien da plötzlich wie aus heiterem Himmel, störte die historiographische Bastelei und erklärte einseitig und eindimensional wie das kleine Kind in Andersens Märchen über des Kaisers neue Kleider, die Sache sei ganz einfach: Die Deutschen haben die Juden ermordet, weil sie sie ermorden wollten. Punktum.

I. Das kognitive Modell deutscher Historiker

Während einige wenige deutsche Journalisten – etwa Volker Ullrich, Manfred Rowold und Josef Joffe – die

Bedeutung von Goldhagens Studie hervorhoben, reagierte die Historikerzunft einerseits als ideologische Formation, die das Deutschlandbild hütet, andererseits als ökonomische Gemeinschaft, die gegen den Einbruch ausländischer Konkurrenz sich zur Wehr setzt. Die Ausnahme, die die Regel bestätigt, war Wolfgang Wippermann, der sich dessen auch bewußt wurde: »So problematisch es ist, von ›den deutschen Historikern‹ zu sprechen, so sicher ist es, daß sie Goldhagen kollektiv und geschlossen abgelehnt haben.« Die kollektive Ablehnung betraf naturgemäß die Kollektivschuld-These, deren Monument man in Goldhagens Buch erblickte. Der in derlei stets maßgebende »Spiegel« identifizierte es sofort als »Kollektivschuld-Werk« (20.5.96).

Die Historiker indessen argumentierten, indem sie zuallererst ihr Gebiet abgrenzten. Dieter Pohl etwa kritisierte »den spekulativen Fragestil« Goldhagens und sah dessen »Argumentationsformen« »sich hart an der Grenze der Wissenschaft bewegen«. Dort aber stehen die Historiker Posten, damit nur ja kein spekulativer Gedanke ins Reich der heiligen Quellen vordringe. Als vielleicht wichtigster Grenzschutzmann stellte sich Hans Mommsen in Positur: Goldhagen habe die »ambivalente Sprache der Quellentexte nicht hinreichend« verstanden: »Wie sonst hätte er die Wendung Johann Gottlieb Fichtes, ›Aber ihnen (den Juden) Bürgerrecht zu geben, dazu sehe ich wenigstens kein Mittel, als das, in einer Nacht ihnen allen die Köpfe abzuschneiden, und andere aufzusetzen, in denen nicht eine jüdische Idee sei‹, als Aufforderung zum Judenmord auffassen können.« Wie aber hätte Mommsen darin nur eine scherzhafte Metapher sehen können, wäre er nicht Bürger einer Nation, in der jene ambivalente Sprache dazu verwendet worden ist, einer eindeutigen Sache nachzujagen: nämlich den Juden tatsächlich die Köpfe abzuschneiden. Um diese Eindeutigkeit in der ambivalenten Sprache aufzudecken, bedarf es tatsächlich der Spekulation. Sie sollte nach Auschwitz zu den vornehmsten Tugenden der Historiker gehören, die bei jeder Quelle darüber zu spekulieren hätten, in welchem Verhältnis sie zu Auschwitz steht.

Die Auseinandersetzung mit Goldhagen, dekretierte jedoch Mommsen, könne im Rahmen der Wissenschaft überhaupt nicht geführt werden, sie spiele sich mit wenigen Ausnahmen nicht an den Universitäten ab, sei

das Resultat »einer gelungenen PR-Aktion, in deren Rahmen öffentliche Auftritte des Autors in einer Reihe von Großstädten erfolgten und die zu einer entsprechenden Berücksichtigung in den Medien, vor allem im Fernsehen, führte. ... Während Goldhagen von der öffentlichen Meinung in den USA mit überwältigendem Lob aufgenommen wurde, stießen seine Thesen und Methoden auf die Ablehnung nahezu aller auf diesem Gebiet arbeitenden Fachhistoriker.« Dieser Hiatus verweise darauf, daß mit Goldhagens Buch »tiefere emotive Schichten angesprochen werden, die mit dem Bedürfnis nach rationaler Aufklärung nicht in Verbindung stehen«.
Indem Mommsen nun diese tieferen emotiven Schichten rational aufklären möchte, rationalisiert er seine eigenen: Er spricht von einer »Identitätskrise des amerikanischen Judentums, die durch erneute Beschwörungen des Holocaust überdeckt und gemildert« werden solle; er durchmustert die mittlere Generation der Deutschen, die »in dem jungen US-Politologen ein Medium der Schuldverarbeitung erkannte«, ja einen »Ersatz-Messias«; und je mehr Mommsen erklärt und aufklärt, um Goldhagens PR-Erfolg verständlich zu machen, desto mehr scheint er das kognitive Modell zu bestätigen, das er doch bestreiten möchte: Goldhagen sei einer der »prominentesten Nutznießer« der »Konjunktur der NS-Geschichte« – warum nicht gleich Parasit? –, ein Mann, der seine wissenschaftlichen Aussagen »auf Anraten seiner Agentur« mache und auch ändere. In einzelnen Artikeln der »Taz« und des »Spiegel« wurde diese Linie weiter ausgebaut und mit offen antisemitischen Motiven ausgestattet.
Mommsens Ressentiment steht paradigmatisch für die Reaktion der deutschen Historiker insgesamt. Mehr oder weniger werden hier ideologische Mechanismen sichtbar, die Goldhagen in seiner Studie leider weitgehend unbeachtet läßt, weil er den Antisemitismus nicht als eine Projektion begreifen kann, mit der sich das Subjekt einbildet, gegen die Mechanismen des Marktes aufzutreten. Die Waren und ihre Repräsentanten entehren und erniedrigen die ehrliche Arbeit und ihre Vertreter, so lautet aber das Credo dieser Projektion. Und in der Abwehr der deutschen Historiker wird nun gewissermaßen die mühevolle, opferreiche Arbeit der seriösen Wissenschaft gegen Goldhagen mobilisiert, der von

Agenten sich leiten lasse und nur nach dem Erfolg auf dem Markt schiele.
Ähnlich wie Mommsen schrieb der Historiker Norbert Frei: »Wer auf dem hart umkämpften Medienmarkt der neunziger Jahre Gehör finden will, braucht knallige Thesen. Längst ist diese heillose Botschaft auch bei den Historikern angekommen, aber noch selten hat man sie so konsequent befolgt gesehen« – wie im Falle Goldhagens. Dessen »Arbeit, eine mit dem Preis der American Political Science Association gekrönte Dissertation, ist historisch-empirisch nur von geringem Ertrag.« Von »überheblichem Argumentationsstil« ist des weiteren die Rede und von »sensationsheischender These«. »Die Welt ist ungerecht, die Medienwelt zumal«, meinte Eberhard Jäckel, ein anderer Historiker voller Selbstmitleid für seine Zunft und seine Nation. Er sprach aus, was die Deutschen am meisten an Goldhagen stört und ins Selbstmitleid treibt, daß es nämlich »immer *die* Deutschen« sind, von denen der Amerikaner spricht. Goldhagen falle hinter »den Forschungsstand zurück«; was unter diesem Rückfall zu verstehen sei, außer einigen sachlichen Irrtümern, die sich aber in jeder einigermaßen weitgesteckten wissenschaftlichen Arbeit finden, enthüllt Jäckel im folgenden Satz: Goldhagen behaupte, Hitler »habe ... die Juden als schädlich für das deutsche Volk charakterisiert. In Wahrheit argumentierte Hitler, sie seien eine Gefahr für die Menschheit, und das ist nicht unwichtig, wenn man verstehen will, warum der Mord sich zumeist gegen nichtdeutsche Juden richtete.« Etwas Absurderes, als zu bestreiten, daß Hitler die Juden als schädlich für die Deutschen charakterisiert habe, war bis dahin noch keinem Debattenteilnehmer beigefallen. Aber dieses Beispiel zeigt, wie sehr die deutschen Historiker angesichts Goldhagens aus dem Häuschen gerieten, aus jenem Häuschen ihrer positivistischen Vernunft, worin sie sich mit ihren Fakten und Multikausalitäten so sicher glaubten.
Hans-Ulrich Wehler wiederum sah angesichts der Marktmechanismen des Goldhagenschen Erfolgs »elementare akademische Kontrollmechanismen in Gefahr« – und diese Gefahr kommt augenscheinlich aus Amerika und aus dort einschlägig bekannten Kreisen: »Da gab es vor einem Dutzend Jahren den Fall David Abraham in Chicago und Princeton, als die Kritik an einem handwerklich schludrigen Buch über den Niedergang der

Weimarer Republik erst nach bitteren Kontroversen obsiegte. Dann kam 1992 der Fall Liah Greenfeld, als ihre den Nationalismus in fünf Ländern vergleichende Studie die angebliche Einzigartigkeit des deutschen Nationalismus in dem von Anfang an darin ›eingebauten‹ Weg zur ›Endlösung‹, von Herder zum Holocaust, als unentrinnbare Einbahnstraße darstellte, von illustren Figuren der Harvard ›community of scholars‹ aber gelobt und akzeptiert wurde. Und jetzt der neue Tiefpunkt im Fall Daniel Goldhagen: Erheiternd ist das nicht, erneut das Versagen des akademischen Prüfungsfilters zu beobachten.«

Wenn dieser Filter nicht mehr im Sinne der Entsorgung deutscher Vergangenheit funktioniert, dann setzen auch hiesige Akademiker jene Mechanismen der Schuldabwehr in Gang, die Adorno bereits in den fünfziger Jahren untersucht hat: Solche Projektionsmechanismen sind »wesentlich mit Rationalisierung verbunden, und es fällt angesichts der Virtuosität des Rationalisierens oft überaus schwer, eine Grenze zu ziehen zwischen dem zweckmäßigen Versuch, durch Aufmachung eines Schuldkontos für den Partner sich selbst zu entlasten, und der unbewußten und zwanghaften Übertragung eigener Neigungen und Triebtendenzen auf andere, denen man daraus Vorwürfe macht«. Ganz im Sinne dieser Strategie verhielt sich Wehler, als er über Goldhagen schrieb: »Im Kern bedeutet das, offenbar ohne daß der Verfasser es will oder merkt, die entschlossene Ethnisierung der Debatte über den Nationalsozialismus und seine Genozidpraxis. Strukturell tauchen, pointiert gesagt, dieselben Denkschemata, wie sie dem Nationalsozialismus eigen waren, wieder auf: An die Stelle des auszulöschenden ›auserwählten Volkes‹ tritt das ›verworfene Volk‹ der Deutschen als Inkarnation des Bösen ... Unter umgekehrten Vorzeichen erlebt ein Quasi-Rassismus, der jede Erkenntnisanstrengung von vornherein eisern blockiert, seine pseudowissenschaftliche, mentalitätsgeschichtlich camouflierte Wiederauferstehung.«

Zweiter Aufguß und letztes Aufgebot

Zwei Jahre nach dem Erscheinen von Goldhagens Buch gaben Rainer Erb und Johannes Heil einen Band heraus, der sich fast ausschließlich mit der Rezeption

Goldhagens beschäftigt (in der renommierten, von Walter H. Pehle betreuten Geschichtsreihe des Fischer Taschenbuch Verlags). Das Coverfoto zeigt Goldhagen bei einem Auftritt vor vollbesetztem Auditorium, aber im Mittelpunkt des Bildes – zwischen Goldhagen und seinem Publikum – sieht man ein halbes Dutzend Fotografen in Aktion. Sie stehen denn auch im Buch im Mittelpunkt: Abgesehen von einigen substantielleren Beiträgen – etwa dem von Raul Hilberg – wird der Medienmarkt durchaus im Sinne von Mommsen, Jäckel und Wehler als Kern des Goldhagen-»Phänomens« betrachtet, das zuallererst als eines der Vermarktung und nicht der wissenschaftlichen Forschung, der täuschenden Warenwelt, nicht der ehrlichen Arbeit figuriert. In ihrem Vorwort stellen sich die Herausgeber allerdings doch die Frage, ob »das Dilemma zwischen der ›Banalität der Einzelforschung‹ und der ›Monstrosität der Verbrechen‹ überhaupt aufzulösen« sei, fallen aber dann selbst in den Chor der Historiker ein und reduzieren Goldhagen auf ein Medienphänomen: Sogar sein sprachlicher Stil korrespondiere »mit den Sehgewohnheiten der Leser«, und seine öffentlichen Auftritte zeigten »augenfällige Parallelen zur Dramaturgie und Rhetorik von TV-Predigern, deren Botschaft als verstanden empfunden werden kann, wenn nur ein Ausschnitt gehört wurde«.

Die einzelnen Beiträge dokumentieren schließlich im Gegensatz zu einem bereits 1996 von Julius H. Schoeps herausgegebenen Sammelband – der eben auch die weitgehend zustimmende US-amerikanische Rezeption zu Wort kommen läßt – eine verblüffende Eintracht. Christoph Dipper scheint darum besonders bemüht, wenn er den Funktionalisten unter den deutschen Historikern recht geben möchte und Zweifel an deren Erkenntnissen den Defiziten einer Art vorwissenschaftlichem Alltagsverstand zuschiebt: »Daß Hitler schwach, daß die Nationalsozialisten politikunfähig und die Ermordung der Juden gleichsam eine Notlösung war – das alles ist irgendwie richtig, aber auch so formuliert, daß sich der Verstand erst einmal dagegen sträubt.« Der Schluß liegt auf der Hand: Wenn Hitler schwach, die Nationalsozialisten politikunfähig und die Ermordung der Juden gleichsam eine Notlösung war, dann kann Goldhagen nur ein Medienereignis sein.

Sie mögen sich noch so pikiert darüber äußern, daß sie

zur »Zunft« erklärt werden, die Historiker reagierten auf Goldhagens Buch und seine Medienpräsenz, wie in Deutschland stets ein zünftisches Handwerk auf den Einbruch fremden Kapitals: Besonders deutlich wurde die Funktionalität dieser zünftischen Empörung, als Arnulf Baring in der »FAZ« (8.4.98) das Phänomen Goldhagen mit dem von Dianas Tod analogisierte und sich dabei auf die Stellungnahme zweier Zunftmitglieder – Ruth Bettina Birn und Volker Rieß – stützte: »Um die Tragweite dessen, was hier geschah, voll zu verstehen, muß man sich noch einmal vor Augen führen, daß es sich um den Absolutheitsanspruch eines gerade promovierten Erstautors gegenüber der gesamten internationalen Fachwelt handelt. Man weiß, wie stark der Einfluß der Massenmedien auf die Politik und weite Teile des öffentlichen Lebens ist. Man kennt die fortschreitende Spaltung der Welt in Realität und Medienrealität ... Es ist aber unseres Wissens der erste Fall, daß eine ganze (sachverständige) Berufsgruppe durch die Presse entmündigt worden ist. Das, und nur das, ist wirklich neu und bedeutsam an dem Phänomen Goldhagen« (»Geschichte in Wissenschaft und Unterricht« 2/98).
Ein Schuldenkonto für Goldhagen wurde auch auf Seiten der linken Orthodoxie aufgemacht. Reinhard Kühnl warf dem amerikanischen Forscher »Nähe zum völkischen Nationalismus« vor (»Junge Welt«, 24.6.96); im »Bulletin« der Berliner Gesellschaft für Faschismus- und Weltkriegsforschung (7/96) meinte Kurt Pätzold, Goldhagen sei »kräftig beteiligt, die Ansprüche von Medien zu bedienen und sie, nicht immer nur für uneigennützige, aufklärerische Zwecke zu nutzen«. Es scheint, als ginge den Historikern ihr zünftisches Selbstbewußtsein über alle politischen Differenzen. Doch handelt es sich im Falle der abgehalfterten DKP-DDR-Geschichtsschreibung mindestens im selben Maß um eine grundsätzliche politische Orientierung – um die letzte, vielleicht allerletzte Variante der Volksfront-Strategie. Die ihr zugrunde liegende Dimitroffsche These, der Faschismus sei »die offen terroristische Diktatur der reaktionärsten, am meisten chauvinistischen, am meisten imperialistischen Elemente des Finanzkapitals«, ist darin zu dem Vorwurf verblaßt, Goldhagen bediene »die Interessen derjenigen, die sich nach wie vor weigern, mit ihrem Forschungsinstrumentarium in die obe-

ren Etagen der Gesellschaft zu zielen« (Pätzold in: »Junge Welt«, zit. n. »Jungle World« 7/98). Dabei stützt sich Pätzold noch immer auf die frühen Vorstudien von Georg Lukács zur *Zerstörung der Vernunft* aus den Moskauer Exiljahren 1941/42 und hält sie Goldhagen entgegen, obwohl Lukács, als er sie begann, noch nichts von der Shoa wissen konnte, und als er die *Zerstörung der Vernunft* schließlich beendete, dieses Wissen konsequent verdrängte und den Antisemitismus aus der Entwicklung »von Schelling zu Hitler« nahezu systematisch ausklammerte. Statt aber daraus zu folgern, daß über die Zerstörung der Vernunft nach Goldhagen neu zu schreiben wäre, möchte Pätzold Lukács als eine Art Anti-Goldhagen aufbauen, da der ungarische Philosoph im Gegensatz zu den deutschen Parteiwissenschaftlern von der Identität der deutschen Bevölkerung einschließlich der Arbeiterschaft mit dem faschistischen Staat immerhin eine Ahnung hatte.
Pätzold und Kühnl wissen nur zu gut, daß Goldhagens Begriff des kognitiven Modells ihr Modell vom anderen, vom revolutionären oder demokratischen Deutschland in Frage stellt, verstehen sie sich doch selbst als die Konstrukteure dieses verbesserten Modells. Wenn Kühnl schreibt: »Wir würden uns geistig wehrlos machen, wenn wir die humanistischen, demokratischen, sozialistischen und antifaschistischen Traditionen, die – obgleich immer wieder unterdrückt – doch auch in Deutschland lebendig waren, aus unserem Bewußtsein löschen lassen würden«, dann artikuliert er mit der Ersten Person Plural ein nationales *Wir* und zeigt damit, daß er den Antifaschismus nur in nationaler Form denken kann. Im Grunde paßt sich das letzte Aufgebot der linken Volksfront (von den DKP-DDR-Historikern bis zu den Antizionisten in »Freitag« und »ak«) an die Argumente der nationalen Historikergilde an, soweit diese Argumente die Deutschen entlasten – mit dem Unterschied, daß sie damit jene Deutschen meinen, die nicht in den oberen Etagen der Gesellschaft sitzen. So bezieht sich Pätzold positiv und als Zeugnis wider die Behauptung vom »ritualisierten Antifaschismus« in der DDR auf die »Aggressionsforschung« des DDR-Psychologen Hans-Dieter Schmidt und zitiert dessen im »Neuen Deutschland« vom 1.9.96 erschienenen Artikel mit dem bezeichnenden Titel: »Die Bestialität im Menschen«. Ebenso sinnvoll könnte von der Bestialität in der Natur

oder im Weltall die Rede sein. Der Sinn solcher Auflösung ins Allgemeinmenschliche ist immer nur, das Allgemeindeutsche zu exkulpieren, um dessen Begriff und Kritik man sich herumdrücken möchte.
Die Frage, die Goldhagens Begriff des kognitiven Modells für die materialistische Kritik aufwirft, kann unter diesen ideologischen Voraussetzungen jedenfalls nicht verstanden werden: Was macht überhaupt eine Bevölkerung zu einem Volk? Wie synthetisiert sich eine amorphe Masse von Menschen zu Deutschen? Hier liegt aber die Wahrheit Goldhagens, die er selbst zwar formuliert, aber nicht begriffen hat. Sie kann nur negativ ausgedrückt werden: »No Germans, no Holocaust«.

Entsatz aus Amerika?

Getreu seiner Meinung, daß Goldhagen ein Phänomen der Identitätskrise des amerikanischen Judentums sei und jedenfalls ein Problem der nordamerikanischen Öffentlichkeit, nicht aber der deutschen Wissenschaft, überließ Mommsen die detailierte Auseinandersetzung mit *Hitlers willigen Vollstreckern* dem US-amerikanischen Politikwissenschaftler Norman G. Finkelstein und der kanadischen Historikerin Ruth Bettina Birn; er selbst begnügte sich mit einem Vorwort zur deutschen Übersetzung ihrer Beiträge. Darin hält Mommsen fest, was er besonders schätzt an dieser Art der Holocaust-Forschung: daß sie entschieden zurückweise, »daß die Behandlung der Juden in den Arbeitslagern besonders sadistisch gewesen« sei; daß sie behaupte, die Todesmärsche können »jedenfalls schwerlich als Beleg für die spezifisch antisemitische Einstellung der Deutschen verwandt werden«; daß sie nachweise, daß die deutsche Bevölkerung »die antijüdischen Verbrechen des NS-Regimes nicht billigte oder gleichgültig hinnahm und teilweise den Antisemitismus, jedenfalls in seiner rassischen Variante, ablehnte«. Norman Finkelstein tut des Guten sogar zuviel und kommt den Deutschen gleichsam zu weit entgegen, wenn er – wie Mommsen einwendet – »wenig überzeugende Analogien zur Judenvernichtungspolitik wie das Verhalten Großbritanniens im Burenkrieg oder die Politik der USA gegenüber Japan im Zweiten Weltkrieg anführt, die eher beschönigend wirken«. Und wirklich treibt es Finkelstein in seinem Beitrag (der auszugsweise bereits 1996 im »Spiegel« erschienen ist) sehr bunt – so bunt, wie es ein deutscher Historiker sich einstweilen noch nicht erlauben darf.

Es gehört zu den zentralen, geradezu erkenntnistheoretischen Voraussetzungen von Goldhagens Studie, daß – wie ihr Autor ausführt – »Begriffsbildung und Quelle des Antisemitismus ... stets abstrakt sind«; dieses Ressentiment habe »mit tatsächlichen Juden nichts zu tun«. Finkelstein aber will um jeden Preis konkret werden und spricht damit den Deutschen aus der Seele: Die wirklichen Juden seien selbst schuld am Antisemitismus: »... Goldhagen glaubt einfach nicht, daß die Juden den Deutschen heftiges Unrecht getan hätten. Er bestreitet energisch, daß die Juden in irgendeiner Weise für den Antisemitismus verantwortlich sein könnten.« Finkelstein betreibt also für die heute lebenden Deutschen jene Verkehrung der Schuld, die Adorno in seiner Studie »Schuld und Abwehr« an den Nachkriegsdeutschen hat beobachten können. Er geht dabei so weit, für die Polizeibataillone um Verständnis zu werben: Deren Beteiligung am Völkermord sei »zum Teil« als »eine Reaktion auf das grausame Vorgehen der Alliierten« zu verstehen.

Offenkundig wird gerade dies an Finkelstein und anderen Goldhagen-Kritikern besonders geschätzt: daß sie Gründe für den Antisemitismus und den Massenmord an den Juden phantasieren, die das Verhalten der Antisemiten und Mörder irgendwie nachvollziehbar und erklärbar machen sollen, und daß sie diese Gründe vornehmlich auf der Seite der Juden suchen. Gerade solche Kausalität hatte Goldhagen bestritten – ohne doch andererseits die für viele nur bequeme Feststellung gelten zu lassen, was den Juden angetan wurde, sei nicht zu erklären. So blieb ihm kaum etwas anderes übrig, als Geisteskrankheit zu diagnostizieren. Seine Kritiker aber stoßen sich nun gerade an der Beschreibung des Antisemitismus als eines Wahns: Finkelstein betitelte seine Polemik sogar mit »Goldhagens ›Wahnsinnsthese‹«; und Birn formulierte allen Ernstes als kritischen Einwand gegen Goldhagen: »Der Antisemitismus gilt ihm als dämonische, halluzinatorische Macht, die auf gewöhnliche Weise nicht wahrnehmbar sei ... In Goldhagens Sicht steht der Holocaust jenseits eines Verhaltens, das als menschlich normal gelten kann ...« Gerade den

Wahnsinn der ganz gewöhnlichen Deutschen aber erkannt und damit auch diese Kategorien selbst – wie unbewußt immer – in Frage gestellt zu haben, macht eines der wichtigen Verdienste Goldhagens aus.
Natürlich kritisierten auch ernstzunehmende nichtdeutsche Wissenschaftler wie Christopher Browning und Raul Hilberg Goldhagens Arbeit, und die deutsche Öffentlichkeit hat solche Differenzen mit besonderem Interesse ausgeschlachtet. Inwieweit es sich hier – sieht man von berechtigten sachlichen Einwänden ab – um eine Anpassung an diese Öffentlichkeit, um Mißverständnisse oder um einen reinen Konkurrenzkampf unter Historikern handelt(e), ist im einzelnen schwer zu entscheiden. Hilberg etwa meint, Goldhagen übertreibe Ausmaß und Tiefe des deutschen Antisemitismus; gleichzeitig spiele er »zwei Faktoren herunter, die seine Hauptthese erheblich schwächen müßten. Der eine ist, daß nicht alle Todesschützen Deutsche, der andere, daß nicht alle Opfer Juden waren.« Das Aufgesetzte und Gesuchte dieser Argumentation zeigt sich aber darin, wen Hilberg hier als zentralen Gegenbeweis anführt: »Unter den Tätern befanden sich auch sogenannte Volksdeutsche aus Bevölkerungsgruppen, die außerhalb von Deutschland gelebt hatten. Ein volksdeutsches Kommando, das aus Dörfern der Beresowka-Mostowoje-Region in der westlichen Ukraine rekrutiert wurde, erschoß dort mehr als 30.000 Juden. Darüber hinaus agierten Männer volksdeutscher Herkunft nicht nur als Todesschützen, sondern machten um 1944 mehr als ein Drittel der Wachmannschaften in Auschwitz aus. Goldhagen erwähnt sie nicht einmal.« (Genausogut hätte Hilberg hier übrigens kritisieren können, daß Goldhagen die Österreicher unter den Tätern unerwähnt läßt.) Wen müßte Goldhagen nicht noch erwähnen, um das ganze Ausmaß des Verbrechens erfassen zu können, das alle jene begingen, die sich rückhaltlos als Deutsche verstanden oder – wie rumänische, kroatische, albanische, ukrainische, estnische, lettische und litauische Einheiten – an ihnen sich orientierten? Ein aussichtsloses Unterfangen. Der vermeintlichen Übertreibung des deutschen Antisemitismus hält Hilberg einen Begriff von Antisemitismus entgegen, der alle Differenzierungen – zu denen nicht zuletzt seine eigenen, epochemachenden Forschungen beitrugen – vergißt und die Tötung der Jüdinnen und Juden mit der Tötung der Geisteskranken

gleichsetzt: »Ungefähr ein Viertel der deutschen Geisteskranken wurde vergast. Diese Menschen, die in Anstalten selektiert wurden, betrachtete man keineswegs als Bedrohung der deutschen Nation.« Warum also sollten die Juden als eine solche betrachtet worden sein, möchte Hilberg damit offenbar andeuten. In Wahrheit galten beide als bedrohlich, aber auf je verschiedene Weise: die Geisteskranken als innere Schwächung der »arischen Rasse«, die Juden als äußere, totale Bedrohung für »Rasse« und Nation, die in Gestalt der »Rassenmischung« auch zu einer inneren werden könne.
Worin Hilbergs Kritik aber unbedingt und von Anfang an zutraf, ist sein Hinweis auf die zu geringe Bedeutung, die Goldhagen den staatlichen Institutionen und bürokratischen Apparaten, der industriellen Art eines Großteils der Vernichtung beimißt: Der Holocaust werde bei Goldhagen zu einem orgiastischen Geschehen, »seine Hauptmerkmale sind das Demütigen und Quälen der Opfer. Alles andere, einschließlich der Gaskammern, in denen zweieinhalb Millionen Juden von den Tätern unbeobachtet starben, erscheint sekundär, ein bloßer ›Hintergrund‹ für das Hinmorden unter freiem Himmel. Goldhagen beschäftigt sich nicht mit den zahllosen Gesetzen, Dekreten und Entscheidungen, die die Täter schufen, oder mit den Hindernissen, gegen die sie pausenlos kämpften. Er achtet nicht auf die Routine, die Alltagsimplikationen der gesamten Entwicklung – all das interessiert ihn nicht. Er vertieft sich weder in die Verwaltungsstrukturen noch beachtet er den bürokratischen Pulsschlag, der diese Maschine durchlief und der an Macht gewann, als der Prozeß sein größtes Ausmaß erreichte. Statt dessen ließ Goldhagen den Holocaust auf ein simpleres Format schrumpfen und ersetzte seinen komplexen Apparat durch Gewehre, Peitschen und Fäuste.« Doch dieser Einwand rechtfertigt nicht jenen, Goldhagen mache das »Angebot der einfachen Antwort« und behaupte »dreist, als einziger die Lösung gefunden zu haben, womit die Angelegenheit erledigt sei«. Mit der einfachen Lösung, die Goldhagen scheinbar bietet, fangen die Probleme in Wahrheit erst an: sobald nämlich bürokratischer Massentötungsapparat und sadistische Vernichtungsaktion zusammengedacht werden müssen.
In einem Leserbrief an die »Zeit« (23.8.96) hat es Peter Zadek schon kurz nach Erscheinen von Goldhagens

Buch ausgesprochen: »Die Diskussion ist absurderweise jetzt so: Waren die deutschen Judenmörder der Nazizeit a) untertänige autoritäre Opportunisten oder b) sadistische brutale antisemitische Mörder? Es fällt mir auf, daß niemand darauf gekommen ist, daß sie wahrscheinlich untertänige autoritätshörige opportunistische sadistische brutale antisemitische Mörder waren. Die Fakten sprechen dafür. Und insofern Goldhagen einem noch die Wahl zwischen den beiden Möglichkeiten bietet, ist sein Buch inkomplett.« Bereits lange davor hatte Jean Améry, dessen Buch *Jenseits von Schuld und Sühne* merkwürdigerweise in der gesamten Goldhagen-Diskussion ignoriert worden ist, gegen die – vielfach auf Hannah Arendts Eichmann-Buch gestützte – Reduktion des NS-Massenmords auf einen bürokratischen Zwangsmechanismus und -charakter eingewandt: Das Böse, das ihm – als Opfer der Nazis – angetan worden war, sei »nicht banal« gewesen; die Täter »waren, wenn man es durchaus will, stumpfe Bürokraten der Tortur. Und waren aber doch auch viel mehr, das sah ich in ihren ernsten, angespannten, nicht etwa von sexualsadistischer Lust verquollenen, sondern in mörderischer Selbstrealisierung gesammelten Gesichtern. Mit ganzer Seele waren sie bei ihrer Sache ...« Was aber ist diese Sache, bei der die Folternden waren? Welches Selbst realisierten sie da?

Ähnlich wie Hilberg argumentiert Browning, der sich bereits vor Goldhagen mit den »ganz gewöhnlichen Männern« der Polizeibataillone beschäftigt hatte, wenn er gegen *Hitlers willige Vollstrecker* einwendet, »daß es weder einer besonderen Art des deutschen Antisemitismus noch überkommener deutscher Ansichten über die Minderwertigkeit der Slawen oder die ›Eugenik‹ bedurfte, um Deutschen ein Motiv für Massaker im Kriege zu liefern, wenn sie vom Regime legitimiert waren«. Der Antisemitismus erscheint bei Browning lediglich als eine beliebig auswechselbare Vorgabe des Regimes: »Kann man ebenso sicher sein wie Goldhagen, daß diese Männer nicht ebenso systematisch polnische Männer, Frauen und Kinder ermordet hätten, wenn das die Politik des Regimes gewesen wäre?« Und er stellt den deutschen Judenmördern die bei den Deutschen angestellten nichtdeutschen – ukrainischen, luxemburgischen etc. – Täter gegenüber, ohne sich auch nur die Frage zu stellen, inwieweit es sich bei diesen nicht einfach um eine

Annäherung an deutsche Maßgaben handelte. Goldhagen wäre vermutlich der letzte, der daran zweifelt, daß die Deutschen imstande waren, bei ihren Verbündeten die schlechtesten Motive – auch den eliminatorischen Antisemitismus – zu wecken und zu fördern.
Jost Nolte sprach schließlich aus, was in Deutschland an Goldhagen so stört und an Browning so gefällt: »Der Pamphletist Daniel Goldhagen lädt bei den Deutschen ein Problem ab, das leider Gottes menschheitliche Dimensionen hat.« Als wäre das, was deutsch ist, nicht das menschheitliche Problem: der historische Versuch, die Krisen-Logik von Staat und Kapital bis zur absoluten Vernichtung durchzuexerzieren.

II. Kognitives Modell und reale Abstraktion

Hätte Goldhagens Buch auch nur den einen Sinn gehabt, in Deutschland solche Reaktionen zu provozieren, es wäre allein deshalb sehr verdienstvoll und müßte als Beispiel einer operativen Form von Geschichtswissenschaft selbst in die Geschichte eingehen. Die meisten Historiker empfanden Goldhagens Studie als wirkliche Bedrohung ihrer Disziplin, und dies zu Recht, soweit sie glauben, jenseits eines Zusammenhangs zu stehen, dessen Gefangene sie doch sind. Die Wissenschaft im Jenseits von Auschwitz zu konstituieren, dazu überzugehen, Auschwitz zu erforschen wie die Punischen Kriege, dabei hat Goldhagen sie gestört.
Gerade das, was an Goldhagen beinahe einhellig und besonders scharf kritisiert wurde, ist sein Bestes: der monokausale Erklärungsversuch, der spekulative Fragestil, der sich tatsächlich hart an der Grenze der Wissenschaft bewegt – dort, wo allein Erkenntnisse ohne Rationalisierung möglich sind – und der ebenso die Grenze zwischen Normalität und Wahnsinn konsequent mißachtet. Dabei handelt es sich doch bei Goldhagens Methode um eine urbürgerliche Erkenntnisweise: Joachim Bruhn hat darauf aufmerksam gemacht, daß Goldhagens Begriff des kognitiven Modells etwa dem entspricht, was Immanuel Kant als transzendentalen d. h. erfahrungs- und empirieunabhängigen Schematismus der Verstandesbegriffe definierte (»Bahamas« 22/97). Bei Goldhagen konstituiert das kognitive Modell jedoch kein allgemeines Subjekt-Objekt-Verhältnis,

sondern allein die Beziehung der Deutschen zu den Juden: Wer in Deutschland aufwuchs, erzogen wurde, arbeitete und lebte, dachte gleichsam automatisch in den Diskursen des eliminatorischen Antisemitismus. »Die Existenz des Antisemitismus und der Inhalt der antisemitischen Vorwürfe« sind, so Goldhagen, »grundsätzlich keine Antwort auf objektiv bewertetes jüdisches Handeln ... der Antisemitismus speist sich aus kulturellen Quellen, die unabhängig von Wesen und Handlungen der Juden sind.« Was die wirklichen Juden und Jüdinnen sind und waren, was ihr Judesein ausmacht, das ist darum, kantisch gesprochen, als ›Ding an sich‹ zu betrachten: Die Antisemiten erkennen von den Juden – a priori – nur das, was sie selbst in sie legen. Und darin hätte die Antisemitismus-Forschung tatsächlich ihren kategorischen Imperativ: das Verhältnis von Judentum und Antisemitismus nicht als kausalen Zusammenhang von Ursache und Wirkung zu denken.
Wenn nun Goldhagen vom Antisemitismus immer wieder als von einer Geisteskrankheit, einem Wahn spricht, dann gibt er diesem Erkenntnismodell lediglich einen gesteigerten Ausdruck. Denn Wahnsinn ist der Zustand, in dem keine Erfahrung mehr möglich ist, die an einer Vorstellung etwas ändern könnte. Gerade Goldhagens permanenter Rekurs auf den Wahnsinn machte die Historiker crazy, denn sie erkennen darin, wie unzulänglich all ihr Erforschen von Quellen ist, daß sich daraus allein eben keine Motive der Handelnden ableiten lassen, solange nicht ein wahnhaftes Bewußtsein spekulativ angenommen wird, das sich in diesen Quellen verbirgt. Die Spekulation ist die notwendige Methodik der kritischen Theorie, um den Wahnsinn des bürgerlichen Subjekts zu begreifen.
Wie aber kommt Goldhagen, der sich selbst doch offenkundig als gewöhnlicher Historiker und positivistischer Quellenkundler begreift, zu dieser Reflexivität? Er gewinnt sie allem Anschein nach zunächst aus der Differenz zwischen dem Bewußtsein eines durchschnittlichen Nordamerikaners der Gegenwart, das sich selbst für den Inbegriff des Normalen hält, zu dem des ganz gewöhnlichen Deutschen des 19. und frühen 20. Jahrhunderts, das sich mindestens im selben Maß als Inbegriff des Normalen definierte. Anders gesagt: Er nähert sich wie ein Ethnologe oder Kulturanthropologe einer fremden Stammesgesellschaft – und muß ununterbro-

chen feststellen, wie diese denselben Dingen ganz andere Bedeutungen beimißt als er. »Was spricht dagegen«, fragt Goldhagen, »Deutschland aus dem Blickwinkel eines Anthropologen zu betrachten, der sich mit der Welt eines Volkes beschäftigt, über das nur wenig bekannt ist? Schließlich handelt es sich doch um eine Gesellschaft, die eine Katastrophe ungeheuren Ausmaßes, den Holocaust, verübt hat, ein Ereignis, das niemand voraussah und das – von wenigen Ausnahmen abgesehen – keiner auch nur für möglich hielt.«
Das Apriori deutscher Existenz ist um so schwerer zu rekonstruieren, als es eben ein Apriori ist: etwas Selbstverständliches, worüber man sich eigentlich nicht verständigen muß. Goldhagen macht dies durch eine besondere Methode sichtbar, indem er eben gerade die forcierten Freunde der Juden zu Wort kommen läßt und in der Art und Weise ihres Argumentierens den Schematismus der antisemitischen Verstandesbegriffe aufdecken kann. Dabei geht er bis ins 18. Jahrhundert zurück und zitiert als »besten Freund der Juden« den berühmten preußischen Staatsrat Christian Wilhelm von Dohm. Allerdings vergibt er hier zugleich die Chance, der Genese des eliminatorischen Antisemitismus auf die Spur zu kommen, also – mit Hegel gesprochen – nicht nur das Resultat, sondern das Resultat mit seinem Werden zu erfassen. Denn gerade die deutsche Aufklärung war eine Phase, in der sich das Apriori der antisemitischen Verstandesbegriffe neu formierte, in der das Selbstverständliche noch nicht selbstverständlich war. Wenn etwa Dohm formulierte: »Der Jude ist noch mehr Mensch als Jude«, und damit die Frage nach dem Verhältnis von Menschsein und Judesein aufwarf, beantworteten Fichte, Arnim usw. sie im nächsten Moment schon eliminatorisch, indem sie den absoluten Gegensatz zwischen Menschsein und Judesein behaupteten.
Unsichtbar bleibt bei Goldhagens Ausführungen über das 18. und 19. Jahrhundert vor allem das Verhältnis zum Staat, wie es sich im Antisemitismus konstituiert. Während Dohm als Stimme des aufgeklärten Absolutismus auftrat, gelang es Lessing – dem besseren Freund der Juden (den Goldhagen nicht erwähnt) –, Distanz zum Staat zu halten und eben darum die Autonomie des Judentums anzuerkennen. Denn er dachte das Glück des einzelnen Individuums stets unabhängig vom

Zweck des Staats. Nach Lessing war es mit dieser Anerkennung – ebenso wie mit der Distanz zum Staat – jedoch vorbei. Der eliminatorische Antisemitismus organisierte die Staatstreue der Deutschen und Deutsch-Österreicher bis zu dem Punkt, an dem schließlich der Staat den eliminatorischen Antisemitismus organisieren sollte. Ulrich Enderwitz hat diesen Vorgang sehr luzid als Konstitution des »Volksstaats« beschrieben.[1]
In einem Interview erklärte Goldhagen: »Die fanatischsten Antisemiten der Geschichte kamen an die Macht und machten aus einem privaten Wunschtraum die Grundidee des Staates.« Der private Wunschtraum aber war von Anfang an auf die Idee des Staats gerichtet. Bei Goldhagen bleibt dieses Problem unreflektiert; es ist dennoch vorhanden und begründet die richtige Konsequenz, das richtig gewählte Apriori seiner Studie. Denn er geht konsequent von der Shoa aus, leitet von ihr das »kognitive Modell« ab und verfolgt dieses zurück bis ins 18. Jahrhundert: Die Frage des Staats ist gewissermaßen darin gespeichert, aber verdeckt. Damit hängt die strikt antipsychologische Methodik Goldhagens aufs engste zusammen: Wie schon der Begriff »kognitives Modell« nahelegt, konzentriert sich Goldhagen auf das, was im Bewußtsein der Antisemiten stattfindet, nicht aber auf das Verhältnis von Bewußtem und Unbewußtem. Ein Unbewußtes gibt es in seiner Darstellung von Antisemitismus und Vernichtung überhaupt nicht. Gerade das Traumhafte des privaten Wunschtraums, die Arbeit der Verdrängung und Projektion, bleibt darum in Goldhagens Untersuchung systematisch ausgeklammert – wie um zu verhindern, daß damit die Täter und Antisemiten entlastet werden könnten, daß ihr Denken und Tun als Allgemeinmenschliches relativiert würde. So ist es kein Zufall, daß jene Moralisten von Goldhagen so begeistert sind, die von der Gesellschaft, in der sie leben, keinen Begriff haben und nichts gelten lassen wollen, das außerhalb des Bewußtseins der Täter liegt, sei's der Staat, das Kapital oder die Libido.
Hier setzt die Kritik Slavoj Zizeks an, der den falschen Gegensatz von Bürokratisierung und Sadismus aufzulösen versucht, indem er gegenüber Hannah Arendt ebenso wie gegenüber Daniel Goldhagen auf dem Moment der »jouissance«, des individuellen Genusses und Lustgewinns, insistiert. Gegen Arendts bürokratische »Banalität des Bösen« gewandt betont er, daß »gerade die

›Bürokratisierung‹ des Verbrechens sich zu dessen libidinösem Einschlag zweideutig verhielt: Einerseits ermöglichte sie es den Beteiligten ... den Schrecken zu neutralisieren und die Arbeit als ›Arbeit wie jede andere auch‹ zu betrachten; andererseits bestätigt sich auch hier die grundlegende Erkenntnis über das perverse Ritual, da diese ›Bürokratisierung‹ per se eine Quelle zusätzlicher jouissance war. (Gibt es einem nicht einen zusätzlichen Kick, wenn man das Töten als komplizierten Verwaltungskriminalakt betreibt? ...)« (»Lettre« 38/97).[2] Bei Goldhagen wiederum vermißt Zizek eine Differenzierung zwischen der »Makro-« und »Mikrophysik« der Ideologie – zwischen der offiziellen staatlichen Macht und deren inoffiziellem, »obszönem Supplement« im Bewußtsein der Volksgenossen: »Sogar die Nazis selbst haben den Holocaust als eine Art kollektives ›schmutziges Geheimnis‹ behandelt. Wobei diese Tatsache nicht nur kein Hindernis für die Durchführung des Holocaust darstellte, sondern geradezu als libidinöser Stützpfeiler diente, da das Bewußtsein, daß ›wir alle gemeinsam drinhängen‹ und alle an einer gemeinsamen Überschreitung teilnehmen, ›Kitt‹ für die kollektive Kohärenz des Nationalsozialismus war.« Und nicht nur für die des Nationalsozialismus, sondern auch – was Zizek nicht ausspricht – für die seiner Nachfolgestaaten. Gerade die Freiheit, sich selbst zu entscheiden, die vom unausdrücklichen subtilen Zwang zum Verbrechen niemals gefährdet wurde, habe, so Zizek, den Volksgenossen und -genossinnen die »zusätzliche jouissance« verschafft, »Teil eines größeren, transindividuellen Körpers zu sein und ›mit dem kollektiven Willen zu schwimmen‹«. Zizeks »jouissance« stammt jedoch von Lacan. Damit ortet Zizek das Verhältnis des einzelnen zur Gesellschaft nicht nur in der Psychologie, sondern ontologisiert es eben dort: als Element einer ewigen symbolischen Ordnung, worin der Genuß immer nur aus dem Übertreten eines Verbots resultieren kann. Auf andere Art und Weise als bei Goldhagen bleibt so auch bei Zizek die Pathologie kapitalistischer Krisenbewältigung im dunkeln: daß es sich bei jenem großen, transindividuellen Körper, zu dem die Deutschen verschmolzen, um den nationalen Leib des Staats handelte, der in der großen Krise des Kapitals um sein Leben schwamm.

Die Abstraktion, die Goldhagen mit seinem kognitiven

Modell vorgenommen und von allen psychologischen oder ökonomisch-sozialen Zusammenhängen abgehoben hat, beruht allerdings auf der Tatsache der Shoa. Insofern ist sein kulturelles Muster auch kein bloßes Modell im gewöhnlichen Sinne – etwa der gängigen Diskurstheorien –, denn es ist aus der Shoa gewonnen, und die Shoa wird von Goldhagen eben nicht als Teil eines anderen, etwa des »antifaschistischen« Diskurses betrachtet, sondern als historische Tatsache, als Realität. Mit seiner Verallgemeinerung des kognitiven Modells zeichnet Goldhagen nur nach, was Staat und Gesellschaft im Dritten Reich realiter vollzogen, was Funktionäre und Bürger taten und geschehen ließen. Indem sie taten, was sie taten, und geschehen ließen, was geschah, haben sie selbst verallgemeinert. Die Shoa war die reale Abstraktion der Deutschen, mit der die ideelle des 18. und 19. Jahrhunderts ratifiziert wurde. Die Kritiker Goldhagens betreiben daher weniger eine »Flucht in die wissenschaftliche Abstraktion«, wie ihnen vorgeworfen wurde (»Taz«, 6.9.96), als vielmehr eine Flucht vor der realen Abstraktion, die von der Bevölkerung an sich selbst vorgenommen worden ist.
Den tätigen, zuschauenden und rückblickenden Deutschen selbst erscheint es eben genau umgekehrt: Sie fühlen sich als Inbegriff des Konkreten. Freilich sind die ehemaligen Volksgenossen und ihre Nachfolger mittlerweile selbst vereinzelt, und der frühere in der Gemeinschaft konkret gewordene Wille zur Macht hat sich in der Retrospektive in lauter kleine Einzelwillen zerstreut. Darum wird immerzu bei jedem einzelnen Täter, Mittäter oder Zuschauer von je verschiedenen Motiven und Umständen, Kausalitäten und Affekten ausgegangen, in deren Ansammlung man erst das wahre Geschichtsbild sieht. Gerade darin, daß sie immer nur konkret sein wollen, verbleiben die Schönfärber des Funktionalismus und die Geschichtenerzähler des Intentionalismus allesamt im ideologischen Horizont der Volksgemeinschaft, die sich als Konkretes nur darum erleben konnte, weil sie die Juden als imaginäre Personifizierung des Real-Abstrakten verfolgte und vernichtete. Von diesem Zusammenhang, auf den Moishe Postone in seinem theoretischen Versuch über *Nationalsozialismus und Antisemitismus* aufmerksam gemacht hat, weiß freilich wiederum Goldhagen nichts. Am nächsten kommt er dem Problem noch, wenn er davon spricht,

daß die Juden für die Deutschen »metaphysische Feinde« waren. Denn tatsächlich handelt es sich um die »Metaphysik« des Kapitalverhältnisses, um den von diesem Verhältnis hervorgetriebenen Gegensatz des Konkreten und Abstrakten, woraus die Deutschen durch Vernichtung der Juden die allgemeine Physis ihrer Volksgemeinschaft, den »großen transindividuellen Körper« schufen. Darin lag die »Sache«, bei der Jean Amérys Folterer mit ganzer Seele waren – ihr »Selbst«, das sich im Quälen und Töten derjenigen realisierte, die aus der Volksgemeinschaft als ihr Gegenteil ausgeschlossen wurden. Die Vernichtung der Juden war es, die jener singulären Identität der Deutschen mit ihrem Staat zugrunde lag und sie bis zuletzt garantierte. Und diese Identität wurde ganz im Geiste des Kapitalverhältnisses mit einer – der höchsten – Produktivität betrieben, in der sich der Gegensatz von bürokratischer Gleichgültigkeit und sadistischem Interesse notwendig aufheben mußte.

Die neuralgischen Punkte

So stehen sich denn Goldhagen und die Zunft der deutschen Historiker notwendig fremd gegenüber, und hier paßt das von Goldhagen selbst assoziierte Bild vom Ethnologen oder Kulturanthropologen und dem fremden Stamm noch besser (sosehr es auch eine Metapher bleibt und jeder wirklichen Stammesgesellschaft unrecht tut): der Forscher kann dessen Fetischismus nicht durchschauen, aber gut beschreiben; wo er nur ein Stück Holz sieht, sehen die Stammesangehörigen eine Fülle wirksamer Kräfte und Mechanismen.
Dies betrifft insbesondere die Debatte um den Begriff des eliminatorischen Antisemitismus. Das Epitheton bewahrt das Wissen der Shoa, markiert das Resultat und hält es in Erinnerung, auch wenn es um die Jahrhunderte davor geht. So zielen die deutschen Kritiker vor allem auf diesen Begriff und versuchen, ihn positivistisch zu zerkleinern und aufzuteilen in lauter ›konkrete‹ Antisemitismen: einen religiösen (katholischen und protestantischen), einen ökonomischen (antikapitalistischen und kleinbürgerlichen), einen sexuellen (männlichen und weiblichen), einen politischen (rechten und linken), vor allem aber auch einen jüdischen Selbsthaß,

der vielfach – von Paulus bis Weininger – den Antisemitismus erst erfunden haben soll. Und in dicken Sammelbänden werden die verschiedenen Judenbilder der verschiedenen Antisemitismen aneinandergereiht: der Gottesmörder, der Wucherer, der ewige Jude, die schöne Jüdin ... – wie um den einen abstrakten, alles integrierenden und am Ende aller Antisemitismen stehenden Begriff des Eliminatorischen zu vermeiden. So spärlich sich Goldhagen mit der Antisemitismus-Forschung auch in ihren nutzbringenden Teilen auseinandergesetzt hat (die große historische Studie Léon Poliakovs wird ebenso ignoriert wie der theoretische Versuch Moishe Postones), so souverän setzt er sich mit seinem von der Shoa abgeleiteten Begriff über all jene Untersuchungen hinweg, die Differenzierung als Verharmlosung betreiben.

Auf Anhieb und beinahe mühelos stößt Goldhagen mit seinem Modell zu den neuralgischen Punkten vor, dorthin, wo die deutschen Historiker stets vor Verallgemeinerungen zurückschrecken: Er registriert – indem er etwa die Todesraten im Konzentrationslager vergleicht – eine deutlich ausgeprägte Hierarchisierung der Opfer im Nationalsozialismus, an deren Spitze die Juden und Jüdinnen stehen, unmittelbar gefolgt von Roma und Sinti. Jedes Verwischen dieser ‚Vernichtungsprioritäten im Namen eines allgemeinen und gleichen Opferstatus von Juden, Polen, Russen usw. oder – innerhalb Deutschlands – Kommunisten, Schwulen, Katholiken, Sozialdemokraten, Zeugen Jehovas und Witze erzählenden Volksgenossen betreibt demgegenüber eine Verharmlosung des Antisemitismus der Deutschen. Ebenso hält er beim Vergleich mit dem Euthanasie-Programm fest, daß es hier Proteste aus der Bevölkerung gab, die schließlich zum offiziellen Abbruch des Programms führten (es mußte heimlich und auf reduzierter Basis weiter betrieben werden), während im Falle der Deportationen der Juden und Jüdinnen ein solcher Protest ausblieb: »Von seltenen Ausnahmen abgesehen, wurde hier der Versuch gar nicht unternommen. Nur einmal kam es zu einer größeren Protestbewegung von Deutschen zugunsten von Juden, als sich nämlich in der Berliner Rosenstraße deutsche Frauen zusammenfanden und drei Tage für die Freilassung ihrer festgenommenen jüdischen Ehemänner demonstrierten. Wie reagierte das Regime angesichts dieser Opposition aus dem Volk? Es machte einen Rückzieher. Die sechstausend jüdischen Männer wurden freigelassen, die Frauen blieben unbehelligt.« (Was Goldhagen gar nicht erwähnt: Selbst noch innerhalb der Gruppe der Euthanasie-Opfer gab es diese Hierarchisierung insofern, als die jüdischen Behinderten nicht einmal, wie die anderen, einer oberflächlichen Begutachtung zwecks Selektion unterzogen wurden.)

Anhand solcher präzise ausgewählten historischen Situationen vermag Goldhagen herauszuarbeiten, wie sensibel das NS-Regime auf die Reaktionen aus der Bevölkerung achtete, mit welcher Umsicht es Schritt vor Schritt setzte, wie nahe sich Führer und Geführte waren, als die Massenvernichtung der Juden in Gang gesetzt wurde. Auch Goldhagen berichtet gewissermaßen von einer ›kumulativen Radikalisierung‹ und von einem ›polykratischen‹ System, doch interessiert ihn dabei, wie die Institutionen und die Bevölkerung sich synthetisierten. Erst als die ersten Einsatzgruppen »bewiesen hatten, daß sie zu systematischen Massenhinrichtungen imstande waren ..., konnten Himmler, die NS-Führung und die SS sich der europaweiten ›Endlösung‹ zuwenden, um die Wirklichkeit den nationalsozialistischen Idealen näher zu bringen«. Indirekt ist damit ausgesprochen, daß die Wirklichkeit diese Ideale nicht hätte erreichen können, wenn die Einsatzgruppen bereits am Anfang bewiesen hätten, daß sie zu systematischen Massentötungen von Juden und Jüdinnen nicht imstande wären. Die Praxis des Massenmords verlief insgesamt in dieser experimentellen Art: Über Monate gab es an der Spitze des Staats Zweifel, ob das nationale Projekt ›unten‹ überhaupt umsetzbar sei. Sie konnten aber bald durch die ersten positiven Erfahrungen mit den Mordkommandos, den Tenor der von den zuständigen Stellen gelesenen und ausgewerteten Feldpostbriefe der Wehrmachtssoldaten und durch das Ausbleiben jeglichen Protestes überwunden werden. Selbst der militärische Widerstand war, wie Goldhagen zeigt, nicht weit von jenen Idealen des nationalen Vernichtungsprojekts entfernt. Er zitiert Berthold von Stauffenberg, den Bruder jenes Claus von Stauffenberg, der am 20. Juli 1944 die Bombe zündete, die Hitler töten sollte, mit den Worten: »Auf innenpolitischem Gebiet hatten wir die Grundideen des Nationalsozialismus zum größten Teil bejaht ... Der Rassegedanke ... erschien uns gesund und zukunftsträchtig.« Für die »Stunde Null« prognostizierte der Bonhoeffer-Kreis mit sichtlichem Wohlgefallen, »daß die Zahl der überlebenden und nach Deutschland zurückkehrenden Juden ... nicht so groß sein« werde, »daß sie noch als Gefahr für das deutsche Volkstum angesehen werden können«.

Mit ebensolcher traumwandlerischen Sicherheit schlußfolgert Goldhagen auch dort richtig, wo er es an Aufmerksamkeit fehlen läßt, etwa gegenüber den Österreichern. Ohne sie überhaupt zu erwähnen, klärt Goldhagen über sie präziser auf, als die meisten Studien aus dem Umkreis des österreichischen Antifaschismus und der akademischen Zeitgeschichte. Daß er die Beteiligung der Österreicher am Massenmord, die bekanntlich überproportional groß war, nicht explizit berücksichtigt, wurde ihm von verschiedenen Seiten vorgeworfen (so etwa in den USA von Paul Johnson). Sie bleibt darum aber keineswegs unklar, wie nicht nur Mommsen, sondern auch Ingrid Strobl meinte, die in diesem einen Punkt in Sachen Goldhagen mit dem Oberhaupt der Funktionalisten übereinstimmt: »Österreicher nahmen generell in allen Bereichen, die mit der Ermordung jüdischer Menschen zu tun hatten, eine herausragende Stellung ein. Und die Ausschreitungen der normalen Österreicher gegen ihre jüdischen Nachbarn sofort nach dem deutschen Einmarsch gelten zu Recht als Paradebeispiel eines besonders gemeinen Antisemitismus. Goldhagen erwähnt diese besondere Mitverantwortung der Österreicher allerdings mit keinem Wort und verzichtet auch auf jede Erwähnung des spezifisch österreichischen Antisemitismus, der schließlich Hitler und viele seiner ›willigen Vollstrecker‹ prägte« (»Taz«, 6.9.96).

Sosehr dieser Verzicht sich verhängnisvoll auf die Rezeption Goldhagens in Österreich ausgewirkt hat – dort wurde die Diskussion gewissermaßen unbeteiligt verfolgt, ganz nach dem alten Motto der österreichischen Lebenslüge: ›Das waren ja die Deutschen, nicht wir‹ –, weist dennoch das kognitive Modell Goldhagens selbst in diesem Fall prinzipiell den richtigen Weg: Die Österreicher tragen nicht nur *Mit*verantwortung, der Österreicher Hitler war schließlich auch kein Kollaborateur; sie verstanden sich als Deutsche mindestens ebenso wie als Österreicher, als die Hetzjagd auf die Juden im März 1938 wie mit einem großen Fest begann; sie nahmen als solche am Vernichtungskrieg und am Massenmord an

den Juden und Jüdinnen teil. Daß sie sich danach aus verständlichen Gründen nicht mehr unbedingt als Deutsche verstehen wollen, leuchtet ein. Sie waren aber – im Unterschied zu Ukrainern, Kroaten, Albanern etc. – keine Kollaborateure, sondern gingen im Dritten Reich so vollständig auf wie etwa die Bayern, die Schwaben und die ebenfalls heimgeholten Sudetendeutschen. Auch damit wurde eine über lange Zeit angelegte Abstraktion schlagartig ratifiziert.[3]
Die Deutsch-Österreicher haben stets als Deutsche gehandelt, soweit sie sich Nichtdeutschen gegenüber sahen – von den Josephinern des 18. Jahrhunderts über die Revoutionäre von 1848 bis zur deutsch-österreichischen Sozialdemokratie; und sie bezogen sich mitunter noch in der Abgrenzung von Deutschland (die viele Juden und Jüdinnen verhängnisvolle Hoffnungen auf eine österreichische Identität setzen ließ) positiv auf ihr Deutschsein: Österreich als der »bessere deutsche Staat«. Als Österreicher verstand man sich, wenn die Einheit des Habsburgerreichs gemeint war, als Deutscher aber, wenn es innerhalb dieser Einheit darum ging, seine Position als Herrenvolk zu behaupten. All das begreift richtig, wer von der Shoa aus die österreichische Geschichte betrachtet und nicht von der Österreich-Ideologie des Nachkriegsstaates, der irrealsten Abstraktion der neueren Geschichte. So ist es im Grunde vollkommen korrekt, daß Goldhagen die Österreicher nicht einmal erwähnt. Er differenziert ja bei den Täterkollektiven auch nicht zwischen Bayern, Schwaben, Ostfriesen, Sudetendeutschen usw. Um Mißverständnisse zu vermeiden, könnte er vielleicht in einer Neuauflage die Fußnote hinzufügen, daß die Österreicher unter dem Gesichtspunkt des Nationalsozialismus und des Holocaust als Deutsche zu betrachten seien.

III. Austritt aus dem kognitiven Modell, Eintritt in die Nato

Überraschend wohlwollend hatte Götz Aly auf Goldhagens Studie reagiert (vgl. »Mittelweg 36« 5/96). Immerhin stellt sie ja seinen und Susanne Heims Ansatz in Frage, den Massenmord an den Juden den übrigen bevölkerungspolitischen Maßnahmen der Nazis zu subsu-

mieren. Während des Kosovo-Kriegs – ehe noch Goldhagen seinen Kriegs-Appell in der »Süddeutschen« publizierte – führte Aly dann unter dem Titel »Das Deutsche in Serbien« in der »Taz« (17.4.99) vor, wie gut sich eine Art verwässerter Version von *Hitlers willigen Vollstreckern* zur Kriegspropaganda eigne: »In Belgrad herrscht Bombenstimmung: ›Ein Volk, ein Großserbien, ein Führer.‹ Unter dem Eindruck der Nato-Angriffe findet die serbische Volksgemeinschaft endgültig zu sich selbst. Gemeinschaftsstiftend sind die im Namen des Volkswohls begangenen Massenverbrechen der vergangenen zehn Jahre. Diese Taten müssen verdrängt werden. Am besten geschieht dies in der Verkehrung von Opfern und Tätern – vor allem in der Inszenierung des Selbstmitleids. Ein in Deutschland gut bekanntes Phänomen, ob es um die Selbstkonfrontation mit dem Holocaust ging oder um die Erbschaft des Stasi-Staates. In diesem geschlossenen System von Terror und millionenfacher Mitschuld gedeihen Kollektivismus und Selbstverblendung. Diese geistige Verbunkerung läßt sich nicht anders aufbrechen als durch Gewalt von außen ... Weniger die Nato-Angriffe als das Ausmaß der gegenwärtigen Verbrechen stärkt den Durchhaltewillen. Daraus folgt ein verändertes Kriegsziel: Das Kosovo muß durch die Truppen der Nato befreit werden. Serbien hat sein Recht auf den Kompromiß von Rambouillet verwirkt, weil die serbischen Einsatzkommandos Völkermord im Namen und im Auftrag des serbischen Volkes begehen ... Am Ende des Krieges wird ein internationales Militärtribunal, wie einst in Nürnberg, über die Kriegsverbrecher zu richten haben.«
In der Volksausgabe, die Aly hier von Goldhagens Buch fürs grüne und rote Wahlvolk anfertigte, sind alle Begriffe aus der Goldhagen-Diskussion (das Deutsche, Volksgemeinschaft, Völkermord, Massenverbrechen ...) und darüber hinaus das Vokabular der Kritischen Theorie (Verkehrung von Opfern und Tätern ...) frei verfügbar geworden und funktional, um jeden beliebigen Gegner (sei's Milosevic oder die Stasi) zu stigmatisieren. Einige Passagen Goldhagens müssen jedoch von Aly umgeschrieben werden, um die Gleichsetzung zu ermöglichen: »Mit den Massenvertreibungen im Kosovo, den Morden an albanischen Lehrern, Journalisten, Rechtsanwälten und Ärzten, mit der Liquidierung von wehrfähigen Männern hat Milosevic, hat Serbien jene

Grenze überschritten, die Hitler und die Deutschen in den ersten vier Wochen des Kriegs gegen die Sowjetunion hinter sich gelassen hatten.« Wen immer Milosevic liquidieren ließ, die Grenze, die Hitler und die Deutschen hinter sich gelassen hatten, ist anderer Art gewesen. Goldhagen hat über die Taten der Deutschen in den ersten vier Wochen z.B. folgendes geschrieben: »Ende Juni und Anfang Juli 1941 ermordeten die Deutschen gemeinsam mit ihren litauischen Helfershelfern in Kowno (Kaunas) Tausende von Juden. In Lwow (Lemberg) brachten sie mit Hilfe von Ukrainern einige tausend Juden um. Zur ersten großen Massenerschießung, die die Einsatzkommandos selbst durchführten, kam es wahrscheinlich am 2. Juli in der ukrainischen Stadt Luzk, wo Angehörige des Sonderkommandos 4a mehr als 1.100 Juden hinrichteten; dem war am 27. Juni in Bialystok eine wahre Orgie aus Schrecken und Vernichtung vorausgegangen, angerichtet vom deutschen Polizeibataillon 309. ›Technisch‹ variierten diese ersten Mordeinsätze erheblich, denn die Deutschen experimentierten noch auf der Suche nach der besten Vernichtungsmethode.« Das Ziel, das Ideal der Deutschen war indessen klar: Vernichtung des Judentums. Es in die Praxis endlich umzusetzen, das war nach Goldhagen die Grenze, die Hitler und die Deutschen 1941 überschritten. Götz Aly jedoch ist im Grunde nur seiner Auffassung von der »Ökonomie der Endlösung« treu geblieben, wie sein Vergleich von Milosevic und Hitler zeigt: Beide hätten eben imperialistische, bevölkerungspolitische und raumordnende Aktionen gegen andere Völker unternommen; im einen Fall seien vor allem die Juden ausgerottet worden, im anderen Fall wäre dies beinahe den Albanern geschehen, wenn man von außen nicht entschlossen eingegriffen hätte.
Allerdings ist Goldhagen selbst bereit gewesen, sein kognitives Modell auf die Serben zu projizieren, während viele seiner (ehemaligen) Gegner, etwa Rudolf Augstein, sich nun – während des gemeinsamen Kosovo-Einsatzes von US-Amerikanern und Deutschen – prompt auch als Gegner des Kriegs entpuppten. Diese Friedensbewegten brauchen Goldhagens Argumentation so wenig, wie sie die Amerikaner als Führungsmacht länger dulden wollen. Denn der Krieg, für den allein sie sich erwärmen könnten, müßte wieder unter deutscher, sprich: europäischer Führung stehen. So bil-

deten sich eigentlich bereits im Zuge der Goldhagen-Debatte jene beiden Linien heraus, die dann im Kosovo-Krieg manifest geworden sind: Antiamerikanismus als Motivation für den Frieden, Antifaschismus als Legitimation für den Krieg.
Voraussetzung der Kriegstauglichkeit der Studie Goldhagens war jene Stunde Null, die ihr Autor schon lange vor dem Krieg proklamiert hatte: Zunächst nur in einer Anmerkung seines Buches, dann im Vorwort zur deutschen Ausgabe, schließlich bei der Entgegennahme des Demokratiepreises der »Blätter für deutsche und internationale Politik« (die nicht zufällig so heißen: man beachte die Reihenfolge) verkündete Goldhagen den Austritt der Deutschen aus ihrem ureigensten kognitiven Modell. Wie mit einem Lichtschalter wurde da ausgeknipst, was ihr Gemeinsames über Jahrhunderte illuminiert hatte.
Die willkürliche Setzung dieser Stunde Null, die Annahme, die Deutschen hätten sich nach 1945 geläutert und seien zu netten Demokraten geworden, ergab sich allerdings aus den Nöten und Zwängen, in die Goldhagen durch seine Theorie des kognitiven Modells geraten war. Mit der Proklamation des nunmehr anständigen Deutschen konnte er sich nämlich dem Vorwurf entziehen, den überall in Deutschland die Kritiker lauthals und unisono angestimmt hatten: Er kehre bloß den Rassismus um, er erkläre den Antisemitismus zu einer erblichen Eigenschaft der Deutschen, er behaupte, es gebe wohl ein (spezifisch deutsches) Antisemitismus-Gen. Da seine Theorie tatsächlich nichts über die Genese und den gesellschaftlichen Zusammenhang des Antisemitismus auszusagen vermag – so wenig etwa wie Kant über die Entstehung und die gesellschaftliche Substanz des Transzendentalsubjekts –, kam Goldhagen regelrecht in die Bredouille: Es fehlte ihm gewissermaßen der Gegenbeweis: der nicht-antisemitische Deutsche, der beweisen würde, daß Antisemitismus kein Resultat einer genetischen Besonderheit ist. Aus dieser Klemme konnte er sich herausschlagen, indem er einfach den Bruch mit dem kognitiven Modell behauptete – eine Behauptung, der wiederum die heute lebenden Deutschen am wenigsten widersprechen mögen, werden sie durch sie doch von einer Last, die sie im Vollzug ihrer neuerlichen Weltmachtpolitik gerade sowieso dringend loswerden wollen, ausgerechnet von demjenigen befreit,

der sie ihnen soeben noch besonders drastisch vor Augen geführt hatte. Nicht zufällig, aber wohl doch ungewollt ist Goldhagen damit tatsächlich zu einer Art Erlöserfigur für die Deutschen geworden.

Die Freisprechung des heutigen Deutschland erstaunte selbst die Antisemiten unter den Kritikern Goldhagens. Sosehr sie gegen seine Einschätzung des alten Deutschland rebelliert hatten, die des neuen konnten sie dennoch nicht akzeptieren – da kannten sie sich selbst doch zu gut. Es handelt sich bei Goldhagens Akkommodation ans heutige Deutschland allerdings um eine beachtliche Verdrängungsleistung. Er, der noch bei den Freunden der Juden im 18. Jahrhundert jenes kulturelle Modell aufzudecken suchte, das schließlich in der Vernichtung resultierte, muß sich, um an seiner Auffassung vom geläuterten Deutschland festhalten zu können, über alle Mechanismen der Schuldabwehr hinwegtäuschen, die ihm bei deutschen Historikern und Journalisten gerade unentwegt begegnet sind und die nichts anderes als die modernisierte Form jenes kognitiven Modells darstellen, dem er in seiner Studie auf der Spur war. Er machte es so gründlich, daß er schließlich denen beispringen konnte, die Auschwitz im Kosovo entdeckt hatten, um erstmals nach 1945 wieder Krieg führen zu können.

Hier zeigt sich erneut jene seltsame Dynamik, die sich bereits in der deutschen Rezeption Ruth Klügers vor einigen Jahren beobachten ließ: Je schärfer Überlebende des Holocaust oder deren Nachfahren mit dem alten Deutschland ins Gericht gehen, desto besser erscheinen sie dem neuen Deutschland geeignet, als Erlöser von der Vergangenheit zu fungieren und seine aktuelle Politik zu rechtfertigen; je offener sie über die Verbrechen der Vergangenheit sprechen, desto mehr wiegt ihr wie auch immer gemeintes, aber jedenfalls positiv interpretiertes Urteil über die Zustände, die doch auf den Verbrechen der Vergangenheit beruhen. Der Sammelband *Briefe an Goldhagen* gibt über die Erlösungssehnsucht, die um jeden Preis sich an die nationale Identität klammert, ja diese zum eigentlichen Zielpunkt der Erlösung macht, erstaunliche Auskünfte: »Mein Herz ist einfach voll von all dem Leben hier in einem Deutschland, das meiner Ansicht nach noch nicht geheilt ist, aber geheilt werden kann, auch durch so ein Buch wie Ihres.«

Diesen nationalen Erlösungswahn gibt es freilich auch

in rationalisierter Gestalt – so etwa bei Birgit Rommelspacher, die sich von der antinationalen Goldhagen-Rezeption distanzierte, weil sie darin eine »negative Selbstmystifizierung« zu erkennen glaubt: »Dann wird der Nationalsozialismus zum eigentlichen Bezugspunkt der Selbstdefinition, zum negativen Identitätssymbol. Dabei wird davon ausgegangen, daß sich vor allem im Nationalsozialismus zeigt, was die Deutschen eigentlich ausmacht.« Demgegenüber sucht Rommelspacher jedoch weiterhin nach positiver Identität im Deutschen und glaubt gerade in Goldhagen wenn nicht den Erretter, so doch dessen Propheten gefunden zu haben: »Goldhagens Buch ist jedoch eine neue Chance für die Deutschen, sich der Auseinandersetzung zu stellen – gerade heute in einer Zeit besonders intensiver Selbstverständnisdebatten. Nimmt man die offiziellen Verlautbarungen, so ist zu befürchten, daß diese Chance ausgeschlagen wird. Die breite Resonanz auf das Buch läßt jedoch auch hoffen, daß dies nicht die einzigen Reaktionen sind.«

Es wäre gewiß vermessen und würde die Macht geschichtlicher Vorgänge über die Gegenwart leugnen, würde man behaupten, daß sich der einzelne, der hier unter die Deutschen geraten und zum Opfer solch inbrünstiger Erlösungshoffnungen und intensiver Selbstverständnisdebatten geworden ist, dieser Dynamik der deutsch-jüdischen bzw. deutsch-amerikanischen Beziehungen, dieser Instrumentalisierung durch deutschen Erlösungswahn, irgendwie hätte entziehen können. Allerdings sind in dieser Rezeptionssituation die Schwächen der Goldhagenschen Methode plötzlich voll zum Tragen gekommen – und haben sich als Stärken bei der Akkommodation an die Berliner Republik erwiesen. Es erscheint für diesen Zweck nun nützlich, daß Goldhagen sich nicht um die Genese des Antisemitismus kümmerte, die Frage des Staats ebenso wie die des Kapitals ausklammerte und der des Unbewußten keinerlei Bedeutung schenkte: Jetzt kann das transzendentale Modell-Subjekt mit einem Mal in die Transzendenz der Vergangenheit geschickt werden – und bleibt dort jederzeit abrufbar, wenn etwa die Legitimation eines Krieges ansteht.[4]

Geradezu groteske Züge haben diese stark gewordenen Schwächen bereits in der Dankesrede angenommen, die Goldhagen bei der Verleihung des Demokratiepreises

im März 1997 hielt. Dort trat er plötzlich als biederer Volkspädagoge und Aufklärer des 19. Jahrhunderts auf, der keine Ahnung hat von dem, was da kommen kann, und rühmte die Lernfähigkeit der Deutschen: »Menschen überdenken Überzeugungen und Wertvorstellungen anhand ihrer Erfahrungen und im Lichte konkurrierender Überzeugungen und Werte« – als wäre es nicht gerade die Eigenschaft des antisemitischen Syndroms, solche Erfahrungen zu verhindern und das Licht konkurrierender Werte abzublenden. Goldhagen aber sieht nicht nur alle Menschen – »alle und täglich« – ihre Überzeugungen im Lichte ihrer Erfahrungen überdenken: »Manchmal macht die große Mehrheit einer Gesellschaft die gleiche fundamentale Erfahrung und lernt auf diese Weise das gleiche. Das passiert typischerweise nach einem antinationalen Trauma oder wenn grundlegende Institutionen der Gesellschaft Veränderungen durchlaufen.« Als Beispiel neben dem der Deutschen nach 1945 zieht Goldhagen die »Weißen im Süden der USA« heran: Sie »änderten nach der Abschaffung der gesetzlichen Rassentrennung ihre Einstellung zur Rolle der Schwarzen in der Gesellschaft grundlegend« (»Blätter für deutsche und internationale Politik« 4/97).
Das Beispiel ist eine Rationalisierung der besonderen Art, weil hier mit dem Antisemitismus der Deutschen zugleich der Rassismus der weißen Amerikaner mitentsorgt wird. Goldhagen kommt nicht einmal auf die Idee, daß die gesetzliche Abschaffung der Rassentrennung so etwas wie die Ratifizierung ihrer Verinnerlichung bedeuten könnte, solange die tiefer liegenden Strukturen rassistischer Unterdrückung nicht abgeschafft werden. Hier zeichnet sich im intellektuellen Verfahren bereits der gemeinsame Einsatz Deutschlands und der USA im Kosovo-Krieg ab. Deutlicher noch scheint dies am Ende der Goldhagenschen Dankesrede der Fall: »Es ist an der Zeit, dieses deutsche Modell zu internationalisieren. Es ist Zeit, daß andere Nationen der Bundesrepublik in Sachen Nationalgeschichtsschreibung und Selbstverständnis nacheifern« (ebd.). Eben zu diesem Zweck – die Serben zum Nacheifern zu ermuntern – bombardierte man schließlich gemeinsam Jugoslawien und marschierte im Kosovo ein.
Auch die Konzentration des Wissenschaftlers Goldhagen auf Erschießungen und Todesmärsche, die in *Hitlers willige Vollstrecker* die bürokratischen und indu-

striellen Abläufe der Massenvernichtung in den Hintergrund treten ließ und seiner Studie zunächst viele Einsichten eröffnet hatte, deren Beschränktheit von Raul Hilberg aber zu Recht kritisiert worden war, sollte dem Nato-Fürsprecher Goldhagen schließlich zum Vorteil gereichen. So konnte er in seinem Aufruf zur konsequenten Kriegführung das Verhalten der serbischen Banden und Militärs mit dem der deutschen Volksgemeinschaft gleichsetzen. Der Gegensatz zwischen industrieller Vernichtung und sadistischer Mordlust, bürokratischer Kälte und antisemitischer Wut ist der falsche Schein, aus dem Goldhagen nun die passenden Projektionen für die Berliner Republik und ihre Nato-Gefolgsleute fabrizieren kann: »Die serbischen Schreckenstaten unterscheiden sich von denen der Nazis grundsätzlich nur durch die geringeren Dimensionen« (»Süddeutsche Zeitung«, 30.4./2.5.99).
Wer genauer hingehört hat, konnte Goldhagens Demokratiepreis-Rede zwei Jahre zuvor allerdings noch als Beschwörung verstehen – als eine Beschwörung, mit der er sich selbst von einigen Zweifeln befreien wollte, die als Ergebnis der eigenen Forschungen in seinem Bewußtsein zurückgeblieben sind: »Deutschland ist mächtiger geworden. Die ungewöhnliche Nachkriegskonstellation der deutschen und der internationalen Politik, die die Bonner Republik hervorgebracht hat, besteht nicht mehr. Die Beschränkungen des Kalten Krieges sind weggefallen. Der Machtwille des Nationalstaates steht den mäßigenden Auswirkungen des internationalisierten deutschen Selbstbildes und der deutschen Demokratie gegenüber. Hinzu kommen fortwährende nationale und internationale institutionelle Beschränkungen deutscher Macht. Was wird sich letztendlich durchsetzen? Ist die Zeit gekommen, die Internationalisierung der deutschen Nationalgeschichte und der deutschen Demokratie zu beenden – jetzt, da die Bundesrepublik Deutschland ›erwachsen‹ geworden ist? Nein. Die Grundlagen der Bonner Republik und ihres Erfolgs, darunter ihr außergewöhnliches Selbstverständnis und ihre außergewöhnliche politische Praxis, müssen auf die Berliner Republik übertragen werden.«
Ein solch banges Fragen, was aus der Berliner Republik wohl werden mag, das Goldhagen dann im Kosovo-Krieg vollständig überwand, kannte Jürgen Habermas schon als seinerzeitiger Laudator Goldhagens nicht

mehr: »Hier sehe ich Goldhagens eigentliches Verdienst. Er richtet den Blick nicht auf unterstellte anthropologische Universalien, nicht auf Gesetzmäßigkeiten, denen präsumtiv alle Menschen unterworfen sind. Die mögen, wie die vergleichende Genozidforschung behauptet, auch einen Teil des Unsäglichen erklären. Goldhagens Erklärung bezieht sich jedoch auf spezifische Überlieferungen und Mentalitäten, auf Denk- und Wahrnehmungsweisen eines bestimmten kulturellen Kontextes. Sie bezieht sich nicht auf ein Unveränderliches, in das wir uns zu schicken haben, sondern auf Faktoren, die durch einen Bewußtseinswandel verändert werden können. Der anthropologische Pessimismus, der hierzulande mit einem fatalistischen Historismus im Bunde steht, ist eher Teil des Problems, dessen Lösung er zu liefern vorgibt. Daniel Goldhagen gebührt Dank dafür, daß er uns in einem anderen Blick auf die Vergangenheit bestärkt hat« (»Blätter für deutsche und internationale Politik« 4/97). Der andere Blick besteht offenkundig darin, daß in Deutschland nur die Kommunikation noch zu verbessern ist. Die Faktoren des Bewußtseins sind in ständiger Überredung zu bearbeiten. Was außerhalb dieses kommunikativen Bewußtseins liegt, mag sein, wie und was es will, es gehört für Habermas (der sich im übrigen, einen Tag bevor Goldhagen in der »Süddeutschen Zeitung« zu den Waffen rief, in der »Zeit« vom 29.4.99 an einer weltbürgerrechtlichen Begründung des Nato-Krieges versuchte) mittlerweile zu den anthropologischen Universalien, die sich ohnehin nicht ändern lassen.

Jan Philipp Reemtsma wies demgegenüber immerhin noch auf das gesellschaftliche Unbewußte hin, als er bei der Verleihung des Demokratiepreises Goldhagens Begriff des kulturellen Modells als »Code« erläuterte: »Es war gerade die weite Verbreitung und selbstverständliche Verwendung dieses Codes, die ihn oft unterhalb der Wahrnehmungsschwelle hielt. Telford Taylor berichtet rückblickend, wie die Richter von Nürnberg Dönitz's Satz, er sei selbstverständlich der Meinung gewesen, die Ausschaltung der Juden aus der deutschen Volksgemeinschaft sei die unabdingbare Voraussetzung für Deutschlands militärische Stärke gewesen, darum nicht bemerkt hätten, weil Dönitz, der von sich natürlich behauptete, niemals Antisemit gewesen zu sein, selber nicht bemerkt habe, daß seinen Richtern an dieser Aussage etwas hätte auffallen können« (ebd.). Die Feiernden von 1997 haben dabei gar nicht bemerkt, welche Konsequenzen sich aus dieser wirklich tiefgreifenden Einsicht in das Apriori des Antisemitismus für ihre gefeierte Demokratie ergeben müssen, die genau auf diesem Gegen- und Miteinander von deutschem Wahn und seiner westlichen Rationalisierung beruht. Dazu freilich dient letztlich selbst noch die Rede vom Code: In all seinen Stellungnahmen zur Entwicklung Deutschlands nach 1945 versucht Goldhagen, sein kognitives Modell, das kein Modell ist, in einen Diskurs zurückzuverwandeln, um sich an die Gepflogenheiten nicht nur der demokratischen Nachkriegsordnung, sondern ebenso der neuen Nato-Kriegsordnung anzupassen.

Anmerkungen

1 Um so seltsamer, daß Enderwitz in dem Band *Goldhagen und die deutsche Linke* (und im Anschluß daran von Stefan Wirner in KONKRET 7/99) vorgeworfen wird, »den Holocaust allein aus der Kriegslogik« zu erklären, läßt sich doch in seinem Begriff des Volksstaats die Kriegslogik vom Antisemitismus eigentlich nicht separieren. Daß Enderwitz dabei ohne den Begriff des Wahnsinns nicht auskommt – wie auch? –, wird ihm hier als »offenkundige Peinlichkeit« nachgetragen, als würde nicht Goldhagen die Rede von der Geisteskrankheit bei weitem unreflektierter strapazieren.
2 Schon Max Horkheimer wandte gegenüber Hannah Arendts Eichmann-Buch ein: »Der Begriff der ›Banalität des Bösen‹, in dem der Sadismus keine Rolle spielt, ist Mist.«
3 Wenn sich der Widerstand gegen den Nationalsozialismus, der im wesentlichen von Kommunisten getragen wurde, explizit als nationaler österreichischer begriff, so ist dies zunächst ein Produkt der Volksfront-Taktik gewesen, er hätte sich unter anderen taktischen Vorgaben auch auf ein besseres, anderes Deutschland berufen können. Allein die Isoliertheit dieses österreich-nationalen Widerstands innerhalb der deutsch-österreichischen Bevölkerung zeigt, daß im März 1938 eine historisch entwickelte, im Land selbst lange vorbereitete Möglichkeit realisiert worden ist.
4 Damit ist die Entwicklung einer zeitgemäßen Totalitarismustheorie abgeschlossen: Hatte die Ost-West-Konstellation des Kalten Kriegs es erfordert, zuallererst das sowjetische System mit dem NS-Staat gleichzusetzen, so wird dieser Manichäismus nun dynamisiert: Um Deutschland wieder einsatzbereit zu machen, ist alle Betonung jetzt auf die Läuterung der Deutschen zu legen. Es handelt sich abermals um einen christlichen Modus: Ein Damaskuserlebnis wird beschworen, eine Bekehrung von Saulus zu Pau-

lus. Und mit diesem Geläuterten soll nun jeder neue Saulus verdammt werden.

Literatur

Theodor W. Adorno: Schuld und Abwehr. Eine qualitative Analyse zum Gruppenexperiment, in: *Gesammelte Schriften*, hrsg. v. Rolf Tiedemann, Bd. 9/2, Frankfurt am Main 1985.
Götz Aly/Susanne Heim: *Vordenker der Vernichtung und die deutschen Pläne für eine neue europäische Ordnung*. Hamburg 1991.
Jean Améry: *Jenseits von Schuld und Sühne. Bewältigungsversuche eines Überwältigten.* Stuttgart 1977.
Arbeitskreis Goldhagen (Hg.): *Goldhagen und Österreich. Ganz gewöhnliche ÖsterreicherInnen und ein Holocaust-Buch.* Wien 1998.
Ulrike Becker u.a.: *Goldhagen und die deutsche Linke oder Die Gegenwart des Holocaust.* Berlin 1997.
Christopher R. Browning: *Ganz normale Männer. Das Reserve-Polizeibataillon 101 und die ›Endlösung‹ in Polen.* Hamburg 1993.
Joachim Bruhn: *Was deutsch ist. Zur kritischen Theorie der Nation*. Freiburg 1994.
Jürgen Elsässer/Andrei S. Markovits (Hg.): *»Die Fratze der eigenen Geschichte«. Von der Goldhagen-Debatte zum Jugoslawien-Krieg.* Berlin 1999.
Ulrich Enderwitz: *Antisemitismus und Volksstaat. Zur Pathologie kapitalistischer Krisenbewältigung.* 2. Aufl. Freiburg 1998.
Norman G. Finkelstein/Ruth Bettina Birn: *Eine Nation auf dem Prüfstand. Die Goldhagen-These und die historische Wahrheit.* Mit einer Einleitung von Hans Mommsen. Hildesheim 1998.
Daniel Jonah Goldhagen: *Hitlers willige Vollstrecker. Ganz gewöhnliche Deutsche und der Holocaust.* Berlin 1996.
Daniel Jonah Goldhagen: *Briefe an Goldhagen.* Berlin 1998.
Johannes Heil, Rainer Erb (Hg.): *Geschichtswissenschaft und Öffentlichkeit. Der Streit um Daniel J. Goldhagen.* Frankfurt am Main 1998.
Raul Hilberg: *Die Vernichtung der europäischen Juden.* 3 Bde. Frankfurt am Main 1990.
Max Horkheimer: Späne. Notizen über Gespräche mit M. H., in unverbindlicher Formulierung aufgeschrieben von Friedrich Pollock: *Gesammelte Schriften*, hrsg. v. Alfred Schmidt u. Gunzelin Schmid Noerr, Bd. 14. Frankfurt am Main 1988.
Léon Poliakov: *Geschichte des Antisemitismus.* 8 Bde. Worms/Frankfurt am Main 1979-1988
Julius H. Schoeps (Hg.): *Ein Volk von Mördern? Die Dokumentation zur Goldhagen-Kontroverse um die Rolle der Deutschen im Holocaust.* Hamburg 1996.

Gerhard Scheit

Michael Werz (Hg.): *Antisemitismus und Gesellschaft.* Frankfurt am Main 1995.

Ich danke Wolfgang Schneider für materialreiche Unterstützung.

Heiner Möller

Dem Volke dienen
oder Die Wiederkehr des Deutschen in den Deutschen

Sponti, Straßenkämpfer, Hausbesetzer, Taxifahrer – wer diese Aufzählung liest, weiß, daß von Außenminister Joseph Fischer die Rede ist. Bei Opel in Rüsselsheim diente er einst dem »Revolutionären Kampf«, wie sich die Gruppe nannte, in der er politisierte, und arbeitete an der Zeitung »Wir wollen alles« mit. Eine fast typische linke Karriere Ende der sechziger und in den siebziger Jahren. Nicht alle jedoch, die in linken Gruppen als Anarchos, Spontis, K-Grüppler oder Trotzkisten, seltener in kleinen Theoriczirkeln, an der revolutionären Veränderung der Gesellschaft arbeiteten, haben es zum Bundesaußenminister gebracht. Aber viele der damaligen Revoluzzer finden sich auf ihren mittlerweile erreichten unterschiedlichen Ebenen beruflicher, familiärer und politischer Etablierung in dem wieder, was Deutschlands im Jahr 1999 mit Abstand beliebtester Politiker treibt. Selbst wenn der Mann nichts weiter tut, als die Kriegspolitik der deutschen Großmacht zu begründen, bedient er den moralisch-revolutionären Impetus der Vergangenheit und befriedigt damit sein und seiner Klientel Ego. »Wir führen keinen Krieg, wir leisten Widerstand, verteidigen Menschenrechte, Freiheit und Demokratie«, erläuterte er im Interview dem »Spiegel« (19.4.99). »Mir fällt dazu die spanische Widerstandskämpferin ›La Pasionaria‹ ein. ›No pasaran‹ hieß die Kampfparole der Republikaner gegen das Franco-Regime – die Faschisten kommen nicht durch.« Und noch in einer der schäbigsten Kampagnen während des Krieges, in deren Verlauf Bundeskanzler Schröder im Bundestag à la Adenauer dem PDS-Mann Gysi nach dessen Besuch bei Milosevic Vaterlandsverrat vorwarf – Gysi solle aufpassen, daß er nicht »von einer Fünften Kolonne Moskaus zu einer Fünften Kolonne Belgrads« werde –, sekundierte Fischer von »links« und warf Gysi, Bert Brecht mißbrauchend, vor, er habe sich zum »Weißwäscher des Faschismus« gemacht.
Im Januar 1999 hatte sich der grüne Außenminister Zeit genommen, in das – wie die »FAZ« ihn zitierte –

»Traumland seiner Kindheit« zu reisen. Im Rahmen einer Tour nach Ungarn leistete er sich einen Abstecher in das Dorf Budakeszi. Der in der Nähe Budapests gelegene Ort wurde bis 1945 von seiner aus dem Schwäbischen stammenden Bevölkerung Wudigess genannt. Wie die meisten Donauschwaben wurden auch die Eltern Joschka Fischers nach dem verlorenen Vernichtungskrieg der Deutschen gemäß dem Potsdamer Abkommen ausgesiedelt. Der 1948 in Baden-Württemberg geborene Fischer hatte bis zur Übernahme seines Ministeramts die ungarischen Verwandten so wenig zur Kenntnis genommen wie diese ihn. Doch zur Feier des Tages wurden für den bekannten »Sohn von Wudigess« die »deutsche Volkstanzgruppe« und der »deutsche Frauengesangsverein« mobilisiert. Das Ständchen, das diese dem Jóska/József gebracht haben, sollte sich, so kann man vermuten, auszahlen. Ist doch dem angesichts solcher Abstammungsprominenz stolzen Donauschwaben-Rest aus Budakeszi nicht verborgen geblieben, daß der deutsche Staat seine »Blutsdeutschen« überall im Osten hegt und pflegt.

Die Versöhnung mit dem Tätervolk

Der Vorgang ist in mehrerlei Hinsicht symptomatisch für das rotgrüne Regierungspersonal. Es ist nämlich emsig damit beschäftigt, seine Biographien zu säubern – persönlich gegenüber der Familie, politisch gegenüber dem deutschen Volk und der Nation. Es versöhnt sich mit seinen Eltern, d.h. mit den deutschen Tätern. Es bekennt sich zum deutschen Volkstum und identifiziert sich mit den Zielen deutscher Politik. Der Jugoslawien-Krieg bot dabei so etwas wie die Möglichkeit einer Katharsis der Ex-Linken/Ex-Antiautoritären: Man agierte für eine Weltmacht, deutsch, mit starken Führungsqualitäten und zuverlässig in der völkischen Tradition. Fürs negative Gegenbild mußten »die Serben« herhalten. Der mediale Rummel um den zur Charakterisierung der Kriege im ehemaligen Jugoslawien immer wieder herangezogenen Auschwitz-Vergleich, der die Konservativen wahlweise erschrecken oder sich ekeln ließ, diente vor allem dazu, diese Versöhnung plausibel und also glaubwürdig zu machen und die eigene Klientel mit auf diesen Weg zu nehmen. Die ehemaligen Linken haben da-

mit die Reifeprüfung in Sachen Regierungsfähigkeit abgelegt und ihre Bereitschaft demonstriert, Deutschland über alles zu setzen.
Fischer ist da kein Einzelfall. Die grüne Menschenrechtsbeauftragte Claudia Roth, immer gut für demonstrative Betroffenheit, engagierte sich bis zur Erschöpfung für die Brüder LaGrand, die als Mörder in den USA zum Tode verurteilt worden waren. Vor laufenden Kameras Tränen vergießend, konnte sie nur ein Motiv für ihre engagierte Betroffenheit geltend machen: Die Brüder haben einen deutschen Paß. Der Regierungspostille »Taz« war der Tag der Hinrichtung eines der Brüder die Veröffentlichung des Protokolls seiner letzten Stunden auf der Titelseite wert (5.3.99). Und die übrige Presse sonnte sich im Bewußtsein, wie zivilisiert das heutige Deutschland doch gegenüber den barbarischen, an der Todesstrafe festhaltenden Vereinigten Staaten ist. – Auch Otto Schilys demonstrativer Auftritt am 30. Mai 99 beim »Tag der Heimatvertriebenen« war geprägt von einer Verbeugung vor dem deutschen Volkstum. Schily würdigte nicht nur die großen Leistungen des rechtsradikalen »Bund(es) der Vertriebenen« für die Demokratie, sondern sprach von »Vertreibungsverbrechen« und kritisierte »die Linke« ob ihrer »Mutlosigkeit und Zaghaftigkeit« diesen gegenüber in der Vergangenheit.
Der Übergang von Aufklärung und Kritik zur deutschen Apologetik wird an der Diskussion über die Wehrmachtsausstellung des Hamburger Instituts für Sozialforschung deutlich. Deren Leiter Hannes Heer, ehemaliges Mitglied der maoistischen KPD der siebziger Jahre, wird nicht müde zu beteuern, daß die Ausstellung mitnichten gegen die neuerliche deutsche Kriegführung zu gebrauchen, sondern vor allem für die Annäherung an die (damaligen) deutschen Täter nützlich ist. »Der Therapeut der Republik« überschrieb die »Taz« (1.6.99) ein Porträt Heers. Seit der Bundestagsdiskussion 1997 über diese Ausstellung, als sich quasi symbolisch Väter (exemplarisch: Alfred Dregger, CDU) und Kinder (exemplarisch: Christa Nickels, Grüne) darin einig waren, wie schrecklich damals alles doch gewesen ist, spricht Heer von der »reinigenden Wirkung« dieser Debatte und vom »Dialog der Generationen«. Dem Ex-68er und Ex-Maoisten ist die Versöhnung mit dem eigenen Nazi-Vater gerade nach dem 68er-Bruch ein zentrales Anlie-

gen: »Das Moralin eines Achtundsechzigers taugte nicht, sich den Tätern des Nationalsozialismus zu nähern«, zitiert ihn die »Taz«. Das hatte zweifellos der linke Antifaschismus auch gar nicht beabsichtigt, war er doch vor allem bestrebt, die Solidarität mit den Opfern in den Mittelpunkt zu rücken. Die Heersche Versöhnungsbemühung zielt dagegen auf das Verständnis mit den Tätern, macht konkrete Taten zu allgemeinmenschlichem Versagen, das man nicht billigen, aber doch verstehen muß. Der privaten Versöhnung mit dem Vater entspricht im politischen Bereich der Frieden mit dem Vaterland. Auch dafür hat Heer eine Brücke zur Vergangenheit gebaut. Den Nazi-Soldaten konzedierte er, daß »viele gute Demokraten geworden sind«; er machte ihnen das Zugeständnis, »daß die alliierten Luftbombardements Kriegsverbrechen gewesen sind«, die aber, so seine Einschränkung, von der »Singularität des deutschen Vernichtungskriegs« unterschieden werden müßten (»Hamburger Abendblatt«, 29.5.99).
Haben wir es also nur damit zu tun, daß einige ehemalige Führungskader der radikalen Linken der siebziger Jahre auf ihre alten Tage noch eine politische Karriere gemacht haben? Der Fischer-Kumpan aus gemeinsamen Kampfzeiten, Tom Koenigs, beispielsweise, der Uno-Beauftragter für die zivile Verwaltung im Kosovo geworden ist? Oder der frühere Chef des superrevolutionären KBW, der »Kommune«-Herausgeber Joscha Schmierer, der zum Europa-Experten im Außenministerium aufstieg? Oder Ludger Volmer, der frühere »undogmatische Sozialist« und nunmehr besonders dämliche Vertreter der grünen Linken, der als einer der Staatssekretäre Fischers die Lügenkampagne seines Chefs während des Krieges unterfüttern durfte? Es geht bei dieser Frage nicht darum, ob die angesprochenen Lichtgestalten des neuen Großdeutschland nicht immer schon auf diesem Trip waren. Sie haben in früheren Jahren jedenfalls anders und in anderem Umfeld agiert, und sie sind Staatsfeinde gewesen. Bei einigen, insbesondere den Herkömmlingen aus KBW und KPD/AO, läßt sich zumindest eine Kontinuität ihrer heutigen politischen Positionen in der »nationalen Frage« mit ihrer früheren, »vaterländischen« Haltung feststellen. Weggefallen ist der Vorsatz revolutionärer Gesellschaftsveränderung, geblieben ist die Sehnsucht nach Deutschland. Entscheidend aber ist, daß sie auf dem Weg in die-

ses Deutschland ihre Klientel mitnehmen möchten. Niemand konnte so gut für den Kosovo-Krieg werben wie Rot-Grün, schreibt Berthold Kohler in der »FAZ«: »Dem ehemaligen Nato-Kritiker Schröder und Außenminister Fischer, der eine Pazifisten-Partei im Rücken hat, fiel es allerdings auch leichter als jeder bürgerlichen Führung zu begründen, warum auf militärische Mittel zurückgegriffen werden mußte« (27.9.99).

»Auschwitz« – ein rotgrüner Exportartikel

Die Beseitigung »mentaler Hindernisse« bei der Vorbereitung und Führung des ersten deutschen Krieges nach 1945 bei der rotgrünen Klientel muß sich vornehmen, wer Großmachtpolitik für Deutschland machen will. Zu diesen Hindernissen gehört(e) die Erinnerung an die nationalsozialistische Vergangenheit der Deutschen – diese Erinnerung mußte daher, wenn nicht abgeräumt, so doch umgepolt werden. Auch dafür war niemand besser geeignet als eine rotgrüne Bundesregierung samt zugehöriger Claque: ausgestattet mit der »Gnade der Nachgeborenen«, des Nationalsozialismus unverdächtig, moralisch bis ins Mark und bereit, auf den Vorleistungen und der Vorarbeit der Konservativen aufzubauen. Waren die Kohl-Jahre davon geprägt, Deutschlands welt- und militärpolitisches Gewicht gewissermaßen trotz und gegen Auschwitz zu stärken, mühten sich von Weizsäcker bis Herzog die Repräsentanten dieses Staates noch um eine Klitterung der deutschen Geschichte zum Zwecke der Bewältigung der imperialistischen Gegenwart, hat Rot-Grün nun den Sprung ins imperiale Weltgeschehen mit und wegen Auschwitz gewagt.

In den diesen Sprung begleitenden öffentlichen Diskursen vollzieht sich ein an der Totalitarismustheorie orientierter Wechsel der Geschichtsdarstellung. Bereits die Wehrmachtsausstellung des Hamburger Instituts hatte lediglich Teil einer Beschäftigung mit der »Triade der drei großen Katastrophen dieses Jahrhunderts« sein sollen – Nationalsozialismus und Auschwitz, Bolschewismus und Gulag, US-Atombombe und Hiroshima. Das »Jahrhundert der Verbrechen« mit mehr (Auschwitz) oder weniger (alliierter Luftkrieg) schlimmen Exzessen heißt bei anderen exlinken Historikern »Jahrhundert der Vertreibung« (Karl Schlögel) oder »Jahrhundert des Egalitarismus« (Götz Aly), wenn es gilt, die deutschen Verbrechen zu historisieren und in die Bilanz einer allgemein katastrophalen Jahrhundertgeschichte einzusortieren, um jene – mit Martin Walser zu sprechen – »für gegenwärtige Zwecke« unbrauchbar zu machen, zumindest, wenn es gegen Deutschland geht. Die Wiedervereinigung der Deutschen und die Aussicht auf einen rotgrünen Regierungswechsel haben nämlich nicht nur das politische Personal, sondern auch die »Berater« aus der Ex-Linken mobilisiert.

Den Wortführern einer praktischen Erledigung der Vergangenheit ist es dabei nicht peinlich, daß sie als Angehörige der 68er über sich selber schreiben und damit für die Unbedenklichkeit der deutschen Großmachtpolitik persönlich bürgen. So ist es nicht verwunderlich, daß Leute wie Hannes Heer oder Wolfgang Kraushaar, der ebenfalls dem Hamburger Institut für Sozialforschung angehört, Befürworter des deutschen Angriffs auf Jugoslawien sind. Diejenigen, die nicht nur ihren Frieden mit Deutschland und seinem Volk, sondern auch dessen politische Interessen zu den ihren gemacht haben, verschaffen sich so eine Legitimation, diese Interessen als von der Vergangenheit unbefleckt politisch und militärisch zu exekutieren. Natürlich kennen sie die Tragweite ihrer Entscheidung für den deutschen Krieg. Um ihre Biographie als ungebrochene ausgeben zu können, müssen sie deshalb selbst das brutale Tun noch ins Positive wenden. Die schrille Gestik, die propagandistische Entstellung der Vorgänge in (Ex-)Jugoslawien sollen die Zweifel übertönen, die ihnen einstmals nicht fremd gewesen sind. Die die »Unerbittlichkeit« der Kritik an den deutschen Vätern als eigene Jugendsünde einräumen, sind um so unerbittlicher, wenn es gilt, zusammen mit den noch verbliebenen Vätern die heutigen Gegner deutscher Politik zu brandmarken, und sei es, wie im Verlauf des Kosovo-Kriegs geschehen, mit Lügen, Manipulationen und Fälschungen. Das Deutsche, das man von den Hacken haben möchte, wird jetzt »den Serben« und demnächst anderen angehängt. »Da ist etwas im Gange«, sprach Rudolf Scharping wenige Tage nach Kriegsbeginn in einer Fernsehsendung, »wo kein Europäer mehr die Augen zumachen darf. Wir können es nicht dulden, in die Fratze der eigenen Geschichte zu schauen.«

Bereits im Golfkrieg haben politische Avantgardisten mit dem Saddam-Hitler-Vergleich gearbeitet. Heutige Kriegstreiber bezeichnen den Krieg in Bosnien als ihr Erweckungserlebnis. »An der Rampe von Srebenica« (so der damalige SPD-Bundestagsabgeordnete Freimut Duve 1995) wuchs ihnen die Idee, die deutsche Vergangenheit durch einen Dauerexport von Auschwitz dergestalt zu relativieren, daß dieses potentiell überall da entdeckt werden kann, wo Verbrechen und Morde von Staats wegen geschehen. Nicht die Leugnung von Auschwitz, sondern seine Vervielfältigung verhieß Erfolg. Der Vorsatz »Mit Auschwitz für Deutschland« begründete dann im Krieg gegen Jugoslawien eine neue, rotgrüne Auschwitzlüge.

Vernichtender »Egalitarismus«

Verwirrung hatte 1996 hierzulande Daniel Goldhagens Buch *Hitlers willige Vollstrecker* ausgelöst. Während konservative und, mit wenigen Ausnahmen, auch sozialdemokratische Historiker mit massiver Abwehr auf die Studie des US-Amerikaners reagierten, war andererseits das Interesse vor allem bei jungen Leuten und Angehörigen der Nachkriegsgeneration groß. Unterstützt wurde Goldhagen von Historikern, die nicht zum Mainstream gehörten, wie beispielsweise Götz Aly und Hannes Heer. Doch auch sie haben bereits damals auf Goldhagens These vom »eliminatorischen Antisemitismus« der Deutschen und der Unterstützung der nationalsozialistischen Vernichtungspolitik durch die Bevölkerung sehr verhalten reagiert. Im Vorwort zur deutschen Ausgabe seines Buches und in nachfolgenden Verlautbarungen hat Goldhagen selber ihnen dann eine Brücke gebaut, die sie willig betreten und phantasievoll ausgeschmückt haben: die Annahme einer gelungenen Umerziehung der Deutschen nach 1945 zu Demokraten und der Einhegung des Antisemitismus. Daß sich so wiedergutgemacht mit der deutschen Kriegsgeschichte leben, ja daß sie so sich sogar »zu gegenwärtigen Zwecken« nutzen läßt, hat der Historiker Götz Aly (auch ein sog. Alt-68er) in einem »Taz«-Kommentar zum Kosovo-Krieg vorgeführt. Der Kommentar erschien, noch bevor Goldhagen selbst sein Modell der Zwangsumerziehung Deutschlands auf Jugoslawien/

Serbien übertragen hat (vgl. dazu den Beitrag von Gerhard Scheit in diesem Buch, S. 150 ff.). Alys Kommentar trug den Titel »Das Deutsche in Serbien« (und nicht: Die Deutschen in Jugoslawien) und verpaßte »den Serben« alle Attribute der nationalsozialistischen Deutschen: »Ein Volk, ein Großserbien, ein Führer«. Da »die serbische Volksgemeinschaft« über »die Massenverbrechen der vergangenen zehn Jahre« »endgültig zu sich selbst« gefunden habe, gebe es nur eine Lösung: »Diese geistige Verbunkerung läßt sich nicht anders aufbrechen als durch Gewalt von außen.« Mit Massenvertreibungen und Morden an Intellektuellen und wehrfähigen Männern »hat Serbien jene Grenze überschritten, die Hitler und die Deutschen in den ersten vier Wochen des Krieges gegen die Sowjetunion hinter sich gelassen hatten« (»Taz«, 17.4.99).
Götz Aly hat sein Relativierungsmodell weitergeführt. In der »Spiegel«-Serie über das 20. Jahrhundert, Folge 11 (»Das Jahrhundert des Faschismus«), stellt er nach der Schilderung der deutschen Verbrechen an den Juden fest, daß »die Komplizenschaft über die Deutschen hinausging«. Seine Beschreibung der aktiven Beteiligung, Kollaboration und Vorteilsnahme Nichtdeutscher beim deutschen Vernichtungswerk ist nicht neu, Raul Hilberg hat sich ausführlich damit beschäftigt. Den Sachverhalt zu erwähnen, ist nicht ehrenrührig, verleitet Aly aber zu einer Generalisierung, die der Berliner Republik aus der Seele spricht. »Viele deutsche Historiker«, schreibt er, »übergehen solche Dokumente, weil sie nicht in ihr Selbstbild passen, meistens aber, um den Eindruck nationaler Selbstentlastung zu vermeiden.« Mit letzterer hat Aly offensichtlich keine Probleme. »Es stellt sich jedoch die Frage, inwieweit das Projekt ›Endlösung‹ die deutsche Gewaltherrschaft im besetzten Europa stabilisierte und eher zur Integration als zum Widerstand der unterworfenen Völker beitrug. In diesem Zusammenhang müssen auch am Volkswohl orientierte Ideen zur Eigentumsverteilung gesehen werden, die ganz Europa beherrscht haben.« Man ahnt bereits, daß das *Schwarzbuch des Kommunismus* bei diesem Gedanken Pate stand. »So gingen die politischen Leitbegriffe des gemeinnützigen Raubes – in Rußland die ›Sowjetisierung‹, in Polen die ›Polonisierung‹, in der Tschechoslowakei die ›Tschechisierung‹ – dem erst später entwickelten Schlagwort ›Arisierung‹ um mehr als

ein Jahrzehnt voraus. Die Enteignung stigmatisierter Minderheiten und Klassen gereichte, bei aller Unterschiedlichkeit der jeweiligen Praxis, stets zum Vorteil des kollektiv geadelten Staatsvolks. Sie war lange vor der NS-Herrschaft in vielen Staaten Europas populär.«
Nachts sind alle Katzen grau. Da werden so unterschiedliche Vorhaben wie die nachgeholte ursprüngliche Akkumulation und die Industrialisierung in der Sowjetunion, Nationalisierung und Nationalismus in Polen und der Tschechoslowakei – »bei aller Unterschiedlichkeit der jeweiligen Praxis« – mit der der Vernichtung der Juden vorausgegangenen »Arisierung« in einen Topf geworfen, vom deutschen Antisemitismus ganz zu schweigen. Ernst Nolte ist tatsächlich mittlerweile überall: Dem Rassenmord der Nazis sei der Klassenmord der Bolschewiki vorausgegangen, jener also eine Reaktion auf diesen gewesen, hatte er 1986 im »Historikerstreit« behauptet, genauer: »daß die sogenannte Judenvernichtung des Dritten Reiches eine Reaktion oder verzerrte Kopie und nicht ein erster Akt oder das Original war«.[1]
Götz Aly beendete seine Erwägungen im »Spiegel« mit dem Satz: »So gesehen ist der Rassismus – einschließlich des beispiellosen Staatsverbrechens der ›Endlösung der Judenfrage‹ – eine Spielart des Egalitarismus, also eine der stärksten Tendenzen des 20. Jahrhunderts.«[2] So gesehen ist Auschwitz eine Spielart des rassistischen Egalitarismus, die ihren Anfang zu einem früheren Zeitpunkt andernorts nahm. Noltes »Prius« (erst der Klassenmord) und »Nexus« (der Zusammenhang der nachfolgenden Untaten mit den voraufgegangenen) werden damit schlicht reproduziert. Aus Noltes »Weltbürgerkrieg« ist der »Egalitarismuskrieg« geworden.

»Untergang des deutschen Ostens« und »Lebensraum«

Während des deutschen Krieges gegen Jugoslawien hat die »Zeit« Karl Schlögel, einen deutschen Ordinarius für die Geschichte Osteuropas, ein fünfseitiges Dossier verfassen lassen: »Kosovo war überall« (29.4.99). Darin zieht der Professor eine Bilanz der Vertreibungen im Europa dieses Jahrhunderts und subsumiert die Aussiedlung der sich in ihrer überwiegenden Mehrheit zum »deutschen Volkstum« und zum Nationalsozialismus

bekennenden Deutschen in Osteuropa einer allgemeinen europäischen Verbrechensbilanz. Am 3. Juli veröffentlichte die »Frankfurter Rundschau«[3] den Eröffnungsbeitrag Schlögels zur Konferenz der »Europa-Universität Viadrina« in Frankfurt an der Oder, die unter dem Titel »Im Jahrhundert der Flüchtlinge – Umsiedlung, Flucht und Vertreibung im Gedächtnis der europäischen Völker« stand. Die »FR« offerierte den Beitrag als »provokanten Eröffnungsvortrag«, der »für einen neuen Blick auf die ›kulturelle Katastrophe‹ der Vertreibung Deutscher plädierte«. Die Rede zeigt sich ebenfalls ganz auf Noltes Höhe. Schlögels Forschungsvorhaben: »der europäische Vertreibungskomplex als Ganzer«. Seine These: »Das Vertreibungsgeschehen in Deutschland steht im Schatten eines anderen Geschehens.« Die »Verbrechen des Vertreibungsgeschehens ... haben sich ereignet vor dem Hintergrund einer Verbrechensgeschichte, aus deren Kontext oder Sog man fast nicht herauskam.« – »Wie spricht man über ein Großverbrechen im Schatten eines anderen, noch größeren Großverbrechens?« Um zur Sache zu kommen: »Wie denkt man zweierlei Untergang zusammen: den Untergang des europäischen Judentums und den Untergang des deutschen Ostens.« Ja, wie? Schlögel: »Es muß möglich sein, über beides sprechen zu können, ohne daß der Revisionismus-Vorwurf ertönt.«
Karl Schlögel war bis zu ihrer Auflösung Mitglied im Zentralkomitee der KPD/AO. Bereits 1980 beklagte er im Zuge der Verarbeitung seiner Vergangenheit die Volks- und Nationenferne der 70er-Jahre-Linken. Neuerdings publiziert er in der »FAZ« und hat mit der »Seele des Volkes« auch die »Weite des Raums« entdeckt. In der »FAZ« vom 19. Juni 1999[4] rehabilitierte er auf zwei Seiten die deutsche Politik des »Lebensraums«, jenes »schöne deutsche Wort«. Dessen deutsche Väter, der »Alldeutsche« Imperialist Friedrich Ratzel und der Nationalsozialist Karl Haushofer, seien Raumpolitiker, aber »keine Rassisten« gewesen. Heute, so Schlögel, könne man »Geopolitik bezeichnen als Klärung der Raumbezogenheit politischer Prozesse, als geographische Selbstaufklärung der Politik, als Zivilisationspolitik (!), die ihre räumlichen Bedingungen mitdenkt«. Die Implosion des sowjetischen Machtbereichs 1989 nennt der Osteuropaprofessor »Raumrevolution«.

Mit seiner Klage, »ich war seit jeher der Meinung, daß der Verlust des deutschen Ostens zu den großen kulturellen Katastrophen gehört, die die Stellung Deutschlands in Europa, aber auch das Antlitz Europas fundamental verändert haben«, hält Schlögel einen Raum offen, der seit jeher die Begierden deutscher Ostritter weckte. Was er »Katastrophe« nennt, beendete das Morden der NS-Deutschen. Kein Wunder, denn für ihn ist nicht Deutschland schuld am Nationalsozialismus, sondern die Siegermächte des Ersten Weltkrieges. »Der Schlüssel« zur deutschen Abart der Geopolitik »liegt, wie auch in anderen Feldern, im unglücklichen Ausgang des Ersten Weltkrieges und in den schlechten Pariser Friedensschlüssen. Geopolitik – das war die Antwort auf den unglücklichen Frieden von Versailles mit seinen neuen, instabilen und unsicheren Grenzen. Daß sie in volkhaftes und völkisches Fahrwasser geriet, war fast unvermeidlich in Anbetracht der Tatsache, daß Millionen von Deutschen jenseits der Reichsgrenzen in Mittel- und Osteuropa lebten. Was Haushofer umtrieb, war die Frage, was mit dem Deutschtum passieren würde. Das Skandalöse ist also weniger der Raum selbst, sondern dessen Ethnisierung.«

»Europas Osten neu entdeckt«

Bei soviel exlinker Deutschwerdung mag auch die »Taz« nicht nachstehen. Sie ließ am 19. Juni 1999 ihren Elder statesman Christian Semler, den ehemaligen Chef der KPD/AO, im »Taz-mag«[5] über die längst überfällige Versöhnung zwischen Linken und Vertriebenen schreiben. »Jahrzehntelang standen sich Linke und Vertriebene in erbitterter Feindschaft gegenüber. Den Linken war das Vertreibungsschicksal der Deutschen aus dem Osten gleichgültig, wenn sie es nicht sogar als gerechte Strafe für die Verbrechen der Nazis ansahen. Jetzt beginnen die erstarrten Fronten aufzuweichen. ... die Massenvertreibungen im ehemaligen Jugoslawien führten auch bei der Linken zu einer Sensibilisierung Flüchtenden und Vertriebenen gegenüber«, leitete Semler seinen »Versuch einer Annäherung« ein. Semlers Liebeserklärung an die deutsche Heimat, in die er ausdrücklich das Sudetenland und Schlesien einbezieht, bemüht das »Menschliche«. Antje Vollmer[6] wird für ihre »ehrliche Rede« vom Herbst 1995 an der Prager Karls-Universität gelobt, in der die grüne Bundestagsvizepräsidentin das »mitleidlose Desinteresse« der deutschen Linken gegenüber den »Vertriebenen« beklagt hatte. Semler läßt auch die »Taz«-Chefredakteurin Bascha Mika, »Kind Oppelner Schlesier«, über den »Verlust der Heimat« und die »oberschlesische Lebensweise« menscheln. Die Sehnsucht dazuzugehören, treibt ungeahnte Blüten. Die Linke, legt Semler nahe, könne in die Fußstapfen »der bayerischen Schutzmacht der Vertriebenen« treten, die deren »Weg in die politische Marginalisierung« nicht verhindern konnte. Aber »dann kehrten im ehemaligen Jugoslawien Mord und Vertreibung nach Europa zurück. So wurde das Nachkriegsschicksal der Vertriebenen erneut zum Gegenstand öffentlichen Nachdenkens – diesmal auch für die Linken.« So reden Vertriebenenfunktionäre. »Das Schicksal der Kosovo-Flüchtlinge schärft den Blick für das Leid der Deutschen in den Jahren nach dem Zweiten Weltkrieg«, sprach die BdV-Präsidentin Steinbach auf dem letztjährigen »Tag der Heimat«. »Die Heilung der Vertreibungsverbrechen« müsse mit Nachdruck zur Bedingung für die Aufnahme Polens, Tschechiens und Sloweniens in die EU gemacht werden (»FAZ«, 31.5.99).

Der Jugoslawien-Krieg bildet die Folie, auf der ehemalige Linke nun ihre Liebe zum Völkischen bekennen: Mit der Installierung der Deutschen als Opfer des Krieges wird nicht nur Abschied vom viel beklagten »alten Antifaschismus« genommen, sondern werden die Nazi-Verbrechen so weit relativiert, daß man sich im Interesse der Nation wieder ihren alten Zielen widmen kann, europäisch geläutert natürlich. Bei Semler blitzt alter Avantgardismus auf, wenn er schreibt, daß Anfang der achtziger Jahre, mit dem Aufkommen der Gewerkschaft Solidarnosc in Polen, es »eine kleine Minderheit der Linken in der Bundesrepublik« war, die »Europas Osten neu entdeckte« (»Taz-mag«, s.o.), u.a. weil Lech Walesas Katholiken für die deutsche Einheit eintraten. Das Anfang der achtziger Jahre anvisierte Ziel der, wie Semler schreibt, »Überwindung der Blockteilung Europas« hat den Osten zum Spiel-Raum der ökonomisch stärksten europäischen Macht gemacht. Und Karl Schlögel bekennt, daß nicht erst mit der »Zuspitzung auf dem Balkan«, sondern bereits »mit der glücklichen

Zeit nach 1989 und den Aussichten, die die Wende in Europa zu eröffnen schien«, sein Vorsatz, sich »dem Vertreibungsgeschehen in Europa« zuzuwenden, gewachsen sei. »Wir begannen wieder, ganz Europa zu denken.« Und »wo, wenn nicht hier (Frankfurt/Oder, H.M.), an einer Universität an der schmerzlichen Oder-Grenze, mußten die Forschungen über Grenz- und Völkerverschiebungen auf neue Weise in Gang kommen?« (»FR«, 3.7.99). Sieht man einmal davon ab, daß hier einer universitäre Planstellen beschaffen will, bieten sich solche Ex-Linken als Vordenker für eine neue rechte, nationale Elite in Sachen Ostexpansion an.

Auschwitz gegen Deutschland? Hat ausgedient

Der Soziologe Heinz Bude, Leiter des Bereichs Bundesrepublik im Hamburger Institut für Sozialforschung, müht sich – wie sein Kollege Anthony Giddens bei Tony Blair –, zum Stichwortgeber der Neuen Mitte zu werden. Ständig auf der Suche nach einem neuen Begriff, mit dem sich eine Mode stiften ließe, kümmert er sich um den Zeitgeist und packt ihn in Sprechblasen. Sein Anliegen sind die Eliten, das »führende Personal«, dem er eine »sensible Stichwortdurchlässigkeit wünscht« (Gerhard Schröder kommt dem durchaus schon nahe). Bude prägte den Begriff von der »Generation Berlin« als Träger der »Berliner Republik«. Er hat nun aber auch die Historisierung des Nationalsozialismus praktisch nutzbar gemacht: Die »Demokratiebegründung einer Berliner Republik (kann) nicht mehr vergangenheitspolitisch funktionieren«, erklärte er in der »Taz« (27.10.98), »denn die vergrößerte Bundesrepublik hat seit 1989 eine neue Vorgeschichte. Aus der Sicht der Berliner Republik stellt die Bonner Republik eine Art Pufferstaat dar, der einen Abstand zum Nationalsozialismus herstellt.« Daher können heute »Richtungsentscheidungen in der Außen- oder Sozialpolitik im Bewußtsein von Auschwitz so oder so ausfallen: Man kann sich wegen der besonderen deutschen Verantwortung an einer militärischen Intervention im Kosovo beteiligen oder gerade nicht beteiligen. Vergangenheitspolitisch lassen sich für eine neue Bundesrepublik weder eine verantwortungsvolle Außenpolitik noch von daher die Maßstäbe eines neuen sozialpolitischen Republikanismus rechtfertigen.« Erst auf diesem Weg wird die deutsche Geschichte erfolgreich entsorgt, erst jetzt haben die 68er mit ihren »geliehenen Schuldkomplexen« (Bude in der »Zeit«, 11.3.99) ausgedient. Als rotgrünes Führungspersonal sollen sie nun Akteure »auf der Vorderbühne« sein und die Chance ergreifen, »die Generation auf der Hinterbühne für sich zu gewinnen« (Bude, »Taz«, s.o.).

Bude mag der »Generation Berlin« zusprechen. Seine Stichworte aber hören die Alten, die exlinken Geschichtsneubildner beispielweise. Oder Martin Walser, der die »Dauerpräsentation unser Schande« verweigert und darauf insistiert, daß »die Deutschen jetzt ein normales Volk sind«. Oder Peter Sloterdijk, der »die Ära der hypermoralischen Söhne von nationalsozialistischen Vätern zeitbedingt« auslaufen sieht: »Eine etwas freiere Generation rückt nach. Ihr bedeutet die überkommene Kultur des Verdachts und der Bezichtigungen nicht mehr sehr viel. Die traumabedingte Retrospektivität der Nachkriegskinder kann ihre Sache nicht mehr sein.«[7] Sie alle wollen nicht mehr mit »geliehenen Schuldkomplexen« rumlaufen müssen und sich bei der »Wiederkehr des Deutschen in den Deutschen« (wie der Berliner »Tagesspiegel« treffend den Kern der »Sloterdijk-Debatte« benannte) behindern lassen. Man will wieder »Geopolitik« und »Lebensraum« offen erörtern, wie Karl Schlögel wünscht, Auschwitz nicht ständig als »Drohroutine« und »Moralkeule« vorgehalten bekommen, wie Martin Walser klagt, über »Selektion« und »Menschenzüchtung« reden dürfen, ohne immer mit der NS-Eugenik konfrontiert zu werden, wie Sloterdijk fordert. Die »Wiederkehr des Deutschen« soll von der Geschichte unbelastet über die Bühne gehen.

Anmerkungen

1 *»Historikerstreit«. Die Dokumentation der Kontroverse um die Einzigartigkeit der nationalsozialistischen Judenvernichtung.* München 1987.
2 Götz Aly: Das unbewältigte Verbrechen. Die Ausrottung der europäischen Juden, »Spiegel«, 6.9.99.
3 Karl Schlögel: Wie denkt man zweierlei Untergang zusammen? Dokumentation, »Frankfurter Rundschau«, 3.7.99.
4 Karl Schlögel: Die Wiederkehr des Raumes. Die Konkretwer-

dung der Welt nach dem Verschwinden der Systeme, »FAZ«, Bilder und Zeiten, 19.6.99.
5 Christian Semler: Kalte Herzen, kalte Heimat, »taz-mag«, 19./20.9.99.
6 Antje Vollmer war in den siebziger Jahren wie Schlögel und Heer Mitglied der maoistischen Gruppe »KPD«, wie sie sich in Vereinnahmung der Tradition der 1919 gegründeten, 1956 verbotenen KPD nannte. Die KPD-A-Null (nach ihrem Kürzel AO, Aufbau-Organisation) war deutsch-nationalistisch, »vaterländisch«, und trat »für ein vereinigtes sozialistisches Deutschland« ein. Christian Semler war bis zu ihrer Auflösung 1980 ihr Vorsitzender. Es ist kein Zufall, daß gerade aus dieser Gruppe relativ viele ehemalige Kader im rotgrünen Meinungs-Herrschaftsspektrum des größeren Deutschland auftauchen.
7 Peter Sloterdijk: Die Kritische Theorie ist tot. Offener Brief an Jürgen Habermas, »Zeit«, 9.9.99.

Herausgeber:
Wolfgang Schneider ist verantwortlicher Redakteur von KONKRET. Zuletzt hat er den Band *Bei Andruck Mord. Die deutsche Propaganda und der Balkankrieg* herausgegeben (konkret texte 12, Hamburg 1997).

Autoren:
Hermann L. Gremliza ist KONKRET-Herausgeber.

Günther Jacob ist freier Publizist und arbeitet u.a. für KONKRET, »Kunstforum International«, WDR, »Neue Zeitschrift für Musik«.

Heiner Möller ist freier Publizist und arbeitet u.a. für KONKRET und »Bahamas«.

Joachim Rohloff ist freier Publizist und arbeitet u.a. für KONKRET und »Jungle World«. Er hat zuletzt das Buch *Ich bin das Volk. Martin Walser, Auschwitz und die Berliner Republik* veröffentlicht (konkret texte 21, Hamburg 1999).

Gerhard Scheit ist freier Publizist. Er arbeitet unter anderem für KONKRET und »Jungle World«. Zuletzt sind vom ihm die Bücher *Mülltrennung. Beiträge zu Politik, Literatur und Musik* (konkret texte 16, Hamburg 1998) und *Verborgener Staat, lebendiges Geld. Zur Dramaturgie des Antisemitismus* (Freiburg 1999) erschienen.

Rolf Surmann, Historiker und Publizist (u.a. für KONKRET und »Blätter für deutsche und internationale Politik«), ist Mitarbeiter der Forschungsstelle Nationalsozialismus und Nachkriegsordnung. Er hat (zus. mit Dieter Schröder) das Buch *Der lange Schatten der NS-Diktatur. Texte zur Debatte um Raubgold und Entschädigung* veröffentlicht (Münster 1999).

Rayk Wieland ist KONKRET-Redakteur. Zuletzt hat er das Buch *The Neurose of England. Massen, Medien, Mythen nach dem Tod von Lady Di* (Hamburg 1998) veröffentlicht.

konkret
texte 22

Der Jugoslawien-Krieg als Modell: Die Krauts agieren als Brandstifter. Die Yankees löschen mit Benzin. Für den Grillabend der Supermächte wird Jugoslawien zu Cevapcici zerhackt. Schröders »Neue Mitte« ist eine Kombination aus Che Guevara und Heinrich Himmler: Schafft zwei, drei, viele Kosovo.

Dieses Buch liefert Basiswissen und Hintergrundinformationen: über die Kontinuität der deutschen Balkanstrategie seit der Jahrhundertwende, über Titos Nationalitätenpolitik und den albanischen Terrorismus, über das Zusammenspiel von BND und UCK, über die Entstehung der Partei »Jäger 90/ Die Olivgrünen«, über den deutsch-amerikanischen Machtkampf vor, während und nach den Bombardements, über die neue Nato-Strategie und die Gefahr eines Dritten Weltkriegs – und wie die Medien mit Auschwitz lügen.

Der Autor beschäftigt sich mit den Planungen, die der *Forschungsbeirat für Fragen der Wiedervereinigung Deutschlands* und die *Forschungsstelle für gesamtdeutsche wirtschaftliche und soziale Fragen* – die beiden wichtigsten der Bundesregierung zu- und vorarbeitenden Institutionen, die mit der Vorbereitung der Wiedervereinigung befaßt waren – in den Jahren 1952 bis 1990 entwickelt haben.
Anhand der im Bundesarchiv Koblenz lagernden Akten dieser Einrichtungen zeigt Roth, daß die Wiedervereinigung 1990 nach Vorgaben vollzogen worden ist, die bereits in den 50er Jahren im wesentlichen von Wissenschaftlern ausgearbeitet worden waren, die zuvor ihre planerischen Fähigkeiten in den Dienst des Nationalsozialismus gestellt hatten (z. B. beim »Anschluß« Österreichs und des Sudetenlandes).